O'r Gwylltio,
Gweithredu

I'r wyrion a'r wyresau:
Osian, Esyllt, Gwyn ac Angharad

O'r Gwylltio, Gweithredu

DATHLU
GARETH MILES

Golygyddion:
Hywel Griffiths, Siân Howys, Angharad Tomos

Argraffiad cyntaf: 2025
© Hawlfraint Hywel Griffiths, Siân Howys, Angharad Tomos,
y cyfranwyr unigol a'r Lolfa Cyf., 2025

Dymuna'r cyhoeddwyr gydnabod cymorth ariannol
Cyngor Llyfrau Cymru

Llun y clawr: Jeff Morgan
Cynllun y clawr: Sion Ilar

Rhif Llyfr Rhyngwladol: 978 1 80099 768 4

Cyhoeddwyd, rhwymwyd ac argraffwyd yng Nghymru gan
Y Lolfa Cyf., Talybont, Ceredigion SY24 5HE
gwefan www.ylolfa.com
e-bost ylolfa@ylolfa.com
ffôn 01970 832 304

Cynnwys

Rhagair

Yn yr wythnosau a'r misoedd yn dilyn marwolaeth Gareth Miles, cafwyd teyrngedau lu iddo. Roedd rhain yn pontio gwleidyddiaeth plaid, y mudiad cenedlaethol, undebaeth, llenyddiaeth, a theatr, o Arfon i Bontypridd a llefydd yn y canol, a thu hwnt. Daeth y cylchoedd gwahanol yr oedd Gareth yn troi ynddynt, cylchoedd a oedd weithiau yn gorgyffwrdd ac weithiau ymhell oddi wrth ei gilydd, i'r amlwg, a'r cof amdano yn eu tynnu ynghyd. Ein bwriad yn y gyfrol hon yw rhoi gofod i deulu, ffrindiau, cydweithwyr, cydymgyrchwyr, cyd-sgwenwyr, cyd-ddychmygwyr a chyd-freuddwydwyr i rannu atgofion am Gareth, ac am ei waith a'i ddiddordebau, a rhoi'r teyrngedau hynny ar gof a chadw a'u rhannu. Ein gobaith yw y bydd hyn yn ddechrau ar y gwaith o gofnodi a dathlu'n ddiolchgar ei gyfraniad i wleidyddiaeth, llenyddiaeth a diwylliant dros drigain mlynedd chwyldroadol yn hanes Cymru. Mae rhai cyfranwyr wedi rhoi ychydig o'i hanes, rhai yn darlunio'i gyfraniad gwleidyddol, ac eraill yn trin a thrafod ei nofelau a'i ddramâu, ond nid yw'r gyfrol yn gofiant, nac yn astudiaeth feirniadol, academaidd. Hyderwn y daw rheiny yn y man, a gobeithiwn y bydd y gyfrol hon yn gymorth i'r rhai a fydd yn ymwneud â'r gwaith. Un llinyn arian sy'n rhedeg drwy'r cyfan yw awydd Gareth i helpu ac i brocio, i gefnogi ac i annog amryw oedd ar gychwyn eu gyrfa. Roedd yn hael iawn yn hyn o beth, ac fe ddygodd ffrwyth ar ei ganfed. Gŵr â'i olygon ar y dyfodol oedd o, bob tro, a dyna pam yr ydym yn cyflwyno'r gyfrol i'r genhedlaeth nesaf.

Rydym wedi cynnwys dwy araith nas cyhoeddwyd o'r blaen gan Gareth ei hun, ac mae'r ddwy yn rhoi cipolwg croyw inni ar agweddau gwahanol o'i fywyd a'i waith.

Rydym yn ddiolchgar iawn i'r holl gyfranwyr am eu hysgrifau, cerddi a lluniau; i Lefi Gruffudd a Cedron Sion yng ngwasg Y Lolfa am eu brwdfrydedd a'u gofal; ac i

Gyngor Llyfrau Cymru am eu cefnogaeth. Diolch i Jennifer Thomas am ganiatâd i gynnwys cerdd ei diweddar ŵr yr Athro Gwyn Thomas 'I Gareth Miles', ac i Barddas am ganiatâd i gynnwys 'Medi Gobeithion' Aneirin Karadog. Diolch hefyd i gylchgronau *Golwg* a *Barn* am ganiatáu inni atgynhyrchu darnau a gyhoeddwyd yn gyntaf ganddyn nhw.

Rydym yn fwyaf diolchgar i deulu Gareth – i Gina, a'r plant Elen, Branwen, ac Eiry, a'u teuluoedd, ac i Gill a Lisabeth, ei chwiorydd – am eu brwdfrydedd a'u cymorth, ac am ymddiried y gwaith hwn inni, gan alluogi inni dalu teyrnged i un a oedd yn gymaint o ddylanwad arnom.

Hywel, Siân ac Angharad

Gareth Miles

Enaid prin â'r ddawn brinnach o weld mwy
na gwlad mân ei bregliach;
para wna, er canu'n iach,
rhodd ei angerdd ehangach.

Annes Glynn

Atgofion

Gina Miles

Priododd Gareth a finna ym mis Mawrth 1967, ar ôl dechrau canlyn ym mis Hydref 1965. Roedd yn gyfnod prysur, cynhyrfus, gyda Gareth yn Gadeirydd Cymdeithas yr Iaith a llawer o fynd a dod yn y fflat – ein cartref cyntaf – uwchben siop ddodrefn yn Wrecsam.

Ar y pryd, roedd Gareth yn athro Saesneg a Ffrangeg yn Ysgol Morgan Llwyd yn y dref – ysgol gymharol newydd ar y pryd. Roedd yn ffodus iawn fod y Prifathro – W. J. Davies (Wil John) yn gefnogol iddo, ac yn caniatáu iddo golli ambell fore neu bnawn i ymddangos yn y Llys. Gan nad oedd ffôn yn y fflat, câi rwydd hynt hefyd i ddefnyddio ffôn yr ysgol at ddibenion y Gymdeithas.

Am rai misoedd, aeth y patrwm yma 'mlaen: Gareth yn y Llys, cael dirwy, a bygythiad o fynd ag eiddo o'r fflat wedi hynny. Wrth gwrs, roeddynt yn gobeithio galw'n ddirybudd! Ond, gan fod ffrind i Gareth yn newyddiadurwr i'r *Wrexham Leader* a ffrind ganddo yntau yn yr Heddlu, byddem yn gwybod pryd i'w disgwyl, a byddai ffotograffydd o'r papur yn aros am y beilïaid yn y fflat. Digon o gyhoeddusrwydd i'r Gymdeithas!

Roeddwn wedi sylweddoli fod ganddo ddiddordeb mewn coginio ers i mi ei nabod, a'r ddau neu dri oedd yn rhannu tŷ efo fo yn Earle Street, Wrecsam, yn canmol ei ddawn! Dysgu coginio ar ôl priodi oeddwn i, gan ddilyn yn bennaf *The Dairy Book of Home Cooking*. Ond llyfrau coginio Elizabeth David oedd yn mynd â'i fryd o, fel *French*

Provincial Cooking. Parhaodd y diddordeb yma drwy gydol ei oes ac roedd wrth ei fodd yn arbrofi yn y gegin. Byddem yn mwynhau cael ffrindiau draw am bryd o fwyd, a byddai hyn yn digwydd yn gyson ar ôl symud i Bontypridd yn 1976, a ninnau'n mynd i dai ffrindiau am fwyd. Byddem hefyd yn cael parti Nadolig i gymdogion a ffrindiau, a chan fod dwy o'r genod yn cael eu penblwyddi o gwmpas yr ŵyl roedd yn esgus perffaith am ddathliad.

Yn nes ymlaen pan oedd y tair yn hŷn, y cof sydd gen i, a hwythau hefyd, ydi Gareth yn coginio yn y gegin ar nos Sadwrn, tra'n gwrando ar *Jazz Record Requests* ar Radio 3.

Diddordeb mawr arall, os nad ei brif ddiddordeb, oedd darllen. Ble bynnag yr âi, byddai llyfr neu bapur newydd ganddo. Darllenai'n helaeth mewn tair neu bedair iaith: nofelau, hunangofiannau – ac wrth gwrs, llyfrau gwleidyddol.

O'i ddyddiau coleg ym Mangor ac Aberystwyth, roedd ganddo ddiddordeb dwfn ym myd y ddrama, a bu'n cymryd rhan mewn rhai cynyrchiadau yn ystod y cyfnodau hyn. Tra yn dysgu yn Ysgol Syr Thomas Jones, Amlwch, bu'n gyfrifol am greu ffilm fer gydag athro arall. Cafodd y disgyblion eu ffilmio ar Fynydd Parys, a oedd yn brofiad bythgofiadwy iddynt. Naturiol wedyn oedd iddo yntau ysgrifennu ei ddramâu ei hun ac addasu rhai o glasuron dramodwyr Ewrop. Aem yn gyson i weld dramâu yn Llundain a Stratford, ac wrth gwrs i gefnogi dramâu Cymraeg yng Nghaerdydd.

Teithiodd Gareth yn helaeth yn ystod ei fywyd. Bu yn Rwsia yn 1988 gyda ffrindiau Comiwnyddol, a flynyddoedd wedi hynny, aeth ar deithiau i Giwba a Nicaragua. Roedd ganddo ddiddordeb mawr yn America Ladin a bu'n falch o gael y cyfle i brofi bywyd yn y gwledydd hynny.

Teithiodd Gareth a finnau – gyda ffrindiau ac ar ein pennau'n hunain – i ganolfannau gwyliau poblogaidd yn Ewrop lle câi Gareth gyfle i ymarfer ei Ffrangeg a'i Sbaeneg a rhoi cynnig ar ambell iaith arall hefyd. Yn ogystal, cefais gyfle i ehangu fy ngorwelion ymhellach gydag ymweliadau â'r Ariannin, Chile ac Unol Daleithiau America. Oherwydd gallu Gareth i siarad ieithoedd a'i ddiddordeb mawr mewn pobl a diwylliannau eraill, byddem bob amser yn cyfarfod â phobl leol ac yn cael profiadau gwirioneddol ddifyr ar y teithiau hyn. Daeth y teithio i ben oherwydd salwch Gareth yn 2019, ac roedd hynny'n destun cryn rwystredigaeth iddo. Ond, roedd hel atgofion ac edrych ar luniau a gasglwyd dros y blynyddoedd o'r teithiau tramor yn gysur i'r ddau ohonom. Sylweddolai Gareth ei fod yn freintiedig iawn oherwydd ei fod wedi cael gweld cryn dipyn o'r byd, a bu'n fraint i minnau gael rhannu'r profiadau arbennig hynny efo fo.

Nadolig olaf y teulu yng nghwmni Gareth yn 2022
O'r chwith: Branwen, Ceri (cymar Elen), Elen, Osian ac Esyllt
(plant Branwen ac Owen), Owen (gŵr Branwen), Dai (gŵr Eiry) ac Eiry.
Y ddau benteulu, Gareth a Gina wrth y bwrdd.

Joie de vivre

(darllenwyd yn yr angladd, 22ain o Fedi, 2023)

Elen Miles

Roedd Dad yn ŵr cariadus ac annwyl i Mam am bum deg chwech o flynyddoedd, yn frawd mawr cefnogol i Lisabeth a Gill a'u gwŷr ac yn ffrind arbennig i Rhian, ei chwaer yng nghyfraith.

Buom yn byw yn Wrecsam a Chaernarfon pan oeddwn yn iau a phan symudon ni lawr i'r de, cefais bob cefnogaeth gan Dad – oedd yn berson cymdeithasol iawn – i setlo a gwneud ffrindiau newydd ym Mhontypridd.

Roedd Dad, a fu yn Athro Ffrangeg, wrth ei fodd pan ddangosais ddiddordeb mewn astudio Ffrangeg. Roedd yn anogol iawn bob amser. Bu'n gymorth mawr i mi pan fûm yn byw'n Llydaw fel rhan o'm cwrs gradd Ffrangeg, a phan es i weithio i Frwsel daeth Dad i ymweld ar fwy nag un achlysur. Roedd yn bleser ei gyflwyno i'm ffrindiau a'm cyd-weithwyr, roedd yn siarad Ffrangeg yn rhugl ac roedd ganddo'r *joie de vivre*, yn gwmni da a hwyliog wrth i ni fynd i fwytai a *cafés* y ddinas. Cofiaf Dad yn mynd â mi i ŵyl fawreddog Gomiwnyddol *Fête de l'Humanité* ym Mharis; cyfuniad braf o drafodaethau, stondinau a cherddoriaeth. Aeth â Branwen ac Eiry yno hefyd yn eu tro.

Mae gennyf atgofion dedwydd o'n gwyliau blynyddol

yn Ffrainc efo'm rhieni a'm chwiorydd. Dwi'n credu ei fod yr un fath i Dad, oherwydd hyd yn oed yn ei ddyddiau olaf, mi fyddai sgwrsio am rhain yn dod â gwên i'w lygaid. Roeddwn yn mwynhau dod â phapurau newydd a chyhoeddiadau Ffrengig yn ôl i Dad wedi gwyliau yno, gan wybod y byddai'n dal i ymddiddori ac am drafod yr hyn oedd yn digwydd draw yn Ffrainc.

Cofiaf yn dda benwythnosau diddorol yn Llundain gyda Dad a Mam hefyd, yn mwynhau'r diwylliant, theatr a sinema – yn crwydro a mynd am bryd o fwyd.

Roedd wastad yn braf mynd i ymweld â Dad a Mam ym Mhontypridd, lle byddem yn sgwrsio'n ddifyr am faterion y dydd a rhoi'r byd yn ei le. Yn wir, dysgais lawer ganddo am sefyllfaoedd cymdeithasol a gwleidyddiaeth ryngwladol, gan edmygu ei egwyddorion, ei ymgyrchu a'i uniondeb yn fawr. Byddaf yn trysori'r atgofion hynny ac rwy'n ddiolchgar am gael tad mor gariadus, eangfrydig, chwilfrydig a charedig.

Dathlu pen-blwydd Gareth yn 80
O'r chwith: Gareth, Eiry, Esyllt, Owen, Osian, Dai, Gina, Elen a Branwen.
Blaen: Angharad a Gwyn (plant Eiry a Dai)

17

Byddwn yn mynd eto ar wyliau mewn wythnos neu ddwy i Trier, man geni Karl Marx ac i Metz a Nancy yn Ffrainc. Mewn ffordd, bydd yn daith er cof am Dad. Wrth i mi sôn am y trip wrtho, yn ei ddyddiau olaf, roedd y *joie de vivre* yn amlwg o hyd – ac ynte'n jocian ei fod am ddod efo ni. Wrth gwrs, ni fedr ddod yn awr, ond bydd yno yn fy nghalon a'm hatgofion.

Angor

(darllenwyd yn yr angladd, 22ain o Fedi, 2023)

Branwen Miles

Dros yr wythnosau diwethaf, rydym fel teulu wedi bod yn hynod ddiolchgar am yr holl negeseuon a theyrngedau arbennig sydd wedi ein cyrraedd, ac wedi rhoi cymaint o gysur a chalondid inni. Cawsom gerdyn hyfryd gan Angharad Tomos, a oedd yn gyn-ddisgybl i Dad yn Ysgol Dyffryn Nantlle. Yn ei neges, dywedodd fod Dad 'fel craig ddi-syfl'. 'Glynodd at ei gred ac ni siglodd... arhosodd Gareth yn driw i'w gredoau a'i egwyddorion, ac roedd yn dda ei gael fel angor.'

Roedd Dad hefyd yn angor i ni fel teulu; yn rhywun y gallwn droi ato a dibynnu'n llwyr ar yr hyn oedd ganddo i'w ddweud. Gallwn ofyn am ei farn ar ba bynnag destun, boed hynny'n fater gwleidyddol, llenyddol neu gymdeithasol, a chael gan Dad ateb treiddgar, gwybodus oedd yn mynd yn syth at gnewyllyn y ddadl. Roedd hefyd yn hoff o brocio a phryfocio er mwyn ein herio i gwestiynu'n tybiaethau.

Rhyfeddwn bob tro, hyd yn oed yn ddiweddar pan oedd ei salwch wedi ei wanhau, ar allu Dad i gofio manylder dadleuon, digwyddiadau, dyfyniadau a chymhlethdodau plot nofelau neu ddramâu roedd wedi eu darllen dros drigain mlynedd yn ôl. Roedd yn dal i ysu am drafod y byd a'i bethau gyda phawb oedd yn galw draw, a byddai pob ymweliad â Llanddarog yn dechrau gyda'r geiriau, "Be sy'n digwydd yn y byd?"

Dechreuodd Dad rannu ei ddamcaniaethau gyda mi  o oedran cynnar a digwyddai llawer o'n trafodaethau wrth fynd am dro. Mae 'na rai troeon na wna i ymhelaethu gormod arnyn nhw heddiw; fel yr adeg pan aeth Dad a fi ac Euros, fy nghefnder, am dro i ben yr Wyddfa ar hyd Grib Goch mewn tywydd erchyll pan oeddem ni'n wyth a chwech oed. Fe gawsom lot o hwyl, ond o edrych yn ôl, mi oedd o ychydig yn beryglus.

Rhai o fy atgofion melysaf o fy mhlentyndod ydy troeon ychydig yn fwy hamddenol efo Dad. Mynd am dro ar hyd ffyrdd gwledig Waunfawr neu Chwilog tra ar ein gwyliau. Wrth fynd am dro, byddai Dad yn rhannu enwau hudolus blodau gwyllt gyda mi a'u plethu gyda helyntion am ei blentyndod yn Waunfawr. Hwn hefyd fyddai'r amser ble byddwn yn holi Dad pam fod pethau fel ag yr oeddent yn y byd, a byddai yntau'n rhoi esboniadau fyddai'n diwallu fy chwilfrydedd am y tro – neu'n rhoi digon i mi gnoi cil arno tan ein tro nesaf.

Gwn fod llawer o ffrindiau Dad hefyd wedi mwynhau ei gwmni ar bererindod i Bryn Ffynnon yn Llanwynno neu ar deithiau cerdded lu gyda'r Mudiad Gwrth-Apartheid ar hyd arfordir Llanilltud Fawr.

Mae mynd am dro a thrafodaethau hefyd yn rhan o atgofion fy mhlant, Osian ac Esyllt am eu taid annwyl. Eu hoff dro fyddai mynd efo Taid i ben 'Y Mynydd', oedd yn fwy o fryn, y tu ôl i'n cartref yn Graigwen, Pontypridd, neu i'r caeau ar hyd y ffordd i Lanwynno.

Byddai'r troeon hyn weithiau'n arwain at antur annisgwyl, mynd ar goll ac un o'r ddau'n gorfod cael eu cario 'nôl ar ysgwyddau Dad. Heb os, byddai digon o hwyl i'w gael ar y troeon hyn.

Mae yna gymaint o atgofion wedi llifo 'nôl dros yr wythnosau diwethaf ac mae'r atgofion am y troeon a'r trafodaethau'n bethau y byddaf i, Owen, Osian ac Esyllt yn eu trysori am byth. Mae ein dyled i Dad/Taid a'n hiraeth amdano'n aruthrol.

Cawr

(darllenwyd yn yr angladd, 22ain o Fedi, 2023)

Eiry Miles

Cefais blentyndod gwahanol i Elen a Branwen oherwydd i mi gael fy magu'n gyfan gwbl ym Mhontypridd, a Dad – er pan oeddwn yn blentyn ifanc – yn sgwennwr ar ei liwt ei hun, yn gweithio mewn swyddfa liwgar a difyr ar Heol y Farchnad yn y dref.

Roedd Mam yn athrawes ac yn gweithio'n llawn amser, felly Dad fyddai fel arfer yn gofalu amdanaf pan na allwn fynd i'r ysgol oherwydd salwch neu ddiwrnod hyfforddiant. Braf oedd cael ei gwmni ar y dyddiau hynny, ac yn ddiarwybod i Dad, byddwn weithiau'n cael cip bach slei ar ei waith: sgriptiau *Dinas*, neu'n well byth, *Superted*.

Pe bai Dad wedi sgwennu i blant, rwy'n siŵr y byddai wedi cael llwyddiant ysgubol. Ar foreau Sadwrn, byddwn yn mynd i'r gwely at fy rhieni, lle byddai Dad yn fy niddanu â straeon am Monty, ci Dafydd y Dug. Yn straeon Dad, roedd Monty o Ponty yn gi chweinllyd a gwirion, a'i ffrind Minty yn gi glân ac ufudd.

Doedd Dad ddim yn berson y byddech yn ei alw'n *sporty*,

ond roedd yn hoff iawn o nofio. Yn ogystal â'i gadw'n heini, byddai'r awen yn aml yn taro wrth iddo nofio'n ôl ac ymlaen, a dywedodd wrthyf unwaith mai yn y pwll y cawsai rai o'i syniadau gorau. Âi Dad â ni'n tair i nofio bob dydd Sul, a chaem hefyd gwmni Elin Llywelyn a'r teulu Griffiths. Byddem yn morio canu gyda'r casét Eagles ar y ffordd i'r pwll ac yn cael llawer o hwyl yn y dŵr. Wedyn, byddai'n rhaid mynd i'r bar er mwyn i Dad a Gwyn Griffiths "olchi blas dŵr y pwll" o'u cegau gyda pheint a phaced o gnau.

Yn oes y Rhyfel Oer, doedd bod yn ferch i Gomiwnydd ddim bob amser yn hawdd, ond roedd yn sicr yn ddiddorol. Diolch i Dad, cefais fy nghyflwyno i lu o gymeriadau difyr, a chael bod yn rhan o fwrlwm gwleidyddol. Ymysg atgofion melysaf fy mhlentyndod mae taith gerdded flynyddol y mudiad Gwrth-Apartheid ger Llanilltud Fawr. Byddai'r tywydd bob amser yn braf, y golygfeydd yn odidog a llwyth o blant yn rhan o'r criw.

Pan ddewisais astudio'r Gymraeg yn y Brifysgol, sylweddolais mor ffodus oeddwn i gael rhieni mor wybodus a deallus. Yn fy ail flwyddyn, cefais waith cyfieithu yn Undeb y Myfyrwyr a phryd bynnag y byddai rhyw jargon lletchwith yn creu penbleth, byddwn yn ffonio Dad. Daeth yr *hotline* i swyddfa Dad yn dipyn o jôc yn yr Undeb.

Byddwn i'n dal i ofyn am gyngor Dad ac roedd bob amser yn falch o gael cyfle i feddwl am air neu ddywediad bachog i lenwi bwlch. Yn y blynyddoedd diwethaf, er

Gwyn ac Angharad (Miss Bach) efo Taid

23

y câi drafferth cyfrannu at sgyrsiau oherwydd ei salwch, llwyddai bob amser i feddwl am rywbeth cwbl addas i'w ddweud. Byddaf yn gweld eisiau ei gyngor yn fawr.

Yn ogystal â bod yn dad cariadus i ni'n tair, roedd Dad hefyd yn daid arbennig i Gwyn ac Angharad, neu Miss Bach, fel y galwai hi. Roedd yn falch o bopeth a wnâi'r ddau ac yn chwerthin lond ei fol yn eu cwmni. Roedd hefyd yn dad yng nghyfraith cefnogol i Dai ac yn arbennig o falch ohono pan newidiodd ei yrfa a dod yn athro Saesneg.

Ddechrau mis Medi, pan oedd bywyd Dad yn dirwyn i ben a Mam a ninnau'n tair yn cadw cwmni iddo, daeth diwedd ail gainc y Mabinogi i'm meddwl, sef stori Branwen.

Ar ôl brwydr gas, mae milwyr Ynys Prydain yn cario pen Bendigeidfran y cawr i Ynys Gwales, lle maen nhw'n treulio pedwar ugain mlynedd gydag e, yn ddiddig yn ei gwmni. Ond yna, ar ôl i rywun agor y drws ar Aber Henfelen, daw'r dedwyddwch i ben.

A dyna sut y bu hi i ni, ynghyd â'r wyrion a'r ffrindiau a ddaeth i ffarwelio â Dad. Roedd y tywydd yn fendigedig

Eiry a'i thad yn barod i wylio The Illegal Eagles yn y Lyric, Caerfyrddin.
Roedd Gareth yn hoff iawn o'r Eagles.

a'r adar yn canu wrth i ni sgwrsio, hel atgofion a diolch iddo. Cawsom bedwar diwrnod chwerwfelys fel hyn, tan y diwedd anochel.

Defnyddiwyd y gair 'cawr' i ddisgrifio Dad mewn sawl teyrnged dros yr wythnosau diwethaf. A dyna sut y bydda i'n meddwl amdano. Diolch am bopeth, Dad.

Brawd Mawr

Gill Wyn

Saith oed oeddwn i, ac yntau chwe mlynedd yn hŷn na mi, pan aeth Gareth i ffwrdd i Goleg Llanymddyfri am y tro cyntaf. Felly dim ond rhyw deirgwaith y flwyddyn, yn ystod y gwyliau ysgol, fyddem yn gweld ein gilydd am y pum mlynedd nesaf. Mae sut a pham y digwyddodd hyn yn aneglur i mi, ond mae gen i gof ein bod fel teulu wedi cyfarfod dau deulu lleol arall oedd â meibion naill ai ar fin cychwyn yn y coleg yr un pryd â Gareth neu yno'n barod – un o Chwilog ac un o Forfa Nefyn. Beth ddylanwadodd ar fy rhieni i gymryd y cam yma, wn i ddim, gan fod y ddau o gefndiroedd cyffredin iawn; fy nhad a gafodd ei eni ym Mhontrhydyfen, yn fab i löwr, a fy mam yn ferch i chwarelwr. Roedd fy nhaid ar ochr fy nhad, yn aelod cynnar o'r ILP, ac mi wn mai i'r Blaid Lafur y pleidleisiai fy nhad cyn i fy mam ddylanwadu arno yn y Pumdegau i bleidleisio i'r 'Blaid Bach'. Pan ofynnais iddynt flynyddoedd yn ddiweddarach – pan oeddwn i erbyn hynny yn oedolyn – pam iddyn nhw benderfynu anfon Gareth i Goleg Llanymddyfri, roedd hi'n amlwg fod y ddau'n teimlo yn anghysurus efo'r cwestiwn, ac yn methu rhoi rheswm da i mi. Erbyn hynny, wrth gwrs,

roedd Gareth wedi'i gwneud yn eitha clir ei fod wedi casáu'r profiad â chas perffaith.

Does gen i ddim gwybodaeth o gwbl am y math o addysg a dderbyniodd yn y Coleg; yr unig beth a wn ydi iddo fagu hoffter mawr o jazz yn ystod ei amser yno. Doedd ein cartref ni ddim yn un arbennig o gerddorol. Roedd gennym biano a gallai fy mam chwarae 'chydig o emynau arni, ond un o uchafbwyntiau'r wythnos i fy mam oedd gwrando ar *Aelwyd y Gân* ar nos Sadwrn efo Emrys Cleaver a Myfanwy Howells yn cyflwyno caneuon megis 'Bugail Aberdyfi' ac 'Elen Fwyn', a 'Forces' Favourites' amser cinio dydd Sul – yn chwarae recordiau o ddewis y bechgyn oedd yn cyflawni gwasanaeth milwrol gorfodol ar ddiwedd y Pumdegau. Daeth Gareth â recordiau

fel 'Take the A-Train' Duke Ellington, 'Basin Street Blues' Count Basie a Louis Armstrong ac Ottilie Patterson yn canu 'St. Louis Blues' hefo Chris Barber. Un o'r gofidiau mawr oedd gen i pan yn blentyn oedd y byddai'n rhaid i Gareth, ar gyrraedd ei ddeunaw oed, ymuno â'r fyddin Brydeinig i gwffio yn erbyn y 'Mau Mau Terrorists' fel y gelwid yr ymladdwyr Affricanaidd gan y trefedigaethwyr. Ond meddai 'nhad wrtha i i'm cysuro, "Paid â phoeni, fyddan nhw ddim eisio fo. Mae ei lygaid o'n rhy ddrwg." Cafodd osgoi ymuno drwy fynd i'r brifysgol ym Mangor, ac erbyn iddo raddio daeth gorfodaeth filwrol i ben.

Ar ôl i Gareth adael Llanymddyfri, daeth y brawd mawr yn ffrind i mi hefyd. Roeddwn yn fy arddegau erbyn hynny, ac yn cymryd diddordeb mawr yn ei hynt a'i helynt – y fo a'r ffrindiau a wnaeth ymysg Cymry ifanc o gwmpas Bangor, a thrwy fynychu Ysgol Haf y Blaid. Roedd trafodaethau a dadleuon o gwmpas y bwrdd bwyd adref, ond byth ffraeo. Byddai fy nhad o hyd yn cyflwyno'r ddwy ochr i bob dadl, a Gareth yn ddi-wyro yn yr hyn a gredai, bob tro.

Pan ddechreuodd ymgyrchoedd Cymdeithas yr Iaith, daethom yn agos am fy mod i bryd hynny yn gweithio ac yn byw ym Mhontypridd, ac roedd criw da o athrawon

ifanc wedi symud i'r ardal, gan gynnwys Gwyneth William, y ferch gyntaf i gael ei charcharu dros yr iaith. Roedd yna lawer o fwrlwm a thrafodaeth ynglŷn â pha ddulliau gweithredu y dylai'r Gymdeithas eu dilyn.

Roedd ymlyniad Gareth wrth Gymru a'r Gymraeg ac wrth Farcsiaeth yn ddisigl. Bu'n ffyddlon i'r Blaid Gomiwnyddol Gymreig i'r diwedd. Symudodd o a Gina a'r teulu i fyw i Bontypridd, ac roedd byw ym Mhontypridd yn gweddu i'r dim i'r ddwy ffrwd fywiol hyn yn ei fywyd. Nid gormodiaith fyddai dweud ei fod yn caru Pontypridd yn fawr iawn: y bobl, y diwylliant, y dref ei hun, ac wrth gwrs, yn fwyaf, ei gartref efo Gina a'r genod. Penderfyniad anodd i'r ddau felly oedd symud i Landdarog, hynny oherwydd iechyd a gelltydd Pontypridd. Ac felly, yn ôl i Sir Gaerfyrddin, i'r ardal lle treuliodd flynyddoedd ei ieuenctid. Byddai o a Gina wrth eu boddau yn crwydro'r ardal; mynd i'r sinema a'r siopau yn Crosshands, i farchnad tref Caerfyrddin, i Landeilo, i'r Ardd Fotaneg. Ond un lle na gytunai i roi ei droed yn agos iddo, dros ei grogi, oedd tref Llanymddyfri.

Gina, Lisabeth, Gill a Gareth

Gwrol a Gwydn

(ymddangosodd gyntaf yng nghylchgrawn Golwg)

Cynog Dafis

Yn Llangefni, yng Nghynhadledd Plaid Cymru 1959, y cwrddais i â Gareth gyntaf – ar y ffrinj yn nhafarnau'r dref yn bennaf – yng nghwmni deallusion ifainc, taer eu cenedlaetholdeb, megis Siôn Daniel, Harri Pritchard Jones, Hywel ap Dafydd ac Elfyn Thomas. Penderfyniad arweinwyr y Blaid i beidio gweithredu'n Benyberthaidd yn Nhryweryn oedd prif bwnc y trafod; y gair 'brad' a'r enw 'Saunders Lewis' yn britho'r sgwrs. Fues i fyth yr un fath ar ôl y drochfa ideolegol yna. A rywsut asiwyd Gareth a finnau mewn perthynas, gecrus ac ymrafaelus yn aml, ond magnetaidd serch hynny, yn enwedig o'm hochr i, a barodd

tan i ni ollwng gafael ar ddwylo'n gilydd ddeuddydd cyn ei farw. Efallai mai'r peth a'n tynnodd ynghyd oedd ein diffyg amynedd, ymhonnus wrth gwrs, â'r ystrydebu gwerinaidd a welen ni yn nodweddu'r byd diwylliannol Cymraeg, a'n syched am ddisgwrs cyhyrog, deallgar – tebyg i'r hyn a gaen ni wrth astudio llenyddiaeth Saesneg.

Dan ddylanwad Harri PJ a'r Danieliaid

roedd Gareth 1959 yn rhyw glosio at Rufain, ond wedyn treuliodd flwyddyn drobwyntiol yn Ffrainc. Daeth yn ôl wedi ei ddadrithio â Chatholigiaeth a'i argyhoeddi gan sosialaeth faterolaidd Marx a Lenin.

Ond serch y tyndra anesmwyth a deimlodd weddill ei ddyddiau rhwng cenedlaetholdeb a sosialaeth, roedd ei sêl dros ddadeni cenedlaethol yng Nghymru yn dal i losgi. Ac er mwyn gyrru hyn, fel yr oedd ffrinj Llangefni wedi mynnu, roedd angen rhagor nag etholiadaeth. Daeth Saunders Lewis â'i 'Dynged yr Iaith' i'r adwy.

Rywle felly, yn y tensiwn rhwng sosialaeth chwyldroadol a'r angst ynghylch tynged y winllan a roddwyd i'n gofal, yr esgorwyd ar Gymdeithas yr Iaith Gymraeg yn 1962. Bu sawl bydwraig wrth y geni ond Gareth oedd y pennaf.

Digwyddodd Pont Trefechan, ac yna darfu'r gwrthdystio wrth i'r Gymdeithas newydd-anedig gyhoeddi cadoediad tra bod Comisiwn Hughes-Parry yn gori ar gwestiwn Statws Swyddogol y Gymraeg.

Terfynwyd y cadoediad yn Hydref 1965 wrth i'r Pwyllgor Canol newydd lansio cyfres o wrthdystiadau torfol yn erbyn Swyddfa'r Post. Gareth a anogodd y pwyllgor i efelychu dulliau Duon yr Unol Daleithiau: meddiannu adeiladau cyhoeddus ac arfer y dull di-drais wrth i'r heddlu orfod symud y gwrthdystwyr. Hynny fuodd. Ond yn Nolgellau, yn eirlaw Tachwedd, aeth pethau'n flêr. Gwingo a strancio, os nad taro'n ôl, a wnaeth rhai o'r gwrthdystwyr, nid gorwedd yn llipa. Ymunodd rhai o fechgyn y dref yn y sbri ar ochr yr heddlu ac wele wrthdaro salw ar lawr y Swyddfa a'r pafin tu allan.

O dipyn i beth wedyn aeth yn gynnen o fewn y Pwyllgor Canol. Barn rhai – a finnau, Gareth a Siôn Daniel yn eu plith – oedd bod angen proses ddisgyblu i fynnu ymrwymiad wrth y dull di-drais. Mewn Cyfarfod Cyffredinol stormus yn Aberystwyth datganwyd yn ddiamwys o blaid y dull di-drais ond yn erbyn cael proses ddisgyblu i'w orfodi.

Ymddiswyddais i, a dianc am dro rhag pwys a gwres y frwydr. A dyna'r pryd yr achubodd Gareth y sefyllfa, ac o bosibl y Gymdeithas ei hun, drwy gymryd at y gadeiryddiaeth.

Dyna fesur Gareth Miles: gwrol, gwydn, penderfynol, ymroddedig, pragmataidd. Arweiniodd y Gymdeithas drwy gyfnod o weithredu cynyddol feiddgar tan i genhedlaeth newydd gymryd yr awenau. Rwy'n amau a allasai unrhyw un arall fod wedi cyflawni'r gamp.

Collais gysylltiad i raddau â Gareth dros sawl blwyddyn wedyn. Ymgollais i yng ngwaith y Gymdeithas ac yna Blaid Cymru, ynghyd â bagad gofalon ysgol a theulu. Wedi rhai blynyddau yn y Blaid ac yna'n hyrwyddo Comiwnyddiaeth wladgarol, yn ogystal â threulio cyfnod fel Prif Weithredydd UCAC, ymroddodd Gareth – gyda chymorth y sianel deledu yr oedd e'n rhannol gyfrifol am ei sefydlu – i lenydda. Finnau'n gwylio'n edmygus o hirbell.

Teg honni bod Gareth yn well llenor na gwleidydd. Ond iddo fe, ymestyniad o'i wleidyddiaeth oedd llenyddiaeth. Llifodd ffrwd o ddramâu, nofelau, storïau ac ysgrifau o'i allweddell, yn dehongli Cymru, y mudiad cenedlaethol a'r mudiad Llafur yn ogystal â'r isfyd troseddol a byd sinistr y corfforaethau rhyngwladol.

Yn y gwaith creadigol hwn daeth y dadansoddiad roedd e wedi'i ddysgu gan Marx ynghylch dosbarth cymdeithasol, ecsbloetiad a drygau cyfalafiaeth, yn ased amhrisiadwy iddo, yn seiliol i'w greadigaethau. Ar yr un pryd roedd ei empathi cynnes at ei gymeriadau, yn ogystal â'i finiogrwydd dychanol a'i amgyffrediad o ochr dywylla'r natur ddynol yn cynysgaeddu'r gwaith. Os am ddeall a gwerthfawrogi naws bywyd Cymru yn ail hanner yr ugeinfed ganrif, darllener gweithiau Gareth Miles.

Wedi i fi gael fy ethol i senedd San Steffan yn 1992, ailsefydlwyd ein cyfeillgarwch, ar sail fwy cyfartal efallai. Ambell i swper yn y Strangers' Dining Room, a dadlau wrth gwrs – ynghylch fy ymlyniad annealladwy i wrth

Gristnogaeth, er enghraifft. Un tro dyma fe'n mynnu nad cenedlaetholwr mohonof i – a chompliment oedd hynny.

Yn dilyn rali gan Gymdeithas yr Iaith ym Mae Caerdydd yn 1992, yng nghanol helynt Seimon Glyn, mewnlifiad a Chymuned, cawson ni ddadl ffyrnig, estynedig a hyglyw. Gareth yn hallt ei feirniadaeth o'r Blaid, a finnau'n gynwysedig, am fod yn 'credu yn y farchnad'. Finnau'n dannod ei afrealaeth a'i amharodrwydd i werthfawrogi ein hymdrechion diflino ni i ymgodymu â sialensau astrus ac ystyriaethau croestynnol. Ymwahanu'n ffrom, ond gofalu cymodi ganol dydd drannoeth dros ginio. Gochel rhag cwympo mas byth wedyn – ac eithrio efallai ambell i sbat dros yr e-bost. Doedd e ddim yn cymeradwyo 'mod i wedi troi'n eglwyswr o bethau'r byd.

Ond mae rhagor i'w ddweud am Gareth. Fuodd neb anwylach ar wyneb y ddaear. O dan yr wyneb ansentimental, starn braidd, heblaw pan fyddai'r wên eironig yn torri, roedd yna gariad mawr a chalon ddynol dra chynnes. A does neb a ŵyr hynny'n well na'i deulu agos: ei chwiorydd, ei ferched a'i wyrion, ac yn enwedig ei drysor o wraig Gina y cwrddodd â hi yn rhengoedd byddin yr Iaith. Bydd y golled ar ei ôl yn ddwys iddyn nhw ac yn fawr i'w lu gyfeillion.

Y Comiwnydd a'r Cymrawd

Robert Griffiths

Y tro cyntaf i mi ddod ar draws Gareth Miles oedd mewn cynhadledd Plaid Cymru yn ail hanner y Saithdegau.

Roedd e newydd gyfrannu at ddadl am yr hyn ddylai polisi tramor ac amddiffyn llywodraeth Plaid Cymru fod o fewn Cymru annibynnol. Awgrym Rodric Barrar oedd y dylai Cymru wir sofran ymuno â Chytundeb Warsaw.

Ym marn Gareth, roedd hwnnw'n safbwynt annoeth.

Yn ôl y dull Marcsaidd, gwelai ef y perygl o wrthdaro anffafriol. Y peth pwysicaf yn ei farn ef oedd sicrhau bod Plaid Cymru yn cadw at niwtraliaeth yn y Rhyfel Oer, a pheidio cythruddo heddychwyr y Blaid, na gyrru ei rhyddfrydwyr tua NATO, nac ynysu'r asgell chwith o fewn y Blaid.

Wedi'r gynhadledd honno, daeth Gareth a minnau'n gyfeillion a chymrodyr agos. Trwyddo ef, Rod Barrar a Gwerfyl Arthur ym mhrif swyddfa Plaid Cymru y dysgais

Gymraeg llafar. Ar y pryd hwnnw, gweithiai Gareth fel trefnydd llawn amser i UCAC (Undeb Cenedlaethol Athrawon Cymru), a ninnau'n cwrdd yn aml yn y 'Roath Park', yntau gyda'i frechdanau creision, a minnau gyda'm peint o Brains Tywyll a chob caws.

Bu Gareth wastad yn glir ac yn ddi-ofn yn ei wleidyddiaeth.

Yn enghraifft gynnar o hyn, gwrthododd chwedleuon rhai o arweinwyr Plaid Cymru am genedlaetholwyr 'diniwed' Llydaw yn dioddef yn ofnadwy dan law llywodraeth Ffrainc ar ddiwedd yr Ail Ryfel Byd. Wedi iddo ymchwilio'n ddyfal yn Llydaw (a'i Ffrangeg yn rhugl), daeth Gareth i'r casgliad cadarn mai cenedlaetholwyr eithafol asgell-dde, gwrth-ddemocrataidd, gwrth-sosialaidd oeddent, ag elfennau cryf, pro-Natsïaidd yn eu plith.

Pan gyhoeddodd Gareth ei gasgliadau ef am Yann Fouéré a'i fath, doedd hynny ddim yn or-boblogaidd o fewn cylchoedd traddodiadol 'sefydliad' Plaid Cymru.

Cafodd Gareth ei siomi'n fawr gan fethiant ei ymdrechion cynnar i sicrhau aelodaeth i UCAC yng Nghyngres Undebau Llafur Prydain a Chymru. Daeth buddugoliaeth maes o law, eithr ar ôl iddo adael ei swydd undebol.

Methiant hefyd, ar y cyfan, oedd ein hymdrechion i droi Plaid Cymru yn sylweddol i'r chwith. Datganodd un cynrychiolydd o lwyfan cynhadledd Plaid Cymru, sef Dafydd Huws, y byddai Gareth a minnau'n teimlo'n fwy cartrefol yn y Blaid Gomiwnyddol.

Roedd y Dafydd hwnnw'n llygad ei le!

Ond cyn i hynny ddigwydd, fe wnaethon ni ac eraill sefydlu MGSC (Mudiad Gweriniaethol Sosialaidd Cymru) ar ddechrau'r Wythdegau. Ar ôl methiant y Refferendwm Datganoli a buddugoliaeth Thatcher yn Etholiad Cyffredinol 1979, gyda'r diwydiannau glo a dur dan fygythiad a'r tai haf yn llosgi, roedd angen mudiad gwleidyddol newydd, chwyldroadol.

Yn anffodus, wnaeth ddim digon ohonom wrando ar eiriau doeth Gareth yn ystod y cyfnod hwnnw. Cawsom ein rhybuddio ganddo am beryglon gor-bwysleisio'r ochr weriniaethol yn ein strategaeth a'n gweithgareddau lliwgar, ar draul yr ochr ddosbarth, sosialaidd. Er gwaethaf hynny, cafodd arweinwyr y mudiad gefnogaeth gref ac egwyddorol ganddo, a hynny mewn cyfnod anodd iawn o dan lach yr heddlu a'r wladwriaeth Brydeinig hyd at ein buddugoliaeth yn Achos Cynllwynio Caerdydd ym 1983.

Pa ffordd ymlaen, ar ôl y profiad hwnnw? Cynhaliwyd cyfarfod MGSC yn Nantgaredig i drafod y camau nesaf. Ond roedd Gareth Miles y Marcsydd eisoes wedi dangos y ffordd ymlaen i ni, gan ymaelodi â'r Blaid Gomiwnyddol.

Pam y blaid honno?

Wedi'r cyfan, bu Gareth yn chwyrn ei feirniadaeth o rai agweddau ar Blaid Gomiwnyddol Prydain Fawr; yn gyntaf, am ei bod yn blaid Brydeinig, ac felly yn tueddu i ddiystyru Cymru a'i hanghenion yn ei strategaeth, fel y gwelwyd yn rhaglen hir dymor y blaid, sef *Y Ffordd Brydeinig i Sosialaeth*. Cyhoeddwyd barn Gareth mewn erthygl ganddo yn *Y Saeth*, cylchgrawn dan olygyddiaeth Dennis O'Neill yn ail hanner y Saithdegau.

Yr ail broblem yn ôl Gareth oedd bod byd-olwg y Blaid Gomiwnyddol yn tueddu i fod braidd yn 'Brydeinig'. Roedd 'Prydeindod' yn gynnyrch hanes imperialaeth fwystfilaidd Lloegr (â'i gweision slafaidd a chynffonwyr llwgr o Gymry), boed hynny yn Iwerddon, Affrica neu'r Dwyrain Canol. Enw arall, twyllodrus am Seisnigrwydd oedd Prydeindod.

Bu dealltwriaeth Gareth a minnau'n ddiffygiol yn rhai o'r pethau hyn.

Dyma oedd yr unig blaid sosialaidd go iawn: yn rhyngwladol a gwrth-imperialaidd ei golwg a'i hanes, yn wladgarol ei chefnogaeth dros hawliau llawn i'r iaith Gymraeg ac – ers y 1940au yn ddi-os – o blaid Senedd a Chyngres Undebau Llafur i Gymru; plaid â'i gwreiddiau yn y dosbarth gweithiol ledled Prydain ac ar draws y byd ers ei sefydlu ym 1920.

Ar y pryd hwnnw, roedd ein cyfaill Gwyn Alf Williams yn teithio i'r cyfeiriad arall, o'r Blaid Gomiwnyddol i Blaid Cymru. Cawson ni beint a sgwrs yn y King's Castle, Treganna, Caerdydd, lle'r oedd syniadau ar bob pwnc – o gomiwnyddiaeth a NATO i'r Gymraeg a Ciwba – yn cyd-blethu, er nid o ran y blaid go iawn i arwain y frwydr am sosialaeth!

'Ta waeth am hynny, doedd dim amheuaeth ym meddwl Gareth ynghylch ei ddewis ef, fel yn achos ei ymweliad cyntaf a thŷ Arthur Jones ar ddiwedd cyfarfod Pwyllgor Cymreig y Blaid Gomiwnyddol ym Merthyr Tudful. Bu Arthur yn gynullydd undebau llafur yn ffatri Triang ac yn gynghorydd Comiwnyddol. Fel aelodau blaenllaw eraill y pwyllgor megis Mary a Tony Winter (Aberpennar) ac Annie Powell (maer y Rhondda), roedd e'n Gymraeg ei iaith a chanddo hefyd y gallu i adrodd yn helaeth benillion o lyfrau barddoniaeth ei lyfrgell bersonol, swmpus.

Gwleidyddiaeth dosbarth ynghyd â diwylliant gwerinol Cymraeg a Chymreig, dyna oedd cyd-destun athronyddol Gareth Miles. O 1982 ymlaen, aeth Gareth ati i adeiladu'r Blaid Gomiwnyddol. Daeth yn gadeirydd y blaid yng Nghymru ac yn aelod o fwrdd y cwmni cydweithredol sy'n rheoli'r papur dyddiol, sef y *Morning Star* (neu *Seren y Bore* yn ei rifyn arbennig, Cymraeg ar gyfer yr Eisteddfod Genedlaethol pob blwyddyn).

37

Ymdrechodd yn ddi-flino ynghyd â'i gymrawd annwyl, y diweddar Gwyn Griffiths, ac eraill i sicrhau bod Canolfan Garth Olwg, ym Mhentre'r Eglwys ger Pontypridd, dan ei sang ym mis Ionawr 2010 ar gyfer noson 'Niclas y Glais'; dathliad bywyd a gwaith y bardd enwog o Gomiwnydd, T. E. Nicholas – perfformiad wedi'i gyfansoddi gan Gareth Ioan ac ynddo gant o actorion, cerddorion a chantorion o ardal Crymych. Fel aelod o bwyllgor gwaith Urdd Awduron Prydain Fawr, chwaraeodd Gareth ran allweddol yn y gwaith o sefydlu Cymdeithas Niclas y Glais, gyda chynrychiolwyr Cymdeithas yr Iaith, y Blaid Gomiwnyddol ac Undeb Cenedlaethol y Newyddiadurwyr yn cwrdd yn y Caio Arms yng Nghaerdydd.

Hen Gomiwnydd arall gafodd gryn effaith ar syniadaeth Gareth oedd William J. Rees, cyfieithydd cyntaf *Maniffesto'r Blaid Gomiwnyddol* (1848) gan Marx ac Engels o'r Almaeneg gwreiddiol i'r Gymraeg ar ganmlwyddiant y cyhoeddiad byd-enwog hwn. Gwelir ei ddylanwad yn nhraethodau Gareth ar hanes Cymru a'i agweddau ar ddosbarth cymdeithasol drwy'r oesoedd.

Dim syndod, felly, iddo ef ynghyd â Gwyn Griffiths fynd ati i adnewyddu gwaith 'WJ' ac ailgyhoeddi'r *Maniffesto* yn Gymraeg yn 2020, canmlwyddiant sefydlu'r Blaid Gomiwnyddol yng Nghymru a Phrydain.

Ar gyfer cyfweliad yn y *Morning Star* a gyhoeddwyd ym mis Medi 2023 ac a hwyluswyd gan Eiry ei ferch, ac yntau yn ei salwch yn yr ysbyty, gofynnais y cwestiynau yma i Gareth...

1. **Beth yn ei farn ef fu llwyddiant mwyaf Cymdeithas yr Iaith Gymraeg ers ei sefydlu ym 1962?**

   "Y llwyddiant pennaf oedd gosod y Gymraeg a'r diwylliant Cymraeg mewn cyd-destun economaidd a chymdeithasol," meddai.

2. **Dywedais wrtho fod ei bamffled cynnar *Cymru Rydd, Cymru Gymraeg, Cymru Sosialaidd* wedi cael cryn effaith arnaf i ac ar lawer o bobl ifanc eraill ar ddechrau'r Saithdegau. Pam roedd angen ei neges ar y pryd hwnnw?**

"Roedd peryg i Gymdeithas yr Iaith gael ei llyncu gan genedlaetholdeb geidwadol, er enghraifft, dan ddylanwad Saunders Lewis", atebodd Gareth, "a gan eithafiaeth sosialaidd arwynebol".

3. **Fe wnes i ei atgoffa o eiriau ein hen gyfaill Gwyn Alf Williams, bod rhaid i gyfalafiaeth farw er mwyn i'r iaith Gymraeg fyw; a gofynnais iddo ba mor wir yw'r geiriau hyn heddiw, os felly o gwbl?**

"Rwy'n cytuno â'r gosodiad, ac yn fwy na hynny, mae peryg na fydd parhad i'r ddynoliaeth os na ddaw cyfalafiaeth i ben", datganodd Gareth. "Mae'r ddynoliaeth mewn mwy o beryg nag erioed o'r blaen."

Ar hyd ei oes fe ymgyrchodd Gareth yn erbyn arfau niwclear, fel aelod o CND, ac fe wrthwynebodd apartheid, hiliaeth a gormes ar y Palestiniaid.

4. **Ynglŷn â'r sefyllfa wleidyddol yng Nghymru heddiw, gofynnais i Gareth beth hoffai ei weld?**

"Dymunaf weld Plaid Cymru a'r Blaid Lafur yng Nghymru yn cyfuno i greu plaid sosialaidd wladgarol," oedd yr ymateb.

5. **Bu newidiadau enfawr yn y byd sydd ohoni yn ystod y degawdau diwethaf: cwymp yr Undeb Sofietaidd, y fuddugoliaeth dros apartheid, rhyfeloedd newydd yn Ewrop a'r Dwyrain Canol, yr argyfwng cynhesu byd-eang, codiad Tsieina, ac ati. Ydy hen slogan Keir Hardie yn berthnasol o hyd, sef, 'Sosialaeth – gobaith y byd!'?**

Doedd dim dwywaith ym meddwl Gareth: "Mae neges Keir Hardie yn dal yn hanfodol bwysig," meddai.

6. **Wrth edrych yn ôl, yr ydym wedi brasgamu ysgwydd yn ysgwydd drwy'r mudiadau gwleidyddol ers y Saithdegau, o asgell chwith Plaid Cymru, i Fudiad Gweriniaethol Sosialaidd Cymru ac yna ymlaen i'r Blaid Gomiwnyddol. Pa wersi sydd yn y profiadau hyn i ni a phobl eraill?**

"Nac anobeithiwn!" meddai Gareth Miles, Cymro, gwladgarwr a Marcsydd heb ei ail.

Marwnad i Gareth yn ei angladd

Fel sylfaenwyr Cymdeithas yr Iaith Gymraeg ym 1962, lansiodd Gareth Miles, Cynog Dafis, John Davies ac eraill y mudiad gweithredu uniongyrchol di-drais mwyaf llwyddiannus yng Ngorllewin Ewrop ers yr Ail Ryfel Byd.

Wnaethon nhw arwain y frwydr i ennill statws cyfartal i'r iaith Gymraeg, ac mae arwyddion dwyieithog ledled Cymru heddiw yn symbolau o fuddugoliaeth enwog y

Gymdeithas, Gareth a phobl Cymru.

Ie, wir... ''Ni yma o hyd'.

Roedd Gareth yn wladgarwr yng ngwir ystyr Leninaidd y gair. Fe garai bopeth blaengar, creadigol yn hanes a diwylliant y Cymry, yn enwedig y brwydro yn erbyn gormes ac anghyfiawnder o bob math.

Roedd Gareth hefyd yn rhyngwladol ei fyd-olwg, fel sosialydd ac fel aelod pybyr o'r Blaid Gomiwnyddol.

Mor rhugl oedd ei Ffrangeg... ac rwy'n cofio iddo fe 'i defnyddio hi'n effeithiol dros ben ar un adeg, ar y trên i fewn i Baris ar gyfer y *Fête de l'Humanité*, lle'r oedd Gareth, Brian Williams, Siân a John Haylett, Dominic a Sandra a fi yn arfer mynd bob mis Medi.

Roedd dyn canol oed, gwyn, yn ein cerbyd ni, wastad yn sarhau menyw ddu yn hollol ddi-reswm – ac heb ymateb gan y Ffrancwyr eraill o'n cwmpas ni.

"Pam ydych chi yma?", meddai'r dyn wrthi. "Does neb eisiau pobl fel chi yn ein gwlad ni."

"Gwell gen i bobl fel hi na hilwyr anwybodus fel chi," dywedodd Gareth wrtho, yn ei Ffrangeg glir a phendant, ac mor uchel ei lais nes bod pawb yn gallu ei glywed.

Dyna un o'r rhesymau pam roeddwn i mor falch o'i gael fel cyfaill a chymrawd.

Doedd e ddim mor hapus gyda mi ar un achlysur. Yn hwyr yn ei chwedegau, cafodd Gareth ei arestio ar ôl addurno'r Swyddfa Gymreig yng Nghaerdydd gyda slogan neu ddau, fel rhan o ymgyrchu Cymdeithas yr Iaith.

Bant ag ef wedyn i gelloedd yr heddlu. Ond, roedd Gareth wedi trefnu i annerch cyfarfod pwysig y Blaid Gomiwnyddol dros y penwythnos a oedd yn dilyn. Ar ôl siarad â Gina, wnes i gasglu'r arian er mwyn sicrhau mechnïaeth i Gareth.

Roedd e mor grac gyda mi am ennill ei ryddid! "O'n i'n edrych ymlaen at fynd i'r carchar, a chasglu deunydd am ddrama neu am nofel newydd," dywedodd wrtha i.

Dim ond yn ddiweddar wnes i sylweddoli pa mor hen oedd Gareth: 85 oed eleni! Rwy'n siŵr taw Gina a'u merched a'r wyrion oedd wedi helpu i'w gadw'n ifanc yn ei galon, ei feddwl a'i ysbryd. Dylen nhw hefyd wybod ei fod yn byw o hyd, yng nghalonnau a meddyliau miloedd o'i gydwladwyr, ar yr arwyddion dwyieithog, drwy Sianel Pedwar Cymru, ac yn y frwydr dros heddwch, cyfiawnder a sosialaeth.

Cyflawnodd Gareth, yn anad neb, ddelfrydau'r hen Gomiwnydd Pavel yn y nofel *How the Steel was Tempered* gan Nikolai Ostrovsky:

'Ein meddiant anwylaf yw bywyd, a rhoddir i ni fyw dim ond unwaith. Rhaid i ni fyw, felly, heb edifaru'n ddirboenus am flynyddoedd di-bwrpas; heb deimlo cywilydd llosg am fywyd cas a dibwys; byw, fel y gallwn ni ddweud wrth farw: rhoddwyd fy holl fywyd, fy holl nerth, i'r achos gorau ar y ddaear – y frwydr i ryddhau pobloedd y byd.'

Atgofion disgybl ysgol

Rhodri Glyn Thomas

Bu'n rhaid imi dreiddio drwy niwl y blynyddoedd, dros drigain ohonynt a bod yn fanwl gywir, er mwyn ceisio cofio fy nyddiau yn Ysgol Uwchradd Gymraeg Morgan Llwyd. Roedd yr Awdurdod Lleol wedi ildio, ar ôl ymgyrch hir gan rieni, i greu dilyniant i addysg Gymraeg o'r cynradd i'r uwchradd yn Wrecsam a'r cyffiniau.

Lleolwyd yr ysgol, yn hen faracs y fyddin ar gyrion y dref. Y fantais inni ddisgyblion, i mi o leiaf, oedd ein bod wedi etifeddu maes chwarae hynod o eang ac o'r ansawdd uchaf o holl ysgolion y dref. Yr anfantais i'r athrawon oedd ansawdd yr ystafelloedd dosbarth – hen gabannau pren. Roedd un peth defnyddiol i ni'r disgyblion, sef bod cynifer o gabannau – a'r rheini ar chwâl dros aceri o dir. Roedd modd honni wrth gyrraedd yn hwyr i wersi ein bod wedi mynd ar goll neu wedi ymlwybro at y caban anghywir.

Ond yr elfen ryfeddaf oedd fod gennym derfysgwr yn ein plith, neu o leiaf dyna fyddai'r Awdurdod Lleol a'r mwyafrif o drigolion Wrecsam yn tybio. Roedd yn gyfnod chwyldro myfyrwyr trwy Ewrop ac yng Nghymru ac roedd yr alwad honno wedi ei darlledu gan Saunders Lewis yn ei ddarlith radio 'Tynged yr Iaith'. Roedd Gareth Miles, ein hathro Saesneg a Ffrangeg yn gyn-gadeirydd Cymdeithas yr

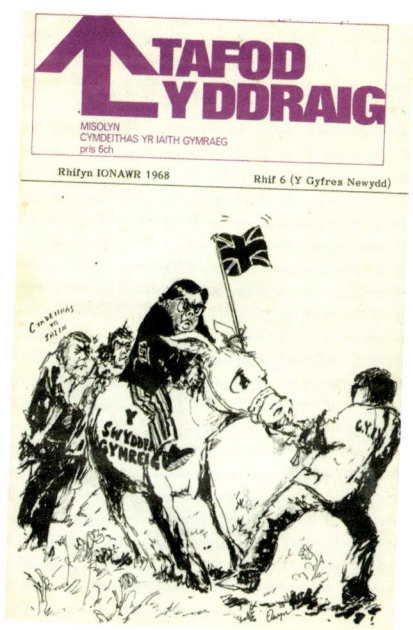

43

Iaith Gymraeg ac wedi cyflawni'r drosedd ddifrifol o gario cyfaill ar draws far ei feic.

Roedd yn athro ysbrydoledig. Nid ei flaenoriaeth oedd paratoi ei ddisgyblion ar gyfer arholiadau ond yn hytrach magu diddordeb a chwilfrydedd yn y pwnc. Roedd hyn yn wahanol i athrawon oedd yn darllen nodiadau oedd wedi eu cyflwyno dros ddegawdau ac mewn rhai achosion i genedlaethau o blant. Yr unig wreiddioldeb yn y fath broses oedd bod angen eu cyfieithu i'r Gymraeg.

Dw i'n argyhoeddedig nad oedd Gareth yn credu bod arholiadau yn fesur cymwys o allu a chyrhaeddiad disgyblion. Mae gen i gof iddo roi rhagrybudd beth fyddai'r cwestiynau fwy nag unwaith. Credai fod angen i'n Saesneg ni fod yn raenus a chystal â'n Cymraeg a bod llenyddiaeth i'w gwerthfawrogi a'i thrysori. Roedd ei gyfeiriadaeth wrth drafod llenyddiaeth yn rhyfeddol o eang. Hyd y gwelwn i ei flaenoriaeth wrth addysgu Ffrangeg oedd ein galluogi i'w defnyddio yn hwylus a hyblyg. Canlyniad hyn oedd fod ei ddisgyblion yn fwy na pharod i fynd i'r afael â chwestiynau Lefel O ac A.

Nid oedd Gareth ymhlith y mwyaf trwsiadus, hyd nes i Gina ddylanwadu arno. Ond yr elfen hynotaf o'i ymddangosiad oedd y sbectol na fyddai byth yn gadael ei drwyn. Yr unig gof sydd gennyf ohono yn ei thynnu yw pan benderfynodd ein hyfforddi mewn rygbi. Roedd yr athro ymarfer corff yn hyddysg a medrus mewn pêl-droed, criced ac athletau ond yn llai profiadol o ran rygbi. Roedd Gareth wedi mynychu Coleg Llanymddyfri (fyddai e ddim yn gwerthfawrogi fy mod yn cyfeirio at hynny!). Er na fwynhaodd ei gyfnod yno roedd gan yr ysgol honno draddodiad rygbi ardderchog. Go brin bod Gareth wedi cyrraedd uchelfannau'r tîm cyntaf na hyd yn oed yr ail dîm gan fod ei olwg mor wael a'i symudiadau o ganlyniad i hynny mor afrosgo. Ond roedd wedi meistroli hanfodion technegol y gêm. Roeddem yn dîm hynod o aflwyddiannus gan fod y dewis mor gyfyngedig a ninnau gymaint yn llai o ran maint nag unrhyw un o'n gwrthwynebwyr. Trwythodd Gareth ni yn yr hanfodion megis sgrymio a thaclo ac ambell beth na ddylai'r dyfarnwr eu gweld.

Daeth un anffawd ar ei draws. Roedd hyn ymhell cyn dyddiau ffonau symudol. Roedd rhai ohonom wedi sylwi bod blwch ffôn yr ochr draw i'r maes chwaraeon. Gallem ei gyrraedd yn rhwydd heb i neb ein gweld. Bu rhai ohonom yn ei ddefnyddio i wneud ambell alwad ddireidus, digon diniwed – yn fy marn i, o leiaf. Yn anffodus roedd rhywun wedi cwyno wrth yr heddlu. Aeth Gareth i wneud galwad un amser cinio ac roedd yr heddlu yn disgwyl amdano. O'r diwedd, roedd y terfysgwr wedi ei ddal. Ond y tro yma cafodd fynd yn rhydd.

Diolch am gael eistedd wrth dy draed, Gareth.

Bywyd Cymdeithasol Wrecsam

Harri Lloyd

Roedd Wrecsam yn dref lewyrchus yn y 1960au pan ddaeth Gareth yn athro i Ysgol Morgan Llwyd. Roedd pyllau glo Hafod, Bersham, Llay a Gresford yn dal i weithio a Gwaith Dur Brymbo yn cyflogi bron i fil o weithwyr. Dydd Llun oedd diwrnod marchnad yn y 'Beast', fel y'i gelwid, a degau o stondinau yno a phobol yn heidio am fargen. Roedd nifer o gapeli Cymraeg yn y dref, a dau goleg, sef y Coleg Technegol – Prifysgol Wrecsam bellach – a Choleg Cartrefle, sef coleg i hyfforddi merched i fod yn athrawon.

Roedd ysgol gynradd Gymraeg wedi ei sefydlu rai blynyddoedd ynghynt yn 1951, sef Ysgol Bodhyfryd. Y brifathrawes oedd Mary Jane Davies o'r Foel yn Sir Drefaldwyn, ac o dan ei rheolaeth gadarn, tyfodd yr ysgol a daeth galw am ysgol uwchradd Gymraeg.

Sefydlwyd Ysgol Morgan Llwyd yn 1963 yn hen adeilad gwag Ysgol Victoria, cyn symud i Ffordd Brynycabanau yn ardal Hightown. Y prifathro cyntaf oedd Wil John Davies, a oedd yn dipyn o gymeriad, a'r dirprwy oedd Olwen Grey Davies. Athro Saesneg a Ffrangeg oedd Gareth – yn gydwybodol iawn a phoblogaidd ymysg ei gyd-athrawon.

Roedd Cymdeithas yr Iaith wedi'i sefydlu erbyn i Gareth symud i Wrecsam, a pharhaodd i fod yn weithgar yn y Gymdeithas tra oedd yn athro yn Ysgol Morgan Llwyd. Bu yn y llys nifer o weithiau am wrthod talu dirwyon yn yr ymgyrch i gael ffurflenni treth car yn Gymraeg. Cafodd gefnogaeth dda gan y Cymry Cymraeg yn y dref a hefyd gan rai di-Gymraeg, er nad oedd llawer yn deall yr ymgyrch. Buom nifer o weithiau yn hwyr y nos yn tynnu arwyddion Saesneg i lawr yn ardal y Maelor a'u llechio i Afon Ddyfrdwy.

Roedd cangen o'r mudiad Gwrth-Apartheid yn y dref a

Gareth yn aelod blaenllaw ohoni. Cynhelid y cyfarfodydd yng nghlwb y Blaid Lafur yn Queen's Park. Byddai'r aelod seneddol Llafur, John Marek, yn mynychu'r cyfarfodydd yma a bu llawer i ddadl boeth rhyngddo fo a Gareth. Trefnydd y mudiad yng Nghymru oedd Hanef Bhamjee, a ddihangodd o Dde Affrica i Gaerdydd yn 1965. Byddai'n dod i Wrecsam yn aml i helpu i drefnu gweithgareddau, ac yn ddigon diamynedd os nad oedd pethau'n mynd yn iawn.

Ar ôl symud i Bontypridd y trodd Gareth yn Gomiwnydd; aelod o Blaid Cymru oedd o yn ystod ei gyfnod yn Wrecsam.

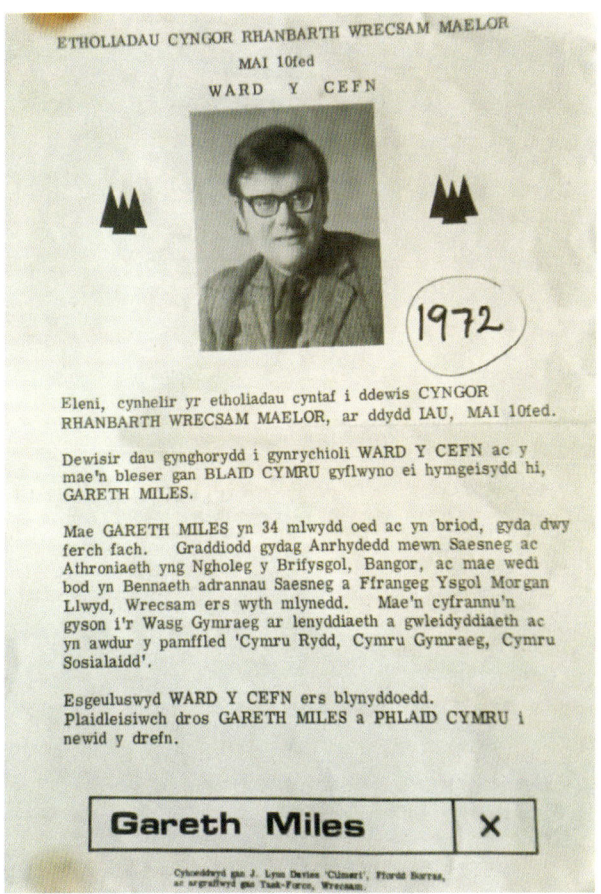

Roedd cangen weithgar o'r Blaid yn y dref a chafodd Elystan Morgan bum mil o bleidleisiau yn yr etholiad yno yn niwedd y Pumdegau. Un a oedd yn mynychu cyfarfodydd y gangen yn achlysurol oedd Sgweiar Yorke, perchennog Stad Erddig. Roedd yn pleidleisio i'r Blaid Dorïaidd a Phlaid Cymru bob yn ail etholiad.

Mi ddaru Gareth sefyll dros y Blaid mewn etholiad lleol yn Queen's Park – Parc Caia erbyn hyn. Roedd Gareth yn hoff iawn o drigolion y stad anferth ac roedd canfasio efo fo yn brofiad. Doedd o ddim yn gweld yn dda iawn ac yn aml ym methu gweld gris, bron â disgyn, a "ffycin hel" yn diasbedain dros y lle. Er na chafodd Gareth lwyddiant, erbyn heddiw mae gan y Blaid gynghorwyr fel Marc Jones a Carrie Harper ar Gyngor Wrecsam.

Mi oedd Gareth wrth ei fodd yn cymdeithasu efo'r Cymry Cymraeg a'r di-Gymraeg. Ein hoff le oedd tafarn y Golden Lion ar y Stryd Fawr. Roedd ein stafell ni yn un i ddynion yn unig, a chroestoriad gwych yno. Un o hoff gymeriadau Gareth oedd Herbie Morgan – gŵr di-Gymraeg, gyrrwr trên a chomiwnydd rhonc – a bu Gareth yn gwrando llawer arno yn bytheirio'r Torïaid. Un arall a ddylanwadodd ar Gareth oedd Tom Phillips – gŵr arall di-Gymraeg – a oedd yn gweithio yng ngwaith dur Brymbo ac yn edmygu Gareth am ei safiad dros yr iaith.

Bu Gareth yn byw mewn fflat yn ardal Pen y Bryn efo pedwar o Gymry eraill. Roedd y fflat drws nesa i Gapel y Bedyddwyr ac felly bedyddiwyd y fflat yn 'Y Mans'. Roedd Gareth yn gogydd penigamp – ei arbenigedd oedd coginio *Spanish Omlette*. Bu amryw o bartïon swnllyd yn y Mans a chyfle i gyfarfod pobl ddiddorol yno fel Reg Dyer a John Jenkins. Roedd amryw o dai eraill yn y dre lle roedd criwia o Gymru yn byw – rhai â merched a rhai â dynion. Doedd dim llawer o gydfyw yr adeg hynny er ei bod yn gyfnod y *swinging sixties*.

Daeth llawer o Gymry Cymraeg i Wrecsam yn y 1960au

– yn fyfyrwyr, athrawon a darlithwyr i'r colegau. Yn eu mysg daeth merch fach gwallt tywyll, ddel o'r enw Gina i Goleg Cartrefle o Rydyclafdy yn Llŷn. Daeth Gina yn wraig i Gareth a chefais y fraint o fod yn was priodas iddynt, a Rhian, chwaer Gina, yn forwyn briodas. Buont yn byw mewn fflat yn Wrecsam a thŷ yn Rhosymedre cyn prynu byngalo yn stad newydd Park View yng ngogledd Wrecsam. Ar ôl i Bron a fi briodi mi ddaru ni hefyd brynu tŷ yn yr un stad – gyferbyn â Gareth a Gina. Cafodd Elen a Branwen eu geni yn Wrecsam, ac Eiry ym Mhontypridd.

Er nad oedd Gareth yn gapelwr – anffyddiwr rhonc oedd o – roedd yn mynychu'r Aelwyd ac yn aelod o rai cymdeithasau fel Cymdeithas Edward Llwyd a Chymdeithas y Cwch, sef criw ohonom oedd yn cyfarfod yn y Boat Inn, Erbistock, bob nos Fercher i gymdeithasu a thrafod llenyddiaeth a gwleidyddiaeth. Mae'r dafarn ar lan Afon Ddyfrdwy felly canwyd 'Ar lan hen Afon Ddyfrdwy ddofn...' i ddiweddu bob nos Fercher.

Bu Gareth yn hapus iawn yn Wrecsam, a dysgais lawer yn ei gwmni er na wnes i erioed ymuno â'r Blaid Gomiwnyddol. Roedd colled ar ei ôl ar ôl iddynt symud i fyw i ardal Caernarfon, ac yna i Bontypridd.

Smocio Sigareti

Rhiannon Parry

Tryweryn, medd yr hanesydd Matthew Green yn ei gyfrol *Shadowlands*, a ddeffrôdd ymwybyddiaeth pobl Cymru o'u cenedligrwydd a'u Cymreictod. Mae hynny'n sicr yn wir amdanaf i, beth bynnag. Pedair ar ddeg oed oeddwn i, adeg Eisteddfod Genedlaethol Llangefni 1957. Rhaid fy mod wedi clywed y byddai Gwynfor Evans yn annerch yno. Es ar gefn

fy meic o berfeddion plwyf Llanddyfnan i Langefni i'w glywed. Tryweryn oedd ei destun. Doeddwn i ddim yn nabod yr un enaid yn y dorf a oedd yn gwrando ar Gwynfor.

Cyrhaeddais Chweched Dosbarth Ysgol Gyfun Llangefni ym 1958, tua'r un adeg ag y cyrhaeddodd dau o athrawon newydd, sef Megan Lloyd a Dewi Lloyd. Y ddau hynny a aeth ati ar unwaith i sefydlu Adran yr Urdd. Bryd hynny byddai'r Urdd yn cynnal ei Senedd yr Ifanc yn y Borth yng Ngheredigion, a chynrychiolwyr o wahanol rannau o Gymru yn ymgynnull yno dros y Sul mewn gwesty ar lan y môr. Yno y cyfarfûm â dau a ddaeth yn ffrindiau da i mi. Un oedd Margaret Jean Rowlands o Landdona, a'r llall oedd Gareth Miles o'r Waunfawr. Roedd y ddau mor frwdfrydig â mi ynghylch ein hetifeddiaeth a'n hiaith.

Rhaid hefyd oedd mynd i Ysgol Haf yr Ifanc Plaid Cymru 1959 yn Ysgol Gyfun Llangefni, gan gyfarfod nythiad o genedlaetholwyr eraill. Yn eu plith yr oedd Harri Pritchard Jones, Elfyn Thomas, Sionyn Daniel a Gareth Miles. Methiant y Blaid i weithredu yn Nhryweryn oedd byrdwn amlycaf eu sgyrsio, a chofiaf fod Harri PJ wedi ymddiswyddo o'r Blaid oherwydd hynny.

Ar y pryd, roedd Gareth newydd gyrraedd yn ôl o Ffrainc, lle bu'n gymhorthydd mewn ysgol yn Bordeaux ac yn trwytho'i hun yn iaith y wlad. Treuliodd y flwyddyn ganlynol yng Ngholeg Aberystwyth er mwyn cymhwyso i fod yn athro. Yno y cychwynnodd ei ymgyrch dros yr iaith.

Ym 1960 yr euthum innau yn fyfyriwr i Goleg y Brifysgol, Bangor. Os oedd Ysgol Gyfun Llangefni yn Seisnig, roedd Coleg y Brifysgol yn saith gwaith gwaeth. Hynny a'm hysgogodd i ac eraill i ddechrau ymgyrchu dros y Gymraeg. Roedd yno gnewyllyn da o fyfyrwyr yn barod i ymuno yn y gwaith. Un ohonynt oedd Gwenllïan, chwaer Geraint ('Twm') Jones o Drefor, ac roedd yntau yn fyfyriwr yn Aberystwyth, ac yn ymgyrchydd brwd.

Yn ystod ein hail flwyddyn ym Mangor roedd Gwenllïan a mi yn rhannu llety yng nghanol y ddinas, ar y cyd â Pat Ewins, Saesnes o Birmingham a oedd hefyd yn fyfyriwr. Erbyn hynny, roedd Gareth wedi ei benodi yn athro yn Ysgol Syr Thomas Jones, Amlwch. Lojio yn Amlwch y byddai yn ystod yr wythnos, ond yn teithio adref ar y bws bob penwythnos, i fwrw'r Sul yn y Waunfawr. Ar ei ffordd, byddai'n galw i'n gweld ni'n tair ym Mangor.

Rowlio'i sigaréts ei hun fyddai Pat, ond byddai Gareth yn smocio "sigareti" (ys dywedai ef a Saunders Lewis) sef *Gauloises* Ffrengig. Yng nghanol y mwg, actio a dramâu oedd testun ein sgwrs gan amlaf. Bryd hynny, roedd y Gymdeithas Ddrama ym Mangor yn ei hanterth, o dan arweiniad John Gwilym Jones. Roedd Gareth hefyd yn gyfarwydd â gweithiau Eugène Ionesco ac eraill, ac yn awyddus i wella ein hymwybyddiaeth ni o'r dramâu hynny.

Tua'r adeg hon y cyfieithodd Gareth y ddrama *Le Maître* i'r Gymraeg, sef *Yr Unben*. Os cofiaf yn iawn, yr actorion a'i pherfformiodd gyntaf oedd Iorwerth Roberts (Iori Norwy), John Roberts (a ddaeth wedyn yn bennaeth Ysgol Syr Hugh Owen, Caernarfon), Dafydd Glyn Jones, Gwenllïan a minnau. Dichon bod Gareth wedi llwyddo i ddynwared arddull abswrd Ionesco i'r dim. Heb y cyflwyniad a gawsom gan Gareth i waith Ionesco, go brin y byddai'r un criw wedi llwyddo i gyfansoddi'r ddrama gwbl 'ddi-bwrpas, ddi-amcan, a di-nod' honno, *Y Ffynnon*, yn ystod Gŵyl Ddrama Colegau Cymru yng Nghaerfyrddin yn 1964.

Erbyn y flwyddyn honno, rhaid bod Gareth wedi pasio ei brawf gyrru. Y cyflenwr moduron i Gareth a'i ffrindiau bryd hynny oedd W. S. Jones (Wil Sam). Fo hefyd oedd eu 'dyn AA'. Yn un o'r ceir a gyflenwid gan Wil y teithiai tri ohonom, sef Gareth, Megan (Kitchener Davies) a minnau, i gyfarfodydd Cymdeithas yr Iaith yng nghartref Llinos a Chynog Dafis yn Nhalgarreg. Roedd y teithiau hynny yn hirfaith, y car yn poethi a'r galwadau a wnaed ar y dyn AA yn ddigywilydd o aml!

Fel Cadeirydd Cymdeithas yr Iaith, roedd Gareth yn arweinydd cadarn. Iddo ef mae'r diolch bod ymgyrchoedd y Gymdeithas yn y cyfnod cynnar wedi digwydd o gwbl. A'r diolch hefyd y buont yn gwbl ddi-drais, er y gallai'r sefyllfa yn hawdd fod wedi dirywio yn ystod yr ymgyrch gyntaf ar Bont Trefechan ac wedyn...

Cadarn fel y Graig

Angharad Tomos

Doedd Ysgol Dyffryn Nantlle yn y 70au mo'r lle hawsaf i fod yn athro ynddo. Dim ond y dewraf fyddai'n mentro yno – yn enwedig i ddysgu Saesneg. Gyda phawb yn yr ysgol yn Gymry rhugl (ar wahân i un neu ddau), a byth yn defnyddio'r Saesneg, nid joban hawdd oedd cael y bobl ifanc i basio Lefel O Saesneg. Bu raid i un o'm chwiorydd sefyll yr arholiad bum gwaith cyn pasio, a doedd hi ddim yn eithriad.

Tua 1975 y daeth Gareth Miles o Ysgol Morgan Llwyd i Benygroes fel athro Saesneg. Fe'i cofiaf fel dyn efo golwg flin arno, tu ôl i'w sbectol drwchus. Roedd ganddo bob rheswm i fod yn flin efo ni; roedd ein dosbarth ni yn un reit anhydrin. Ond dwi'n meddwl ei fod yn flin efo'r Drefn hefyd. Rydan ni'n sôn rŵan am drefn hierarchaidd, lle byddai'r Prifathro yn dod i'r gwasanaeth boreol yn ei

Gosod cofeb i ddathlu 50 mlwyddiant sefydlu
Cymdeithas yr Iaith ym Mhontarddulais (2012)
Llun o eiddo Celf Calon

53

glogyn, a phawb yn codi ar eu traed, yna'r athrawon yn ei ddilyn wrth esgyn ar y llwyfan. Bob bore Iau (am reswm od) roedd y gwasanaeth boreol yn Saesneg, a'r un emyn fyddai'n cael ei chanu yn gyson oedd 'I Vow To The My Country'. Er difyrrwch inni, gwrthodai Mr Miles ganu'r emyn hon, a chododd hyn gywreinrwydd ynom. O'r cychwyn cyntaf, roedd ganddo ddaliadau pendant, a doedd ganddo ddim ofn eu harddel.

Cael pobl ifanc i gwestiynu'r drefn yw'r peth pwysicaf y gall athro ei wneud, a dwi mor ddyledus i Gareth Miles am wneud hynny. Agorodd ddorau fy meddwl led y pen a gadael i syniadau newydd hyrddio drwyddynt. Dewisais Saesneg fel pwnc Lefel A, a dwi'n rhyw amau, petai Mr Miles wedi cael dewis, nad Milton a Shakespeare fyddai ar dop ei restr.

Byddai bob tro yn codi pynciau heriol diddorol ac yn deud wrthym am ddarllen a chwestiynu. Gofynnais iddo am restr ddarllen, ac fe'i cefais. Ar dop y rhestr mae 'Y Maniffesto Comiwnyddol', Karl Marx. Mae gen i ddalen o'm llyfr ysgol wedi ei gadw (ac mae rheswm dros gadw dalen fel hon am hanner can mlynedd). Dwi'n gorffen y traethawd, ac mae tic mewn inc coch gan Gareth, yna mae wedi sgrifennu yn ei sgrifen unigryw, 'Ceisiwch lyfrau Frantz Fanon e.e. *Black Skins, White Masks, The Wretched of the Earth, Year IV of the Revolution*… Meddyliwch! I ferch 17 oed. Pa athro arall gaech chi'n gwneud hyn? Roeddent yn syniadau cwbl newydd. Ac roedd hyn hanner can mlynedd *cyn* 'Black Lives Matter'.

Wn i ddim pa wers ar *Paradise Lost* oedd hi, ond edrychodd Mr Miles drwy ffenest y dosbarth, ar harddwch Dyffryn Nantlle a Chwm Silyn. Mi fydda llawer i un yn nodi golygfa mor fendigedig oedd hi, ond nid dyna oedd sylw Mr Miles. "Mae pobl eisio bywoliaeth yma. Fyddai gen i ddim gwrthwynebiad i weld ffatri fawr fyddai'n rhoi cyflogau i bobl y lle 'ma." Wel, sôn am godi nyth cacwn! A ninnau wedi ein trwytho yng ngeiriau Williams Parry – 'O olwg hagrwch cynnydd / Ar wyneb trist y gwaith…' Ond parodd inni feddwl…

Mi fyddwn yn mentro i ystafell yr athrawon, a chofiaf un y dynion fel un yn llawn mwg sigarét. Gwerthu *Tafod y Ddraig* oeddwn i, ac un a fyddai'n prynu copi yn rheolaidd oedd Mr Miles. Soniodd o 'rioed ei fod yn gyn-olygydd y cylchgrawn. A deud y gwir, roedd yna lot na wyddwn am ei fywyd. Ond ymgyrchodd gyda mudiad MAGA (Mudiad Addysg Gyflawn Arfon), a chofiaf ei eiriau yn annerch un cyfarfod. "Wnes i ddim symud o Wrecsam i'r Fro Gymraeg er mwyn gweld addysg fy mhlant yn cael ei Seisnigo." A dwi'n rhyw amau nad oedd o'n hapus efo'r profiad gafodd o yna. Gadawodd Ysgol Dyffryn Nantlle a mynd yn swyddog undeb i UCAC.

Atgof arall sydd gen i o ddyddiau ysgol yw dod ar draws copi o *Cymru ar Wasgar* yn y Llyfrgell. Roedd Mr Miles wedi sgwennu llyfr! Storïau byrion oedden nhw, a dwi'n cofio fy ffrind – na fydda yn darllen fawr o Gymraeg – yn dechrau eu darllen, a chwarddodd yn uchel.

"Gwranda ar hwn!"… Disgrifiad o gymeriad yn waldio cymeriad arall oedd o, o'r ochr arall i'r ffin. "Dyma un am Dryweryn, un am Elan, un am Lanwddyn, un am Glywedog!" Roedd gan Mr Miles synnwyr digrifwch **ac** roedd ganddo'r gallu i sgwennu yn ffraeth.

Ar y pryd, roedd llawer o drafod ar ddwyieithrwydd – mudiad Adfer yn pledio unieithrwydd i'r Fro Gymraeg a Chymdeithas yr Iaith yn credu mewn dwyieithrwydd. A dwi'n cofio Mr Miles yn troi'r ddadl ar ei ben ac yn dweud, "Yr unig ffordd i osgoi bod yn ddwyieithog ydi bod yn dair ieithog." Ac mae cymaint o wir yn hynny.

Mae 'na rai athrawon yn gwneud y dasg fel job o waith. Doedd Mr Miles ddim. Mae athro da yn cymryd diddordeb mewn pobl ifanc, hyd yn oed wedi iddynt adael y stafell

Gareth yn annerch y dorf ar Bont Trefechan i ddathlu 50 mlwyddiant y brotest wreiddiol (Chwefror 2013). Tedi Millward yn y cefndir.

ddosbarth. Ddaru Gareth Miles ddim gwastraffu ei ddawn greadigol; ysgrifennodd, areithiodd, cyfansoddodd ddramâu a rhaglenni teledu, a thrwy'r cyfan mae gweledigaeth fawr a chariad at ddynoliaeth. Cymrodd ddiddordeb pan ddaru mi ddechrau sgwennu. Ar Faes yr Eisteddfod y byddem yn cwrdd, a byddai ganddo amser am sgwrs bob tro. Fo fyddai'n traethu, finna'n gwrando – fel y byddem ers talwm fel disgybl ac athro, ond roedd ganddo air o gefnogaeth bob tro, a byddai'n gallu bod yn bur feirniadol o ymgyrchoedd Cymdeithas yr Iaith. Roedd yr olwg yn llai blin, ond roedd y rhwystredigaeth yn dal yno, rhwystredigaeth am wlad nad oedd yn datblygu yn ddigon cyflym, a ddim yn ddigon radical.

Gwelais lawer o bobl yn mynd drwy rengoedd Cymdeithas yr Iaith a'r Sefydliad yng Nghymru, ac yn y diwedd, yn troi yn ddiflas o sinigaidd, ac yn colli'r weledigaeth. Doedd Gareth ddim yn un o'r rheini. Bu'n driw i'r mudiad y bu mor allweddol yn ei sefydlu, ac fe'i cofiaf yn annerch ar y bont yn Nhrefechan i nodi hanner can mlwyddiant y brotest gyntaf.

Mae gen i lun o'r achlysur hwnnw – Gareth mewn ystum mor nodweddiadol, meic o'i flaen yn annerch torf, a Tedi Millward gerllaw.

O glywed am ei farwolaeth, fe'm tristawyd yn fawr. Mae rhywun yn cofio athro da am byth. Ond nid athro da yn unig mohono; collais gyfaill, cefnogwr, ac un oedd yn ysbrydoli. Pwy bynnag fyddai'n siglo, yn gadael y rhengoedd, yn suro – byddai Gareth Miles yn dal yno, yn gadarn fel y graig, yn llais o Bontypridd, yn dal i arddel Marx yn styfnig, a thegwch byd-eang a chyfiawnder.

Pan mae Waldo yn sôn am 'y cwmwl tystion', pobl fel fy nghyn-athro ddaw i'm meddwl. Diolch amdano, ac am aros yn driw i'w weledigaeth.

Rhaid i Bopeth Newid

(darllenwyd yn noson deyrnged Storyville, Pontypridd, Eisteddfod Rhondda Cynon Taf, 2024)

Siân Howys

Ar ran Senedd Cymdeithas yr Iaith, diolch am y cyfle i roi teyrnged i Gareth fel un o'n sylfaenwyr. Yn Ysgol Haf Plaid Cymru ym Mhontarddulais yn 1962, galwyd ar y canghennau i weithredu a gorfodi'r awdurdodau i roi statws swyddogol i'r Gymraeg a hynny mewn ymateb i ddarlith 'Tynged yr Iaith'. Yn ei araith, cyfeiria Tedi Millward at Gareth yn derbyn gwŷs uniaith Saesneg am gario cyfaill ar biliwn ei feic ar hyd prom Aberystwyth gan ddadlau y byddai ei safiad am wŷs dwyieithog yn fwy effeithiol gyda mudiad tu cefn iddo. Rhoddwyd dirwy yn gosb gan y llys ac fe dreuliodd Gareth noson yng nghelloedd yr Heddlu ar Fai 8fed 1962 cyn i'r heddlu gipio arian o'i boced i dalu'r ddirwy.

Yn y cyfnod cynnar hwnnw roedd cyfraniad Gareth yn gwbl allweddol. Bu yn Ysgrifennydd rhwng 1964-65 a daeth yn Gadeirydd yn 1968. Wrth gwrs, fe barhaodd ei gefnogaeth i'r Gymdeithas ar hyd ei fywyd.

Mi wna i dynnu sylw at dair agwedd ar ei etifeddiaeth sydd yn parhau mor rymus hyd heddiw.

Yn gyntaf, ei bwyslais ar y dull di-drais. Gareth ynghyd â Sion Daniel, Cynog Dafis ac Emyr Llew oedd tu ôl i'r cynnig a roddwyd gerbron y Cyfarfod Cyffredinol a drefnwyd yn 1966 gan sicrhau 'derbyn y dulliau di-drais fel yr unig rai a arddelir ganddi, a bod trais yn erbyn personau yn annerbyniol… bod nerth y Gymdeithas yn gorwedd yn ein parodrwydd i ddatgelu gormes trwy ei dioddef yn hytrach na chyda'n dyrnau a'n traed.'

Mae tudalennau cyntaf cyfrol Gwilym Tudur *Wyt ti'n Cofio?* yn frith o straeon am Gareth ei hun yn gweithredu trwy ddulliau anufudd-dod sifil gan gynnwys yr ympryd cyntaf dros Sianel Deledu Gymraeg.

Mewn araith yn Llys Ynadon Wrecsam ym Mai 1968 dadleuodd dros bwysigrwydd parodrwydd derbyn cyfrifoldeb dros weithredu a wynebu achosion llys wrth herio'r gyfraith er mwyn ennill statws i'r iaith.

Atafaelwyd peiriant golchi'r teulu yn Ionawr 1968 fel cosb am beidio codi treth car, a bu bron iddo golli ei fflat yn Wrecsam yn sgil gweithredu.

Ar dudalennau'r *Tafod*, galwodd Gareth yn gyson am weithredwyr ac yn wir yn negawdau cyntaf y Gymdeithas, fel y noda Dylan Phillips yn ei gyfrol *Trwy Ddulliau Chwyldro*, 'cafwyd cynnydd araf ond pendant: daeth 585 o weithredwyr o flaen llysoedd rhwng 1971 ac 1975 a bu 102 o garchariadau. Erbyn 1980, roedd 900 o weithredwyr wedi bod o flaen llysoedd a Gareth yn arwain yr ymgyrch wreiddiol dros deledu Cymraeg a'r sianel.'

Trwy bob math o heriau ar hyd y blynyddoedd, mae'r dull di-drais wedi bod yn nodwedd amlwg o waith y Gymdeithas gan roi sylfaen gadarn i lwyddiant yr ymgyrchoedd.

Yn ail, mae'r pwysigrwydd a roddod Gareth ar edrych yn rhyngwladol. Roedd wedi teithio llawer ac wrth gwrs yn medru Ffrangeg, ac yn arbennig wedi ei ysbrydoli gan ddigwyddiadau yn Algeria yn y 60au a'r ymgyrch dros ryddid.

Yn *Y Tafod* byddai Gareth yn olrhain ymgyrchoedd iaith yn Llydaw, Gwlad y Basg a Chatalonia.

Yn sicr, mae'r Gymdeithas wedi parhau i weld ei hun fel rhan o symudiad rhyngwladol dros ryddid a chyfiawnder; wele gyfraniad y Gymdeithas i'r ymgyrchu yn erbyn y gyfundrefn apartheid yn Ne Affrica, CND Cymru, Ymgyrch Cefnogi Nicaragua, ac yn fwy diweddar, ymgyrch rhyddid i Balesteina. Ysbrydolwyd galwadau am ddeddfwriaeth iaith i normaleiddio defnydd o'r Gymraeg, am gefnogaeth i fentrau cymunedol i ymestyn hyfywedd yr iaith ac am sefydlu addysg Gymraeg i bawb gan ymgyrchwyr iaith yng Ngwlad y Basg a Catalonia.

Yn olaf, rhaid cyfeirio at ddylanwad credoau Sosialaidd Gareth.

Mewn erthygl oedd yn atodiad i Faniffesto cyntaf y Gymdeithas yn 1972, galwodd Gareth am greu llywodraeth Gymreig fyddai yn cymryd perchnogaeth o adnoddau naturiol Cymru a'i holl foddion cynhyrchu, dosbarthu, a chyfnewid er mwyn eu defnyddio er lles a budd pobl Cymru yn hytrach nag er lles cyfalafwyr. Dadleuodd mai dim ond llywodraeth Sosialaidd Gymreig allai yn ei dyb ef ddiogelu'r Gymraeg trwy sicrhau economi gadarn i Gymru.

Dyma'r fframwaith a sicrhaodd bod brwydr yr iaith yn cael ei gwreiddio yn ei chyd-destun materol, fel a ddadlennir

Gareth a Bethan Williams yn dathlu penblwydd Cymdeithas yr Iaith yn 50 (Eisteddfod Genedlaethol 2012)

Bethan Williams, Siân Howys, Gareth a Karl Davies

ym Maniffesto 1982 a'r cyhoeddiad 'Cymdeithasiaeth – yr Ail Ffrynt'; ac a arweiniodd at y dealltwriaeth bod rhaid gweithredu nid yn unig dros statws i'r iaith, ond ym meysydd addysg, tai a chynllunio, a'r economi gan fabwysiadu'r slogan, 'Os yw'r Gymraeg i Fyw: Rhaid i Bopeth Newid'.

Dyfnhaodd cenhadaeth a phrofiad y Gymdeithas wrth gefnogi ymgyrchoedd y Glowyr a'r Chwarelwyr gan ddatblygu'n rhan o ffrynt radical eang sy'n herio gorthrymau'r drefn gyfalafol.

Mae lle amlwg i Gareth yn hanes Cymdeithas yr Iaith, a'n braint yw trosglwyddo ei genadwri ef i'r genhedlaeth nesaf dros Gymru Rydd, Cymru Werdd, Cymru Gymraeg.

Y Seren Fore

Hywel Griffiths

Y tro cyntaf imi gwrdd â Gareth yn iawn oedd yng nghynhadledd 'Dydd y Farn' a drefnwyd gan yr Academi (rhagflaenydd Llenyddiaeth Cymru) yn Aberystwyth yng ngwanwyn 2010. Cawsom sgwrs yno yn dilyn ei gyflwyniad (sydd wedi ei gynnwys yn y gyfrol hon) a dechrau gohebu dros e-bost a thros y ffôn dros y blynyddoedd nesaf, yn bennaf yn y gwaith o sefydlu Cymdeithas Niclas y Glais – cymdeithas â'r bwriad o gadw'r cof am T. E. Nicholas, y bardd a'r comiwnydd, yn fyw, i godi ymwybyddiaeth o'i waith ac i drin a thrafod llenyddiaeth o safbwynt y chwith. Er mwyn trafod sefydlu'r Gymdeithas, a oedd yn gydweithrediad rhwng aelodau o Gymdeithas yr Iaith a'r Blaid Gomiwnyddol, gan gynnwys Siân Howys, Catrin Dafydd a'i thad, y diweddar annwyl Dafydd Huws, a Robert Griffiths, cafwyd ambell gyfarfod yn y Caio Arms yn Nghaerdydd a phrofais haelioni a chroeso aelwyd Gareth a Gina ym Mhontypridd, a sawl sgwrs dros baned neu beint. Bu peth trafod ynghylch pa fath o gymdeithas ddylai hi fod, ac roedd profiad helaeth Gareth, ynghyd â gweddill y criw, yn amhrisiadwy o ran gosod cyfeiriad iddi.

Wedi sefydlu'r Gymdeithas yn Eisteddfod Blaenau'r Cymoedd yn 2010, bu'n trefnu neu'n cyfrannu at wahanol weithgareddau, yn aml ar y cyd ag aelodau o'r gymdeithas weithgar yn ardal enedigol Niclas yn y Preseli, gan gynnwys Hefin Wyn a nai Niclas, Glen George, a sawl un arall. Llwyfannodd y criw yn ardal Crymych ddrama wedi ei sgwennu gan Gareth Ioan, a chafwyd darlithoedd a darlleniadau o'i chwmpas. Dro arall, arweiniodd Gareth a Robert Griffiths a finnau daith lenyddol wedi ei threfnu gan Llenyddiaeth Cymru ar Niclas yng Nghwm Tawe, a chyn ffarwelio wrth orsaf drenau Abertawe rhaid oedd

cael paned a sgwrs am sut aeth y diwrnod a beth oedd yn digwydd yn y byd. Dros y blynyddoedd, o dan arweiniad Jane Aaron, trefnwyd cylch darllen misol a darlith flynyddol yn yr Eisteddfod. Tan yn ddiweddar, Gareth, fel llywydd anrhydeddus, fyddai'n llywio a chadeirio'r cyfarfodydd ac yn yr Eisteddfod y byddwn i yn ei weld a chael paned ar ôl y sesiwn fel arfer.

Y tro cyntaf un, imi wybod, imi fod yn yr un ystafell â Gareth oedd yng Nghlwb y Bont, Pontypridd, yn ystod noson ein taith farddol gyntaf, Crap ar Farddoni yn 2006. Roedd Gina ac yntau wedi dod i gefnogi'r digwyddiad. Wnaethon ni ddim siarad y tro hwnnw, a dyn a ŵyr beth oedd ei farn am ein cerddi cynnar ni, ond roedd y ffaith eu bod yno yn golygu llawer, ac yn dangos eu cefnogaeth nhw i lenorion ifanc a digwyddiadau Cymraeg ym Mhontypridd.

Rwy'n cofio Dafydd Huws yn dweud unwaith ei fod wrth ei fodd yng nghwmni Gareth. Roedd yn gwmni da, wrth gwrs, ond roedd Dafydd hefyd yn teimlo ei fod yn dysgu rhywbeth ganddo bob tro, a dyna sut y teimlwn innau hefyd. Roedd greddf athro ynddo o hyd, nid mewn ffordd bregethwrol ond mewn ffordd garedig a hael.

Mae ei ryddiaith, yn arbennig, wedi gwneud argraff fawr arnaf, yn enwedig *Cymry ar Wasgar*, *Trefaelog*, *Cwmtec*, a *Romeo a Straeon Eraill*, felly hefyd *Cymru Rydd*, *Cymru Gymraeg*, *Cymru Sosialaidd* a *Sosialaeth i'r Cymry* (gyda Robert Griffiths). Darganfyddais y pamffledi hyn ar yr un pryd â darganfod barddoniaeth Niclas y Glais, ac roeddent i gyd yn rhan o ryw ddeffroad neu sylweddoliad gwleidyddol a diwylliannol i mi. Yn ei nofelau a'i straeon mae gallu Gareth i ganfod y cydbwysedd rhwng creu cymeriadau crwn, credadwy, darlunio llefydd go iawn a sefyllfaoedd mewn ffordd sydd yn codi ias o ymwybyddiaeth yn y darllenydd, creu stori afaelgar y mae'r wleidyddiaeth yn codi yn naturiol ohoni, yn eithriadol.

Mi fyddai pob cyfarfod, bron, yn gorffen yn yr un modd. Siglo llaw, a Gareth yn estyn ei gopi o'r *Morning Star* tuag ataf, gan nodi bob tro mai'r papur hwnnw oedd yn adrodd y gwirionedd am yr hyn a oedd yn digwydd yn y byd. Byddaf yn trysori fy atgofion o'r cyfarfodydd byr hynny gyda Gareth, ac rwy'n ddiolchgar am ei haelioni a'i gwmnïaeth a'r fraint o gael ei adnabod.

Er cof am Gareth (gan Hywel)

Ers duo'r Seren Fore,
mae un llen drom yn ei lle;
llen rhyngom a'r ymgomiau,
sy eto'n mudo'r dramâu,
a geiriau'r dalennau lu
yn olau wedi pylu.

Ar orwel? Oedd. Ar ael lem
y dirwedd lle pryderem.
Ar wag lechweddau agos
crib faith anobaith y nos
roedd ei ddesg, ninnau ar ddôl
goediog mewn cwm cysgodol.

Ond tynnai ni ato'n nes,
cynnull ar lethrau cynnes
yn dilyn glaw, dal yn glòs
ar echel gwawr yr achos;
fe wnaeth o'r drin feithrinfa
a throi'r rhew yn rhuthr ha'.
Â'i gymwynas, â rasal
y dweud oedd yn mynnu dal,
deallai bod ewyllys
rhag iaith anobaith yn wŷs.

Erys llwyfan, a baner,
erys ei hwyl, erys her
yn y cwm ar lethrau'r co';
o glawr i glawr, disgleirio
y mae ein sgyrsiau i gyd;
i wthio o esmwythyd
y bythol anobeithio
erys ei ewyllys o.

Am wawr, os llwm yw aros
trwy'r gwewyr yn awyr nos,
yn y dweud, – onid ydyw? –
y mae'r Seren Fore'n fyw.

Dyn y Chwith

Aled Jones Williams

Heb Gareth dwi ddim yn meddwl y byddwn i wedi ysgrifennu fawr o ddim ar gyfer y theatr. Fo ac Ed Thomas roddodd y wobr i mi am ddrama hir yn Eisteddfod Genedlaethol, Castell Nedd, 1994. Y ddrama oedd *Dyn Llnau Bogs*. Meddyliais cyn ei hanfon ei bod hi'n rhy fyr. Felly ychwanegais rhyw gowdal o eiriau ciami ar ei diwedd. Sylw Gareth am hynny oedd, y bu bron iddo atal y wobr. Oherwydd rhaid i awdur sefyll wrth ei greadigaeth heb geisio glastwreiddio wedyn. Sylw arhosodd hefo mi.

Falla i Gareth ambell dro ddifaru fy rhoi ar y daith theatrig. Un sylw ganddo oedd: 'Cofia di mai pryddestwr wyt ti.'

Yr oedd fy meddwl o Gareth yn fawr iawn. Dyn y Chwith oedd yn troi ei Farcsiaeth yn brofiadau theatrig. Ar un wedd, er na fyddaf yn licio'r math yma o ddweud, ond fe'i dywedaf, y Brecht Cymraeg. Cofiaf y profiad o weld *Hunllef yng Nghymru Fydd*, a meddwl yn syth am Brecht.

Ond y profiad dramatig ysgytwol a roddodd i mi oedd *Byd y Banc*. Drama gomisiwn gan Cymorth Cristnogol a wireddwyd drwy wagio Cadeirlan Bangor o ddodrefn a pharaffernalia eraill ac yn y gwagle hwnnw ein tywys, ac yr oedd y gynulleidfa'n gorfod cerdded o un man i'r llall – nid oedd seddi – i ddamio cyfalafiaeth fel y pechod gwleidyddol mwyaf erioed. Gadewais yn chwilio am y chwyldro.

Yn anffodus, gyda rhai eithriadau, prin yw'r math yna o theatr bellach. Mae rhyw fyfïaeth andwyol wedi ein cipio. Difyrru yw'r nod. 'Bara a Syrcas' y Rhufeiniaid a'r Torïaid fel ei gilydd. Theatr er mwyn gwylltio oedd nod Gareth. Ac o'r gwylltio, gweithredu.

Ni fu efallai iddo gael y sylw yr oedd yn ei haeddu.

Yr oedd, ac y mae, yn ffigwr pwysig a wnaeth gyfraniad sylweddol iawn i'r theatr Gymraeg ac i lenyddiaeth Gymraeg.

Lluniau'r cynhyrchiad o eiddo Martin Roberts, gyda diolch i Cymorth Cristnogol.

Syniadau gwreiddiol yn sboncio

Wiliam Owen Roberts

Y tro cyntaf i mi ei gyfarfod o oedd yn ystod gaeaf 1980. Ers y flwyddyn gynt, roedd cymdeithas wedi ei sefydlu ym Mhrifysgol Aberystwyth i drin a thrafod syniadau gwleidyddol, trwy wahodd nifer o siaradwyr i Neuadd Pantycelyn; ac un o'r rhai a ddaeth yno oedd Robert Griffiths, a oedd yn un o sylfaenwyr Mudiad Gweriniaethol Sosialaidd Cymru. Roedd Gareth yn bresennol hefyd oherwydd ei fod o wedi gyrru i fyny o'r de hefo Robert, ac ar ôl y ddarlith fe aeth criw ohonom i lawr i dafarn y Crystal Palace (erbyn hyn, Medina), ac yno, y dechreuodd ein cyfeillgarwch ni.

Erbyn inni gyfarfod wedyn, roedd o wedi rhoi'r gorau i'w swydd fel Trefnydd UCAC, ac yn sgil dyfodiad S4C, wedi penderfynu ceisio ennill ei fywoliaeth fel sgwennwr ar ei liwt ei hun. I'r perwyl hwnnw, fe benderfynodd o'r cychwyn i drin y peth fel joban, trwy weithio oriau rheolaidd naw tan bump, gan fynd ati i rentu swyddfa iddo'i hun yng nghanol Pontypridd. Roedd o o'r farn ei bod hi'n bwysig i awdur fyw a bod ymysg pobol, a pheidio a threulio ei oriau fel meudwy yn teipio mewn tŷ.

Erbyn dechrau'r Wythdegau, roedd o eisoes wedi cyhoeddi dwy gyfrol o straeon byrion sef *Cymru ar Wasgar* a *Treffin*. Ro'n i wedi mwynhau y ddau lyfr yn fawr ac ar wahân i fod yn lled hunangofiannol, eu nodweddion pennaf oedd doniolwch, dychan a deialog fachog.

Roedd gan Gareth ddiddordeb hefyd yn y theatr, a chafodd ei ddrama broffesiynol gyntaf *Diwedd y Saithdegau* ei llwyfannu gan Cwmni Sgwâr Un yn 1982. Gruffydd Jones oedd y cyfarwyddwr, ac fe weithiodd ar nifer o ddramâu eraill o'i eiddo. Dyma oedd dechrau ar yrfa lwyddiannus i Gareth yn cynhyrchu gwaith gwreiddiol, a oedd yn aml yn bryfoclyd a heriol, yn ogystal ag yn ail-ddehongli clasuron o wahanol gyfnodau, gan ymdrechu i wneud y dramâu yn berthnasol a ffresh.

Mae'r teitl *Diwedd y Saithdegau* yn crynhoi'r pwnc, sef ymateb i siom a'r dadrith a ddaeth yn sgil ymgyrch ddatganoli aflwyddiannus y Blaid Lafur yn 1979. Fe geir yma eto hiwmor, dychan a chlust fain sy'n effro iawn i rythmau deialog wydn. Yng ngeiriau Aled Jones Williams, 'Theatr er mwyn gwylltio oedd nod Gareth. Ac o'r gwylltio, gweithredu.' Wrth ddarllen y testun heddiw, mae hi'n bosib dehongli'r ddrama fel rhyw fath o faniffesto i lawer o'i ddaliadau esthetaidd. Ceir hefyd fynegiant croyw i rai materion gwleidyddol a oedd yn ei gorddi ar y pryd, ac oedd yn dal i'w gorddi trwy gydol nifer o weithiau eraill, hyd at 2008 pryd yr enillodd Lyfr y Flwyddyn hefo'i chweched nofel sef *Y Proffwyd a'i Ddwy Jesebel*.

Ond er mwyn cael llawn flas ar ei waith, mae hi'n bwysig ceisio deall rhyw gymaint am wleidyddiaeth Gareth. Mae hi'n wybyddus mai y fo oedd un o sylfaenwyr Cymdeithas yr

Iaith, ac fe gafodd ei ddaliadau eu crynhoi mewn pamffledyn o'r enw *Sosialaeth i'r Cymry*, (sef maniffesto ideolegol i'r Mudiad Gweriniaethol Sosialaidd), a gyfansoddwyd ar y cyd rhwng Gareth a Robert Griffiths. Roedd peth dadansoddi eisoes wedi digwydd mewn pamffledyn cynharach *Cymru Rydd, Cymru Gymraeg, Cymru Sosialaidd*, a ysgrifennodd yn 1972. Byrdwn y ddau gyhoeddiad oedd dehongli hanes, diwydiant a diwylliant Cymru o'r safbwynt Marcsaidd.

A dyfynnu o *Sosialaeth i'r Cymry*:

'Ymchwydd a dirwasgiad – dyna hanes Cyfalafiaeth erioed. Mae'n cynhyrchu golud ac yn cynnal tlodi, yn gorgynhyrchu yn fwriadol ac yn peri prinder, yn ymwthio am farchnadoedd ac yn esgor ar gystadleuaeth sy'n arwain, o bryd i'w gilydd, at ryfel.

Ond sut mae tanseilio y gyfundrefn hon? Sut y gellid difodi Cyfalafiaeth, fel bod ffyniant cyffredinol yn disodli angen, sicrwydd a diogelwch yn disodli ansefydlogrwydd, a chyd-weithredu yn disodli cystadleuaeth? Beth roddwn ni yn lle Cyfalafiaeth? Sut mae cychwyn a sut mae trefnu?'

Cyhoeddwyd y pamffled, ysywaeth, yn 1979, yn yr union flwyddyn y daeth Thatcher yn Brif Weinidog hefo rhaglen waith o chwalu'r drefn a fu ers 1945 ac ail-orseddu rhyddfrydiaeth y farchnad rydd a chynllun ymgyrch o breifateiddio dwys. Trwy gydol yr 1980au fe ddyfnhaodd argyhoeddiadau Gareth yn sgil yr ymosodiadau ar hawliau undebau llafur a methiant Streic y Glowyr. Bu'n rhan o brotest yn erbyn Rupert Murdoch pan aeth hwnnw ati i drechu'r undebau argraffu yn sgil helynt Wapping yn 1986. Doedd o chwaith ddim yn croesawu Cwymp Mur Berlin ac yn ystyried y peth fel galanastra, a oedd ond yn rhoi tragwyddol heol i oruchafiaeth cyfalafiaeth a chlochdar buddugoliaethus Regan a Thatcher a'u tebyg.

Tua dechrau'r 1990au fe aeth Gareth a finnau ar daith i Ddwyrain Ewrop. Trwy law Undeb yr Ysgrifenwyr (y Writers' Guild) cafodd y ddau ohonom wahoddiad i

gynhadledd mewn lle o'r enw Neptune ar lan y Môr Du
yn Rwmania. Math o fforwm oedd hon i leiafrifoedd
gorllewin a dwyrain Ewrop i ddod ynghyd i drin a thrafod
eu gwahanol broblemau. Roedd o'n gyfnod dyrys iawn, yn
enwedig yn nhiroedd yr hyn a fu unwaith yn Iwgoslafia ac
yn yr Undeb Sofietaidd, a oedd yn dal i chwalu, a'r gwledydd
hynny a fu gynt dan law Moscow yn ceisio canfod y ffordd
ymlaen. O'r myrdd sgyrsiau a gafwyd ar lan y Môr Du yn
Ngwesty Undeb Awduron Rwmania doedd y llwybr i lawer
ddim i'w weld yn glir iawn. Drws nesaf inni roedd tŷ haf
Nicolae Ceauşescu, a oedd yn cael ei warchod nos a dydd
gan filwyr oherwydd fod lladron yn torri i mewn a dwyn ei
drugareddau er mwyn eu gwerthu ar y farchnad dramor.
Yn Amgueddfa Hanes Rwmania yn Bucharest wedyn
roedd hanes wedi nogio gan nad oedd neb yn siŵr iawn o
be oedd be na chwaith sut i'w gofnodi. Ai chwyldro gafwyd
yn '89? Neu *coup d'état* mewnol gan garfan o'r heddlu cudd
– y Securitate? Dwi'n cofio un bardd – Tartar o'r Crimea
– yn ceisio diraethu i ni ein dau, dros swper un noson, sut
brofiad oedd byw mewn realiti ble mae y blaid lywodraethol
a'r fiwrocratiaeth yn un lwmp ymddangosiadol di-derfyn ei
rym. Dywedodd ei fod fel bodoli o dan gwmwl a oedd mor
drwm â thunnell o blwm. Dyna'i brofiad o Staliniaeth, a'r
un oedd profiad awduron Rwmania o dan Ceauşescu.

Fe gawson ni ein dau dipyn go lew i gnoi cil arno
fo, ond newidiodd Gareth mo'i farn. Wyneb yn wyneb
â chyfalafiaeth, dim ond llywodraethau Marcsaidd-
Leninistaidd oedd yn gallu cynnig gwrth-bwynt i drefn
economaidd sy'n difwyno cyrff a meddyliau pobol, yn
creu gagendor rhwng y tlodion a'r cyfoethogion, ac erbyn
hyn yn difa'r blaned ei hun. Dim ond yr ideoleg yma oedd
wedi gallu cynnig patrwm digon disgybledig i alluogi
y bobol i greu chwyldroadau llwyddiannus a chynnal
strwythur o lywodraethu wedyn ar ran (neu yn enw'r)
dosbarth gweithiol. Roedd manteision y system Sofietaidd

neu'r drefn yn Ciwba (sicrwydd i addysg am ddim, gofalaeth iechyd cyhoeddus, tai, gwaith sefydlog, a.y.b.) yn negyddu'r gwendidau (diffyg unigolyddiaeth, diffyg rhyddid barn, dim eiddo preifat a.y.b.). Mewn gwirionedd, mae yma baradocs sy'n anodd i'w ddatrys – os, yn wir, oes modd gwneud hynny o gwbwl. Er mwyn gweithredu cydraddoldeb cymdeithasol mae hi yn anorfod fod rhaid cyfyngu ar ryddid yr unigolyn. Ond er mwyn caniatáu rhyddid yr unigolyn, mae anghydraddoldeb cymdeithasol ac economaidd yn saff o dyfu, a'r bwlch rhwng y tlodion a'r cyfoethogion wedyn yn lledu fwy-fwy. 1979, mae'n debyg, oedd y flwyddyn fwyaf cymdeithasol gydradd yn Ynysoedd Prydain yn ystod yr ugeinfed ganrif.

Teg ydi honni mai ychydig iawn o'i gyd-Gymry – os o gwbwl – oedd yn rhannu'r un byd-olwg ac yn credu yn 'nemocratiaeth ganolog Lenin'. Mae hyn yn peri fod Gareth wedi sefyll fel meddyliwr a llenor fwy neu lai ar ei ben ei hun. Yr unig un arall o ran meddylfryd ac ymrwymiad oedd T. E. Nicholas. Eto, oherwydd fod Gareth yn meddwl fel ag yr oedd o, roedd berwi hanes, gwleidyddiaeth a diwylliant ein gwlad mewn crochan Farcsaidd-Leninistaidd yn peri i ddelweddau a syniadau gwreiddiol sboncio allan ohoni. Dyma sy'n rhoi cymaint o egni ac o sbarc yn ei nofelau a'i ddramâu, yn ogystal â'i wneud yn ddychanwr mor gignoeth oherwydd fod ganddo safbwynt mor gadarn o dan ei draed. Roedd ei fyd-olwg yn rhoi dehongliad neilltuol iddo o gyflwr y Cymry Cymraeg a di-Gymraeg a'u lle yn y byd, gan fod ei fyfyrio a'i ddadansoddi yn digwydd o fewn fframwaith rhyngwladol deallusol ag iddo ogwydd gwahanol i norm democratiaeth gymdeithasol ryddfrydol Brydeinllyd/Gymreig. Sef y norm sy'n tanlinellu ein realiti o ddydd i ddydd. A phwy yn y bôn sydd heb ei gyflyru?

Mynegwyd hyn oll trwy rychwant eang o weithiau llenyddol. Yn wahanol i Niclas y Glais, ni fu erioed yn barddoni ond bu'n hynod gynhyrchiol ym maes y stori fer, y ddrama a'r nofel.

Straeon byrion: *Cymru ar Wasgar* (1974), *Treffin* (1979), *Romeo a Straeon Eraill* (1999).

Nofelau: *Trefaelog* (1989), *Llafur Cariad* (2001), *Cwmtec* (2002), *Ffatri Serch* (2003), *Lleidr Da* (2005), *Y Proffwyd a'i Ddwy Jesebel* (2007), *Teleduwiol* (2010), *Cuddwas* (2015).

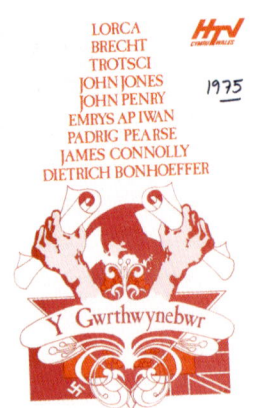

Dramâu: *Diwedd y Saithdegau* (1982), *Unwaith eto yng Nghymru Annwyl* (1984), *Ffatri Serch* (1984), *Lleidr Da* (1986), *Chwiorydd* (1989), *Dyrnod Branwen* (1992), *Hunllef yng Nghymru Fydd* (1995), *Byd y Banc* (1996), *Y Madogwys* (1999), *Chwalfa* (2016).

Cyfieithiadau ac Addasiadau: *Duges Amalffi/The Duchess of Malfi*, John Webster (1989), *Mandragola/Cyffur Epilio*, Niccolò Machiavelli (1989), *Serch yw'r Teyrn/Le Triomphe de l'Amour*, Pierre de Marivaux (1991), *Y Bacchai/Bacchae*, Ewripides (1991), *Y Gosb Ddiddial/El Castigo sin Venganza*, Lope de Vega (1992), *Coch, Du ac Anwybodus/Red, Black and Ignorant*, Edward Bond (1993), *Calon Ci/Sobachye serdtse*, Mikhail Bulgakov (1994), *Wbw Frenin/Ubu Roi*, Alfred Jarry (1997), *Lludw'r Garreg/Cendres de cailloux*, Daniel Danis (1997), *Oleanna*, David Mamet (1999), *Y Gaucho o'r Ffos Halen/El Riflero de Ffos Halen*, Carlos Dante Ferrari (cyf. 2004), *Hamlet*, William Shakespeare (2005), *Llanast!/Le Dieu de Carnage*, Yasmina Reza

(2007), *Cariad Mr Bustl/Le Misanthrope*, Molière (2007), *Y Pair/The Crucible*, Arthur Miller (2008).

Ffilm: *Branwen* (1995)

Teledu: *Trotsci/Y Gwrthwynebwr* (1975), *Cyfyng Gyngor* (1985), *Llafur Cariad* (2000), *Coleg, Dinas, Pobol y Cwm*.

Heb anghofio, wrth reswm, am ei adolygiadau niferus a'i golofnau yn *Barn, Y Faner* a *Thafod y Ddraig*.

Wrth arddel gweledigaeth weddol absoliwtaidd, yr unig lenor Cymraeg arall sy'n cyfateb iddo oedd Saunders Lewis, ac er fod safbwyntiau y ddau yn sylfaenol wahanol, roedd gan Gareth barch mawr iddo fo. Roedd yn edmygu ei ddeallusrwydd a'i ddiwylliant, yn ogystal â'i wroldeb, er yn anghytuno â'i argyhoeddiadau aristocrataidd, ffiwdal Gatholig, yn ogystal â'i gysyniadau llenyddol neo-glasurol. Ond roedd o'n cael maeth deallusol a phleser esthetaidd wrth ymrafael â gweithiau Saunders Lewis, a dyma, i raddau, sydd ar waith yn ei nofel *Trefaelog*. Ar un wedd, mae rhyw debygrwydd yn anian y ddau, a hynny, oherwydd iddynt dderbyn addysg weddol freintiedig: Saunders Lewis yn Ysgol Liscard, a Gareth yng Ngholeg Llanymddyfri, cyn symud ymlaen i Brifysgol Bangor i astudio Saesneg ac Athroniaeth. Teg ydi honni hefyd fod y ddau yn feddylwyr gweddol unplyg.

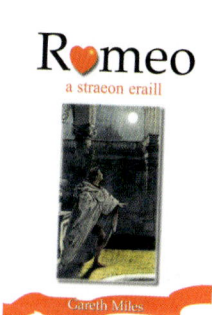

Cymru oedd eu consyrn trwy gydol eu hoes, er bod y ddau yn edrych arni trwy ddwy lens wahanol iawn. Cyswllt arall oedd eu hedmygedd o ddiwylliant Ffrainc, ei hiaith a'i phobol, a'r trydydd oedd cariad at y theatr, er fod Jean Racine a Corneille yn fwy at ddant Saunders Lewis, a Gareth yn fwy edmygus o ddramâu Bertolt Brecht.

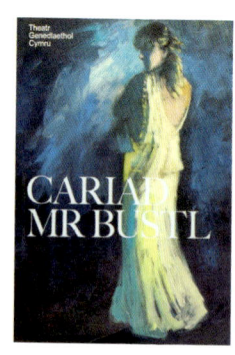

Ond yn y bôn, ymrafael â'r un mater oedden nhw. Yr un obsesiwn oedd yn hawlio eu hegni a'u creadigrwydd, sef sut oedd ail-greu trefedigaeth fewnol, ymylol, lipa ac amherthnasol yn genedl go

iawn. O ddau safbwynt gwrthgyferbyniol, ymboeni roedd Saunders Lewis a Gareth ynglŷn â'r un absenoldeb – sef yn sgil y Deddfau Uno fe lesteiriwyd datblygiad naturiol Cymru. Cafodd ein dyfodol ei sbaddu oherwydd nad aeth y Cymry trwy y camau hanesyddol angenrheidiol, a'r cam pennaf hwnnw oedd creu dosbarth bwrgeisiol brodorol, Cymraeg ei iaith. Dyma ddigwyddodd yn Lloegr (yn sgil y Rhyfel Cartref) ac yn Ffrainc (yn sgil y Chwyldro) gan greu dosbarth hyderus a oedd yn coleddu ymwybod grymus ohono'i hun, ac yn natur y chwyldro bwrgeisiol, pan gaiff ei weithredu i'r pen, mae'r 'syniad cenedlaethol' yn dod yn eiddo i'r gymdeithas gyfan.

Ni ddigwyddodd hyn yng Nghymru pryd y dylai. Aeth y posibiliad o greu dosbarth o'r math yma ar ddifancoll pan gymhathwyd yr aelodau posib â threfn fwrgeisiol Llundain – a'u Seisnigo i wasanaethu anghenion Lloegr a'i hymerodraeth. Ni chafwyd profiad chwaith o chwyldro 1848 yng Nghymru, sef parhad o'r broses fwrgeisiolgenedlaethol ar dir mawr Ewrop. Bu eco ohono yn yr Iwerddon ar fater Ymreolaeth yn yr 1880au, ac eco llawer iawn gwannach yn amcanion Mudiad Cymru Fydd, ond fod hwnnw yn dila dros ben.

Gadawyd tynged ein diwylliant ar drugaredd y dosbarth mân-fwrgeisiol, yr oedd Gareth yr un mor llawdrwm ar ei ddiffygion ag yr oedd Saunders Lewis, ac a oedd yn amlygu hyn trwy feirniadu O. M. Edwards, a ddyrchafai'r gwledig gwerinol a'r diwylliant Anghydffurfiol yn rhywbeth mawreddog glodforus. Waldiodd y ddau awdur blwyfoldeb ein cyflwr trefedigaethol, a chocynau hitio cyson i Gareth trwy ei nofelau a'i ddramâu oedd llwfrdra y fân fwrgeisiaeth a'r dyhead am statws pitw, manteision materol a mân gydnabyddiaeth gan y drefn Brydeinig. Beirniadodd hefyd gwlt y ffug-werinol, yn ogystal â relatifiaeth rhyddfrydiaeth niwlog, nad oedd yn aml yn ddim byd mwy na ffordd hwylus o osgoi gwrthdaro angenrheidiol. Rhoddodd beltan hegar i Sais-addoliaeth – yn enwedig moli'r teulu brenhinol – a gwrth-Gymreictod, siofinistiaeth a hiliaeth.

Dyma Gareth yn *Diwedd y Saithdegau*:

'*...yr hysbysebion yn darfod a chlywir arwyddnodau HTV.*

LLAIS Y CYFLWYNYDD: At a quarter past eleven 'World in Action' looks at the role of British financial institutions and industrial corporations in South Africa in a report entitled 'Investing in Apartheid.' But first a programme for Welsh-speaking viewers. Mae blas y pridd ar raglen *Dan Sylw* heno pan aiff Gwyn Erfyl â ni i gwrdd â rhai o Gneifwyr Dyffryn Tanat.

(Arwyddnodau HTV, yna seiniau 'Pant Corlan yr Ŵyn', a brefiadau defaid).'

Fel awdur, roedd Gareth wedi ymwrthod yn llwyr â dau gysyniad esthetaidd. Y cyntaf oedd rhamantiaeth – sef y math o lenydda gwledig, sentimental ac atgofus sydd wedi britho'n tirlun llenyddol a'r cysyniadau od a fu ar adegau yn yr ugeinfed ganrif am 'ryddiaith bur' ac 'arddull dda'. Cafodd hyn ei lambastio droeon ganddo. Dyma enghraifft o ddechrau Ail Act *Diwedd y Saithdegau*:

'Mae (Gwenda) yn codi llyfr ac ar ôl dod o hyd i'r dudalen gywir yn dechrau darllen yn uchel ac yn watwarus gysáct.

GWENDA: Syllodd Dwynwen ar y llestri te, yr hambwrdd arian a'r lliain claerwyn ar y bwrdd bach crwn o'i blaen â gwen fodlon ar ei gwefusau. Dwy gwpan a dwy soser â rhimyn glas, a siwg llefrith a dysgl siwgr yn cyfateb iddynt. Disgleiriai'r hambwrdd a'r llwyau te ym mhelydrau'r tanllwyth coch a daenai wawl oren caredig dros y lliain – lliain Nain Amlwch, a startsiwyd cyn wynned a chyn galeted â phan fyddai hi'r hen wraig o gwmpas ei phethau.

Dyna amser difyr oedd hwnnw pan fydda Mam a fi'n medru rhoi diwrnod i'r brenin a mynd i Gaergybi i weld Nain Amlwch, meddyliodd Dwynwen. 'Nenwedig diwrnod fath â heddiw, a'r niwl yn tagu'r glaw. Cofio mynd rhyw fora dydd Iau a Mam yn deud, 'Gobeithio dalith hi – Glaw Difia, glaw tridia. Mi a' i'n sowldiwr glân os bydd hi'n bwrw dydd Sadwrn a'r hen Defi Defis Tŷ'n Twll Tew'n cael 'i gladdu. Blydi Llenyddiaeth Gymraeg. K. R. rŵls, O.K.!'*

Roedd o hefyd wedi ymwrthod â chonfensiwn naturiolaeth, oherwydd ei fod yn llenyddol an-hanesyddol, ac ym marn Gareth, yn sylfaenol adweithiol. Roedd o'i hun – fel Brecht – yn driw i realaeth Farcsaidd, yn unol â llawer iawn o ddamcaniaethau y beirniad llenyddol Hwngaraidd György Lukács.

Byddai Cymru fwrgeisiol wedi llonni dyheadau Saunders Lewis. Byddai Cymru fwrgeisiol – fel y cam cyntaf à la

Karl Marx – wedi plesio Gareth hefyd. Pe bai Saunders Lewis yn gwleidydda yn senedd y Gymru bwerus hon byddai wedi bod wrth ei fodd, er y byddai ben-ben â Gareth, a fyddai yn naturiol yn wrthwynebydd di-ildio iddo o ran hawliau y proletariat Cymraeg. Ond byddai'r cyd-destun diwylliannol, bid siŵr, yn gymeradwy i'r ddau, gan y byddai'r peth angenrheidiol hwnnw yn eiddo i'w gwladwriaeth, sef grym go iawn er mwyn hyrwyddo'r economi a'n diwylliant gan wneud ein gwlad yn endid byw a allai wneud cyfraniad go iawn i'r byd. Mewn gair, fod Cymru unwaith eto yn rhan o lifeiriant hanes, ac nid yn nychu byw fel y llecyn tlotaf yng Ngorllewin Ewrop yng nghesail ddifater gwlad arall. Dyma ydi hanfod delfrydol gwaelodol y ddau.

Ysywaeth, mae realiti ein byw a'n bod yn hollol wahanol. Brefu sy'n diffinio ein senedd drefedigaethol ac rydan ni yn dal yn bobol anghyflawn o hyd. A'r ffordd ymlaen? Does ond un yn ôl nofelau a dramâu Gareth. Yr unig ffordd i geisio adfer grym a chreu gwladwriaeth ydi trwy wrthryfel neu chwyldro ac mae ei nofelau yn frith o gyfeiriadau at chwyldroadau, a'r mwyaf amlwg ydi Mrs Buddug Roberts yn *Ffatri Serch*, sy'n cyplysu America Ladin a Chymru. Dim ond trwy geisio adfer grym go iawn i Gymru – er mor anodd ydi hynny am y rhesymau a nodwyd – mae hi'n bosib inni fod yn bobol gyflawn unwaith eto. Neu – yng ngeiriau Gareth – 'yn wlad normal'.

Mater arall a gododd ei ben yn 1536 oedd Protestaniaeth. A fu hyn yn beth da i ni fel cenedl? Neu, a wnaeth crefydd sefydliadol y Saeson ond ein troi ni hefyd yn hanner Saeson? Gareth oedd bron yr unig awdur a fu'n cwestiynu'r prosiect a'i weld fel anghymwynas a llyffethair ar ein dychymyg a'n diwylliant.

A dyfynnu eto o *Sosialaeth i'r Cymry*:

'Mân-fwrgeiswyr, nid bwrgeiswyr, oedd arweinwyr y Cymry yn y bedwaredd ganrif ar bymtheg; ffermwyr, siopwyr a chrefftwyr, nid buddsoddwyr, diwydianwyr ac *entrepreneurs*. Creodd y fân-fwrgeisiaeth hon yr hyn sy'n cyfateb yng Nghymru i Ryfel Cartref Lloegr, sef y Diwygiad Methodistaidd. Sefydlodd yr Anghydffurfwyr achosion crefyddol democrataidd ym mhob rhan o Gymru – ond nid oeddynt â'u bryd ar gael Senedd ar dir Cymru. Nid Cymry balch, gwladgarol mo Diwygwyr fel Howell Harris, Williams Pantycelyn, Ann Griffiths, Thomas Jones Dinbych a Charles o'r Bala, ond Prydeinwyr parchus, gwasaidd a gor-grefyddol. Nid chwyldro cenedlaethol Cymreig mo'u heiddo hwy ond chwyldro crefyddol, unigolyddol, Seisnig ei ddiwinyddiaeth a'i ysbrydoliaeth. Pregethent ac ysgrifennent eu hemynau yn Gymraeg, nid o gariad ati, ond oherwydd mai hi oedd yr unig iaith a ddeellid gan y Werin.'

Fel y tystia ei nofel *Teleduwiol* aeth ati i bastynu agweddau amrywiol ar grefydda, oherwydd ei fod yn ystyried y peth fel gweithgaredd a oedd yn gorwedd ar y gwastad rhywle rhwng chwedloniaeth esoterig ac ofergoeliaeth. Fodd bynnag, oherwydd yr amrywiol chwyldroadau yn rhai o wledydd America Ladin yn 1970au a 1980au y ganrif ddiwethaf, roedd ganddo ddiddordeb mewn Diwinyddiaeth Rhyddhad fel protest weithredol o blaid y tlodion, a bu'n hapus i gydweithio ar ddrama yn archwilio'r briodas rhwng Marcsiaeth ac elfennau mwy blaengar o fewn Cristnogaeth yn sgil comisiwn gan Cymorth Cristnogol i ysgrifennu drama o'r enw *Byd y Banc*.

Yn anffodus, weles i mohoni. Yn ôl Aled Jones Williams, cynhyrchiad promenâd yng Nghadeirlan Bangor oedd o, 'lle roedd y gynulleidfa yn gorfod cerdded o un man i'r llall – nid oedd seddi – i ddamio cyfalafiaeth fel y pechod gwleidyddol mwyaf erioed. Gadewais yn chwilio am y chwyldro. Yn anffodus, gydag eithriadau, prin yw'r math yna o theatr bellach. Mae rhyw fyfïaeth andwyol wedi ein cipio. Difyrru yw'r nod. 'Bara a Syrcas' y Rhufeiniaid a'r Torïaid fel ei gilydd.'

Ac Aled hefyd a gaiff y gair olaf yn hyn o lith am Gareth, 'Ni fu efallai iddo gael y sylw roedd yn ei haeddu. Yr oedd, ac y mae, yn ffigwr pwysig a wnaeth gyfraniad sylweddol iawn i'r theatr Gymraeg ac i lenyddiaeth Gymraeg.'

Lansiad Cwmtec *(cyhoeddwyd gan Carreg Gwalch, 2002)*

Menna Machreth a Gareth yn lansiad Cuddwas
(cyhoeddwyd gan Y Lolfa, 2015)

Y Nofelydd Gwleidyddol:
'Dodi cnawd a gwaed ar esgyrn Hanes'
a'r Ddialecteg

Jane Aaron

Gareth a Jane yng nghyfarfod
Cymdeithas Niclas yn y Steddfod

Os am ddarlun byw o hanes diweddar Cymru, does unman gwell na nofelau Gareth Miles. Yn un o'i amryw golofnau ar ddiwylliant a gwleidyddiaeth Cymru yn y cylchgrawn *Barn*, meddai ef am nofelau William Owen Roberts eu bod yn 'dodi cnawd a gwaed ar esgyrn Hanes' – a gellir dweud yr un peth am ei gynhyrchion ffuglennol yntau. 'Sebon yw bara menyn Gareth Miles', meddai mewn nodyn hunangofiannol i'w ddrama *Hunllef yng Nghymru Fydd*, pan gyhoeddwyd honno fel cyfrol yn 1995. Ond er mai sgriptio ar gyfer cyfresi teledu (h.y., operâu sebon) fel *Pobol y Cwm,* oedd ei gynhaliaeth, nid sgriptiau teledu na dramâu oedd prif gynnyrch Gareth Miles fel awdur yn ystod degawdau olaf ei yrfa, ond nofelau. Roedd ei nofel gyntaf, *Trefaelog,* wedi ymddangos yn 1989; dilynwyd hi gan *Llafur Cariad* (2001), *Cwmtec* (2002), *Ffatri Serch* (2003), *Lleidr Da* (2005), *Y Proffwyd a'i Ddwy Jesebel* (2007), *Teleduwiol* (2010) a *Cuddwas* (2015). Sgript ddrama, ar gyfer y teledu neu'r llwyfan, oedd rhai o'r testunau hyn i gychwyn; cyfres deledu oedd *Llafur Cariad,* a dramâu llwyfan oedd *Ffatri Serch* a *Lleidr Da.* Ond ni ddaethpwyd i ben â hwy nes iddynt gael ailenedigaeth fel nofelau. Ac er bod yr hiwmor eironig a amlygir yn y dyfyniad 'Sebon yw bara menyn Gareth Miles' yn nodwedd amlwg yn neialog ei gymeriadau, yn y nofelau fel y dramâu, fel corff o waith mae i'w ffuglen bwrpas tipyn dwysach, sef croniclo hanes Cymru yn ystod yr ugeinfed ganrif a chychwyn yr unfed ganrif ar hugain – a gwneud hynny o safbwynt gwleidyddol cenedlaetholgar a sosialaidd.

Cymerer y cyntaf, *Trefaelog,* nofel sy'n dilyn hynt y teulu Kyffin, perchnogion plasty Trefaelog, o 1959 i'r 1980au.

Gwelwn hwy trwy lygaid un o blant yr ardal, Gerwyn Ifan. Mab i ysgolfeistr lleol sydd yn sosialydd brwd yw Gerwyn, ond yn ei arddegau cynnar mae'n syrthio trwy hap i mewn i arddwest fawreddog yng ngerddi Trefaelog, ac yn cael ei hudo gan rwysg y Kyffiniaid a thegwch Dyddgu, merch hynaf y teulu. Erbyn 1969, mae Gerwyn yn fyfyriwr ifanc, yn astudio beirdd yr uchelwyr ar gyfer ei radd yn y Gymraeg, yn aelod brwd o Gymdeithas yr Iaith, ac yn llawn dicter yn erbyn yr Arwisgiad. Nid yw Goronwy Kyffin, penteulu'r Kyffiniaid, o blaid yr Arwisgo chwaith, ac mae'n gofyn i Gerwyn ymchwilio a pharatoi dogfen a fydd yn dangos bod llawer mwy o waed tywysogion Cymru yng ngwythiennau'r teulu Kyffin na'r teulu Windsor. Fel tipyn o gynganeddwr, mae Gerwyn yn mynd yn fardd teulu i'r Kyffiniaid, gan ganu cywyddau er clod y llinach, a fu yn y bymthegfed ganrif yn ymladd ym myddinoedd Glyndŵr. Cyflëir naws yr ymgyrch dros yr iaith ar ddiwedd y 1960au yn effeithiol iawn yn y nofel, wrth i Gerwyn fynd â Dyddgu gydag ef i daenu'r 'frech werdd' ar draws arwyddion eu bro. '*Denbighsblatwyrdd! Ruthinsblatwyrdd! North Wales Coast Sblat! Sblat! Sblat!*'... "Ar yr arwydd, Gerwyn! Dyna'r syniad, yntê? Nid drostat ti dy hun!' meddai Dyddgu, wrth wylio Gerwyn yn peintio arwyddion ag arddeliad, ac yna ymlaen â'r ddau i rali ym Metws-y-Coed, i 'ymdrochi ym merw'r dorf o wladgarwyr ifainc a chefnogwyr hŷn'.[1]

Ar ddiwrnod yr Arwisgo mae Gerwyn a Dyddgu o hyd wrthi'n taenu'r 'frech werdd' ar draws arwyddion lleol, pan gaiff Gerwyn ei ddal yn y weithred gan heddwas sydd wedi colli pob amynedd â'r 'dôbyrs'. 'Cod dy ddyrna!' meddai wrth Gerwyn. 'Anghofiwn ni 'mod i'n blisman am funud.' Ond gwrthod y sialens wnaeth Gerwyn, gan esbonio, 'Sori – faswn i'n ca'l 'y nhorri o'r Gymdeithas am dorri'r rheol ddi-drais' (t. 74). Nid hwyl yn unig yw hyn, gan fod pwysigrwydd mabwysiadu'r dull di-drais o weithredu yn dod yn fwy amlwg yn ail ran y nofel, sy'n digwydd dros ddeng mlynedd yn ddiweddarach yn 1980. Mae'r Kyffiniaid wedi cadw at grefydd Gatholig yn ogystal â balchder yr hen uchelwyr, ac erbyn hyn mae Dyddgu yn lleian, ond Gerwyn o hyd yn cael ei ddenu yn ôl at Drefaelog, lle mae Hywel Kyffin, unig fab Goronwy, wedi creu Byddin Owain, fersiwn ffuglennol o Fudiad Amddiffyn Cymru. Ar adeg wan, a

---

1   Gareth Miles, *Trefaelog* (Caernarfon: Annwn, 1989), tt. 52-3.

siom refferendwm 1979 yn pwyso arno, mae Gerwyn yn ymuno â Byddin Owain, cyn sylweddoli ei gamgymeriad a gwrthod bod yn rhan o fudiad militaraidd. Meddai wrth Hywel, 'waeth pa mor enbyd y teimlwn ni wrth weld Cymru yn cael ei darnio a'i difodi, does gynnon ni mo'r hawl i'n penodi'n hunain yn fyddin arfog i'w hamddiffyn hi' (t. 123). Caiff merch ifanc o'r pentref ei saethu yn ddamweiniol gan filwyr Byddin Owain, wrth iddi geisio achub Gerwyn rhag cael ei gosbi ganddynt fel bradwr, ond mae Goronwy Kyffin, trwy ei rym yn y gymuned, yn llwyddo i gelu'r holl ddigwyddiad rhag yr heddlu, ac arbed enw da ei fab.

Yn rhan olaf y nofel, rydym yn ddwfn yn oes Thatcher. Mae Goronwy wedi marw a Hywel wedi newid ei ochr ar ôl trawma'r saethu, ac yn awr yn ymgeisydd seneddol Torïaidd yn ceisio gwneud cymaint o elw ag sy'n bosib o'r llaethdy ar y stad, a Gerwyn yn cydymdeimlo â'r gweithwyr a orfodwyd i dderbyn cwtogiad sylweddol yn eu cyflog wythnosol. Esbonnir iddo gan un o arweinwyr y llaethmyn, Emyr, sy'n hen gyfaill ysgol iddo, 'Does gynnon ni ddim undab'. Pan geisiodd Emyr ac un o'i gydweithwyr greu un, 'Mi roddodd Hywel ein cardia inni yn y fan a'r lle… ar ôl tair blynadd ar higian o weithio i Drefaelog' (t. 181). Ond gwêl Hywel ei hun fel dilynydd ei dad wrth wfftio'r syniad o undeb i'r gweithwyr, ac mae'n ymfalchïo yn awtocratiaeth draddodiadol ei deulu. 'Fuo 'na rioed undab yn y lle 'ma', meddai. 'Roedd 'Nhad a fi'n gytûn ar hynny, o leia' (t. 185). Wrth iddo synfyfyrio ar hyn, mae Gerwyn o'r diwedd yn cael ei ddadrithio o'r syniad fod Trefaelog erioed wedi bod yn unrhyw fath o loches i Gymreictod yr ardal. Dim ond dros urddas a bri'r teulu roedd y Kyffiniaid yn brwydro, nid dros wir les y gymuned a ddibynnai arnynt. Maent mor awchus i gynyddu eu cyfoeth personol ar gefn y gweithwyr lleol ag y byddai unrhyw gyfalafwr diegwyddor. Dychwelyd yn ôl i'r hen drefn ffiwdal yw breuddwyd y Kyffiniaid, nid unrhyw fath o gymdeithas gymunedol gyfartal Gymraeg.

Daw Gerwyn i sylweddoli na fyddai Saunders Lewis – arwr
o bwys i Goronwy Kyffin – erioed wedi llwyddo i ryddhau
Cymru o'i chadwynau gan nad oedd ganddo ddigon o
gydymdeimlad â brwydr y dosbarth gweithiol.

Mae'n arwyddocaol mai ar ôl methiant Refferendwm
1979 y mae'r darlun yn dechrau tywyllu yn y nofel hon.
A dyna lle mae ail nofel Gareth, *Llafur Cariad* (2001), yn
cychwyn – yn 1981, gydag Arwel ap Rheinallt, myfyriwr
yn astudio'r gyfraith ym Mhrifysgol Aberystwyth a mab
i bregethwr a chenedlaetholwr o Rhyl, yn cyfarfod â
Gwyn Howells, sosialydd brwd o gymoedd y de. 'Y mae
Etifeddeg, Magwraeth a Hap. A'r mwyaf ei ddylanwad o'r
rhai hyn yw Hap' yw geiriau cyntaf y nofel.[2] Dim ond ar
hap y cyfarfu Arwel a Gwyn, ond mae'r digwyddiad yn
newid cwrs bywyd Arwel, traethydd y nofel. Yn ogystal ag
etifeddu cenedlgarwch ei rieni, mae Arwel yn barod wedi
mabwysiadu sosialaeth a gweriniaetholdeb, o ganlyniad
i 'ddysgeidiaeth gynhyrfus' ei athro hanes yn yr ysgol
leol. Dysgodd 'Gruff Hist' iddo 'mai proses ddeinamig
yw hanes; un a yrrir rhagddi gan y gwrthdaro anorfod
rhwng dosbarthiadau a'i gilydd, a rhwng cenhedloedd
gorthrymedig a'u gorthrymwyr imperialaidd' (t. 31), ac
o ganlyniad mae wedi ymuno â'r Mudiad Gweriniaethol
Sosialaidd Cymreig.[3] Ond yn awr, wrth ymweld â theulu
ei gyfaill newydd Gwyn yn Nhrelwchwr, tref ddiwydiannol
yng Nghwm Rhondda, mae'n cyfarfod â'r Aelod Seneddol
Llafur, Owen Daniels, ac wedi iddo raddio yn cael swydd
fel cyfreithiwr yn ei gwmni, Davies, Greene & Daniels.
Yn ystod misoedd Streic Fawr y glowyr yn 1984-5 caiff
ei wefreiddio gan y modd y 'rhyddhaodd y streic egnïon
creadigol, rhyfeddol, yn y dosbarth gweithiol a'u cefnogwyr
a dadlennodd alluoedd trefniadol mwy na digon i redeg

2   Gareth Miles, *Llafur Cariad* (Caerdydd: Hughes a'i Fab, 2001), t. 9.
3   Y Mudiad a gychwynnwyd gan Gareth Miles a Robert Griffiths
     ar ddechrau'r 1980au.

gwladwriaeth yn effeithiol ... sefydlwyd gwladwriaeth amgen ... Gweriniaeth y Gweithwyr oedd hon ... Buasem wedi ennill yn hawdd petai athrylith ddieflig Thatcher heb greu Rhyfel y Falklands' (t. 101).

Uchelgais Arwel yn awr yw bod yn Aelod Seneddol a brwydro yn erbyn y Torïaid ac o blaid y dosbarth gweithiol. Mae hefyd erbyn hyn mewn perthynas â Sylvia, cyn-gariad Gwyn a merch i un o drefnwyr y Blaid Lafur yn yr ardal. Yn ôl ei fam, '"gwirioni ar Sylvia" drodd fi at y Blaid Lafur' (t. 74), a hynny er ei fod wedi dod yn ymwybodol, trwy ei waith fel cyfreithiwr, o elfennau mwy amwys ymhlith arweinwyr lleol y Blaid. Prif gyflogwr Trelwchwr, wedi i'r lofa leol gau ar ôl methiant y streic, yw Gwilym Greaves, perchennog Greaves Waste Disposal Services (GWD), y dyn cyfoethocaf yn y dyffryn. Yn Rhagfyr 1987 mae caddug trwm yn lledu ar draws y cwm a dŵr ei afon yn amlwg wedi'i lygru. Caiff Arwel ddeall mai ar danau sbwriel GWD a'u gollyngiadau i'r afon mae'r bai, ond mae hefyd yn ymwybodol bod Owen Daniels a llawer aelod arall o *'Labour élite'* yr ardal mewn dyled i Greaves, neu wedi derbyn ffafr ganddo (t. 126). Yn hytrach na mynd at yr heddlu, mae'n 'trosglwyddo i'r aelod seneddol dystiolaeth ddiymwad o lygredigaeth rhai o geffylau blaen yr etholaeth', a dyna ddiwedd ar y mater – ni chaiff GWD eu cyhuddo o unrhyw ddrwgweithred (t. 130). Ymhen degawd, gwobrwyir ef am ei ffyddlondeb pan gaiff ei osod ar ben rhestr Llafur ar gyfer sedd Llwchwr yn y Cynulliad, ond, ar ôl disgrifiad byw o noson fythgofiadwy Refferendwm 1997, dim ond siom sydd yn ei aros. Trefnwyd 'fod y Blaid Lafur Gymreig yn dewis arweinwyr a fyddai'n dderbyniol gan Tony Blair', a thorrwyd enw Arwel ap Rheinallt o'r rhestr; ymddengys nad oedd eto'n ddigon o foi Llafur Newydd i blesio'i Blaid yn Lloegr.

Ar un achlysur, wrth iddo deithio i fyny o'r Rhondda i ymweld â'i rieni yn y Gogledd yng nghwmni Gwyn, mae

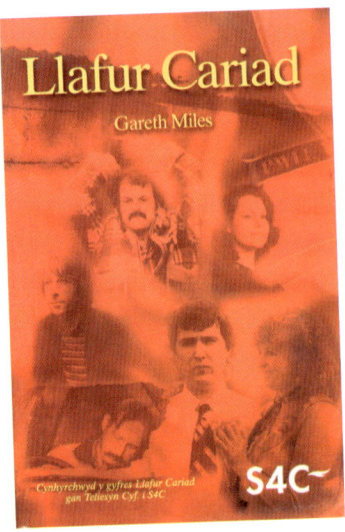

Arwel yn dechrau sôn wrth ei gyfaill 'am y croestyniadau a'm dirdynnai wrth i mi fyw'r gwrthdaro rhwng fy ngorffennol a'm presennol'. Ymgais yw ei hunangofiant, sef y nofel *Llafur Cariad*, i 'geisio nithio'r hyn oedd yn anochel oddi wrth gastiau ffawd' a 'dyfalu a fuasai pethau wedi bod yn wahanol petawn wedi gweithredu fel a'r fel yn hytrach na fel arall, wedi dewis y naill ffordd yn lle'r llall' (tt. 165-6). Gwêl yn awr bod y 'gwrthdaro anorfod' hwnnw 'rhwng dosbarthiadau a'i gilydd, a rhwng cenhedloedd gorthrymedig a'u gorthrymwyr imperialaidd' yn digwydd y tu mewn i'w hunaniaeth ef ei hun; proses ddeinamig bersonol ydyw, yn ogystal â phroses hanesyddol. Mewn ysgrif feirniadol ar *Trefaelog*, mae Jerry Hunter wedi cynnig mae prif nod y nofel honno yw archwilio'r tyndra rhwng gwahanol ideolegau yn hunan-ymwybyddiaeth yr unigolyn. 'Mae Gareth Miles yn darlunio effaith ideolegau ar unigolion – a'r gwrthdaro rhwng unigolion oherwydd gwahaniaethau ideolegol – mewn modd angerddol iawn', meddai,[4] ac mae'r un peth yn wir am *Llafur Cariad* hefyd. Yn *Trefaelog* y croestyniad rhwng sosialaeth ei fagwraeth ac apêl cenedlgarwch Goronwy Kyffin yw problem Gerwyn Ifan; cenedlaetholdeb ei rieni yn y Gogledd mewn croestyniad â gwleidyddiaeth Blaid Lafur ei gyfeillion yng nghymoedd y De sy'n creu'r gwrthdaro ym mywyd Arwel ap Rheinallt.

---

4   Jerry Hunter, 'Y Dychymyg Dilechdidol: Ffuglen Gareth Miles', yn John Rowlands gol., *Y Sêr yn eu Graddau: Golwg ar Ffurfafen y Nofel Gymraeg Ddiweddar* (Caerdydd: Gwasg Prifysgol Cymru, 2000), t. 114.

Term Karl Marx am y fath yma o ymrafael oedd y ddialecteg. Yn y broses ddialectegol mae dwy ideoleg wrthwynebus yn brwydro yn erbyn ei gilydd, a'r gobaith yw y llwyddant i gyfaddawdu ar dir newydd: '*a progressive unification through the contradiction of opposites*' oedd diffiniad Raymond Williams o'r ddialecteg yn ei gyfrol *Keywords*.[5] Yn nofel nesaf Gareth Miles, ceir ymrafael cyffelyb.

Prif gymeriad *Cwmtec* (2002) yw'r gogleddwr Dewi Jones sydd wedi bod yn filwr ffyddlon gyda'r Fyddin Brydeinig yng Ngogledd Iwerddon yn ystod y Trafferthion yno, ond sydd nawr yn dioddef o effeithiau hirdymor y trawma. Oherwydd na all mwyach reoli ei dymer, mae ei briodas wedi chwalu, a daw am egwyl ar ymweliad â'i ewythr Dei, sydd wedi ymgartrefu mewn pentref ger Pontypridd. Comiwnydd yw Dei; yn ôl Dewi, ar ei gyn-wraig – sydd wedi marw – mae'r bai am hynny. Roedd ei theulu hi 'i gyd yn Gomiwnists rhonc', meddai. 'Dwi'n meddwl eu bod nhw wedi brên-washio Dei.'[6] Ond er bod Dewi mor ddiystyriol o'i wleidyddiaeth, mae Dei yn gweld gobaith ynddo ef hefyd. 'Ma'r deialectic ar waith ynddan ni i gyd,' meddai wrth ei nai. 'Be 'di peth felly?' gofynnodd Dewi. 'Y *contradiction* mewnol ym mhob un ohonan ni, rhwng be ma'r Awdurdoda'n ddeud sy er 'yn lles ni, a be sy er 'yn lles ni go-iawn' yw ateb ei ewythr (t. 85).

---

5   Raymond Williams, *Keywords: A Vocabulary of Culture and Society* (Llundain: Croom Helm, 1976), t. 107.

6   Gareth Miles, *Cwmtec* (Llanrwst: Gwasg Carreg Gwalch, 2002), t. 23.

Fodd bynnag, nid yn gymaint ei ddadleuon gyda'i ewythr sydd yn y diwedd yn cynnig rhywfaint o obaith i Dewi, ond ei berthynas ag Olwen Angharad, cyfreithwraig ym Mhontypridd sy'n rhoi swydd iddo fel 'ymchwilydd annibynnol', neu dditectif preifat yn ei chwmni. Ffeminydd frwd yw Olwen, ac mae wedi deall y syniad mai'r personol yw'r gwleidyddol. Ar ôl i Dewi golli ei dymer yn llwyr ac yn gyhoeddus mewn cyngerdd Wyddelig yng Nghlwb y Bont, mae'n cyfaddef wrth Olwen mai'r hyn sy'n ei boeni fwyaf yw'r ffaith iddo unwaith – yn ystod y Trafferthion – wrth iddo erlid Gwyddel terfysglyd i'w dŷ, yn ddamweiniol saethu a lladd merch ifanc hollol ddiniwed. Yr hyn y mae nawr yn rhaid iddo'i wneud, meddai Olwen, cyn iddo fedru deall a dod i delerau â'i euogrwydd, yw 'Cydnabod nad oedd 'da ti hawl i fod yng nghartre'r ferch saethest ti, nac yn ei gwlad hi.' Ond ni all Dewi dderbyn hynny; mae o hyd am amddiffyn presenoldeb '"Byddin Lloegr", fel rwyt ti'n 'i galw hi,' yng Ngogledd Iwerddon, fel ymgais i gadw'r Protestaniaid a'r Pabyddion rhag lladd ei gilydd. 'Na, na,' meddai Olwen, 'y ffaith sylfaenol yw hon. Fydde'r erchylltere hynny ddim wedi digwydd erioed petai Lloegr heb oresgyn Iwerddon ac anfon ei byddin yno i gadw gogledd-ddwyrain y wlad honno'n rhan o'r Deyrnas Unedig.'

'Hen hanes ydi hynny, Olwen.'

'Shwt mae deall ble ry'n ni nawr heb astudio Hanes?'

'Rwyt ti'n gofyn imi wadu rwbath dwi'n gredu er mwyn credu run fath â chdi!'

'Nagw. Bydde 'na ddim gwerth taten. Rwy am inni astudio hanes Iwerddon a Phrydain Fawr gyda'n gilydd. A hanes Cymru hefyd. Yn onest ac yn wrthrychol. Trafod. Dadle. Taeru. Anghytuno'n ffyrnig ar adege. Dyna'r unig feddyginiaeth ddaw â gwellhad parhaol iti, Dewi.'

Hynny yw, mae Olwen yn cynnig eu bod yn mynd i'r afael â'r broses ddialectegol, ac mae Dewi yn derbyn y syniad er nad yw'n sicr o'i heffeithioldeb. Mae'r nofel yn gorffen gydag ef yn gofyn i'w hunan, 'Ydw i isio newid? Fedra' i newid? Ydi Olwen Angharad a dyrnad o rei tebyg iddi'n iawn, a rhan fwya o bobol y wlad ma'n rong?' (tt. 149-50).

Cymeriad yn newid, yn dod i ddeall pethau'n wahanol, yn newid ei syniad o'r hyn ydyw a'r hyn y mae am fod, fel Cymro ac fel aelod o gymdeithas; dyna'r thema sy'n ymdreiddio trwy nofelau Gareth Miles, o'r cyntaf i'r olaf. Ffatri wlân yn Eryri yw lleoliad ei nofel nesaf, *Ffatri Serch* (2003). Mae trigolion yr ardal yn dibynnu ar y ffatri am eu cynhaliaeth, ond ar ôl marwolaeth sydyn y perchennog, Cybi Huws, ar ddechrau'r nofel, daw'n amlwg bod y gwaith mewn dyled a'i ddyfodol yn fregus. Mewn cyfyng-gyngor mae Sulwen, merch Cybi, sydd wedi etifeddu'r ffatri, yn gofyn i'w Rheolwr Cyffredinol, Gwyndaf ap Siôn, sydd hefyd yn gariad iddi, 'Fedri di ddim meddwl am rwbath i arbad y Ffatri rhag syrthio i ddwylo estron, ac achub Cymreictod y Cwm?'[7] Mae yntau'n cynnig bod y teulu yn ei gwerthu 'i'r gweithwyr a'u teuluoedd a'r gymuned leol', a gwneud cwmni cydweithredol ohoni. Fe fyddai hynny'n 'diriaethu'r weledigaeth frogarol, wlatgar y bu'n ei choleddu er pan y cyflogwyd ef gyntaf yn Ffatri Wlân Cwmbrwynog' (t. 34), ac yn y cychwyn mae Sulwen yn frwd o blaid y syniad. Ond, trwy hap, mae Americanwr o Gymro, y biliwnydd llwyddiannus Llewelyn C. Price, yn digwydd bod yn ymweld â'r ardal ar y pryd, ar ymchwiliad i ddarganfod man addas i sefydlu ynddi Bencadlys Ewropeaidd i'w gwmni ICAC (*The International Cambro-American Corporation*). Gyda'i ymddangosiad ef, mae Sulwen yn newid; caiff ei denu ato, ac yntau ati hithau hefyd. Er mwyn torri'r cysylltiad rhyngddi a Gwyndaf, mae'r biliwnydd trwy ei reolaeth ystrywgar o'r Farchnad honedig Rydd yn llwyddo i chwalu pob

---

7   Gareth Miles, *Ffatri Serch* (Llanrwst: Gwasg Carreg Gwalch, 2003), t. 33.

gobaith am greu digon o elw i wneud cwmni cydweithredol llwyddiannus o'r Ffatri Wlân, ac yn cynnig ei phrynu ei hun yn lle. Mewn araith i'r gweithwyr mae Gwyndaf yn ceisio eu perswadio i wrthod cynnig Llewelyn, gan ddweud wrthynt os gwnânt ei dderbyn: 'Ein gwlad fach ni fydd troedle Llewelyn Price yn Ewrop. Mae o am brynu Cymru er mwyn ei throi'n wladwriaeth fydd yn llwyr dan ei reolaeth o' (t. 227). Mae'n erfyn yn daer arnynt i ymuno gydag ef yn y 'mudiad gwrth-globaleiddio byd-eang, mewn ymgyrch i hel o'n gwlad oresgynnwr mwy peryglus na'r Rhufeinwyr, y Normaniaid a'r Saeson i gyd hefo'i gilydd' (t. 228). Ond gwell gan y gweithwyr y sicrwydd swydd a'r cyflogau uwch mae Llewelyn yn eu cynnig iddynt, ac ef sy'n ennill y ffrae. Nofel llawn hiwmor coeglyd yw hon, ond mae ei ddarlun o gyfalafiaeth fwlturaidd yn ddifrifol o broffwydol: hawdd gweld Llewelyn T. Price fel ymgorfforiad o Elon Musk neu Jeff Bezos ein dyddiau ni.[8]

Ar y wyneb, nofel dditectif yw cyfrol nesaf Gareth Miles, *Lleidr Da* (2003), ond mae iddi hithau hefyd brif gymeriad sydd wedi profi trawsnewidiad yn ei fywyd. Cofi a aeth ar gyfeiliorn yw traethydd y stori, David Wynne Davies, neu Dei. Ganwyd ef dan anfantais, yn blentyn siawns; ac yn ei arddegau, wedi ei sbarduno gan ei ddealltwriaeth o'r geiriau '*All property is theft*', dechreuodd ddwyn eiddo pobl eraill.[9] Daliwyd ef wrth ei waith, a safodd ei

---

8   Gweler Grace Blakeley, *Vulture Capitalism* (London: Bloomsbury Publishing, 2024).

9   Gareth Miles, *Lleidr Da* (Llanrwst: Gwasg Carreg Gwalch, 2005), t. 28.

arholiadau ysgol safon uwch yng ngharchar Risley. Ceisia ei weinidog lleol, y Parch. Deiniol Thomas, a fu wastad yn gymorth caredig iddo ef a'i fam, ei berswadio i roi'r gorau i ladrata gan ei fod yn niweidio bywydau digon llwm a thlawd y cymdogion a fu'n dwyn oddi wrthynt, ond unig ymateb Dei yw symud i Lundain a dechrau dwyn oddi ar y Saeson mwy cefnog yno. Fodd bynnag, erbyn i'r nofel gychwyn mae Dei wedi cefnu ar ladrata, ac mewn un olygfa mae'n esbonio sut y cafodd 'dröedigaeth'. Yn Llundain, yn anfwriadol fe achosodd farwolaeth hen weddw unig oedd yn ei ystyried ef yn gyfaill iddi. Aeth yntau i'w thŷ pan nad oedd hithau adref, a dechrau llenwi ei bocedi â rhai o'i mân drysorau. Daeth hithau yn ôl yn ddisymwth, a chael cymaint o sioc o'i weld yn dwyn oddi arni nes cael trawiad ar ei chalon. Ffoniodd yntau am ambiwlans, a dal ei llaw nes iddo gyrraedd. Ond wedi hynny, meddai, 'Fedrwn i ddim madda i mi'n hun am be nes i nac am ewyllysio, am weddïo, iddi beidio â dŵad ati hi ei hun i ddeud yr hanas. Roedd gen i gwilydd o'n llawenydd pan fuo hi farw... a mynd â'r gyfrinach hefo hi' (t. 188). O dan bwn ei euogrwydd, mae'n dechrau 'mynd yn dwlali' cyn penderfynu mynd yn ôl at y Parch Deiniol Thomas, a dweud yr holl stori wrtho. Y gweinidog sy'n ei gynorthwyo yn y broses o ddod i ddeall y croestyniadau sy'n ei ddirdynnu. Mae'n dangos iddo 'bod raid imi roi'r gora i ladrata ar unwaith ac am byth neu mi fyddwn i'n andwyo'n enaid i'n hun a bywyda pobol o 'nghwmpas i' (t. 191). Daw Dei i sylweddoli ei fod wedi mabwysiadu ffordd o fyw sy'n niweidiol iddo ef ac eraill, ac mae'n newid – dyna'r broses ddialectegol unwaith eto ar waith.

Y Parch Deiniol Thomas sy'n galw Dei yn 'lleidr da', a Christion da yw yntau. Ond Cristnogaeth ei hun, fel y deallwyd hi yng Nghymru ar drothwy'r ugeinfed ganrif, sydd ar un olwg dan ymchwiliad yn nofel nesaf Gareth, sef *Y Proffwyd a'i Ddwy Jesebel*, nofel a enillodd iddo Wobr

Llyfr y Flwyddyn yn 2008. Ar yr olwg gyntaf mae hon yn ymddangos yn gyfrol go wahanol i weddill ei nofelau. Ceir ynddi fersiwn ffuglennol o hanes y Diwygiwr Evan Roberts (Ivor Lewis yn y nofel) a'i berthynas a'i noddwraig, Mrs Jessie Penn-Lewis (Elinor Pennington-Rees yn y nofel). Glöwr ym Morgannwg yw Ivor Lewis ar gychwyn ei stori (fel yr Evan Roberts go iawn), a thipyn o undebwr, ond aiff yn bregethwr carismataidd ac yn arweinydd Diwygiad 1904-5. Dwy o'i ddilynwyr ffyddlonaf yw'r wraig weddw gyfoethog, Mrs Pennington-Rees, a Magdalena Morgan a fu ar un adeg, trwy drais ei gŵr, yn butain yn Lloegr ond a gafodd ei hachub gan Fyddin yr Iachawdwriaeth. Trwy hap, mae Ivor a Magdalena yn dod i sylweddoli eu bod mewn cariad â'i gilydd, ac yn cael perthynas rywiol. Ond blinir Ivor gan gydwybod ddrwg ar ôl y digwyddiad, ac mae'n cyffesu ei 'bechod' i Mrs Pennington-Rees sy'n ei warchod rhag y perygl o ddod i unrhyw gyfathrach bellach â Magdalena trwy ei gipio i ffwrdd, fel carcharor dof, i'w chartrefi moethus yn Lloegr a'r Swistir. Cyn iddo adael Cymru, caiff Ivor glywed gan un arall o'i ddilynwyr, ei hen gydweithiwr yn y lofa, Stan Lewis, bod Magdalena yn disgwyl ei blentyn. Ond hyd yn oed wedyn mae'n dal i honni, 'Rwy'n gorfod torri pob cysylltiad â hi, Stan... Mae'r Beibl yn dweud hynny.'[10] Nid yw Magdalena'n cael y cyfle i ddangos iddo mai serch go iawn a'u hunodd, nac i ddechrau ar y broses ddialectegol o 'Drafod. Dadle. Taeru' a allai fod wedi ei ryddhau o grafangau Elinor Pennington-Rees a dysgeidiaeth foesol rhai o broffwydi'r Hen Destament. Ond mae traethydd y nofel, W. T. Davies, newyddiadurwr gyda'r *South Wales Daily News* sydd wedi bod yn gohebu'n gyson ynghylch y Diwygiad, wedi gweld trwy bwrpasau ei feistri ef, sydd am i'r Diwygiad ffynnu nid

---

10 Gareth Miles, *Y Proffwyd a'i Ddwy Jesebel: Atgofion Newyddiadurwr am Ddiwygiad 1904-05* gan W. T. Davies (Prif Ohebydd y *South Wales Daily News*, 1901-1922), golygwyd gan Gareth Miles (Llanrwst: Gwasg Carreg Gwalch, 2007), t. 187.

er mwyn Cristnogaeth ond er mwyn creu'r amgylchiadau cymdeithasol a fyddai'n cadw gweithwyr Cymru yn daeog, yn ogystal â 'hybu gwerthiant y papur' (t. 9). Ac ef sy'n awr, trwy ysgrifennu'r hanes yn llawn, o'r diwedd yn datgelu'r gwirionedd. Yn ei ddealltwriaeth ef, wrth iddo geisio dod i ddeall beth ddigwyddodd i'r Diwygiwr diflanedig, y mae'r broses ddialectegol, y *'contradiction* mewnol ym mhob un ohonan ni, rhwng be ma'r Awdurdoda'n ddeud sy er 'yn lles ni, a be sy er 'yn lles ni go-iawn', yn cymryd lle yn y nofel hon, yn hytrach nag yn ymwybyddiaeth Ivor Lewis ei hun.

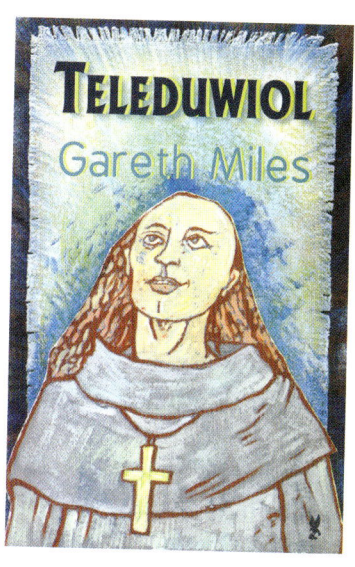

Gellid meddwl o'i theitl, *Teleduwiol*, mai thema Gristnogol sydd i nofel nesaf Gareth hefyd, ond ffugiwr a thwyllwr yw'r Brawd Tudur ap Trevor, aelod honedig o gymuned o fynachod Anglicanaidd Benedictaidd sy'n cynnig cymorth i'r rhai sy'n gaeth i gyffuriau. Aiff Madog Morgan, perchennog y cwmni teledu Cymraeg, Telesidonia, ato i geisio cael achubiaeth o'i alcoholiaeth, ac mae'r Brawd Tudur yn llwyddo i'r fath raddau nes bod Madog nid yn unig yn rhoi'r gorau i'r ddiod ond yn gofyn i'r Brawd Tudur gymryd rôl caplan yn ei gwmni. Pan aiff Telesidonia i drafferth ariannol, y Brawd Tudur sy'n cynorthwyo Madog i wneud cais llwyddiannus am fuddsoddiad sylweddol gan gwmni teledu yn America o'r enw Godsworks. 'Gyda nawdd a chefnogaeth un o gorfforaethau cyfryngol mwyaf yr UD fe awn ymhellach,' meddai Madog mewn Adroddiad i'w gwmni, sy'n cynnwys ei blant Dafydd a Marian, a Gwion, cariad Marian.

Yn ei ddiniweidrwydd, nid yw'n gweld eu dibyniaeth ar y cwmni Americanaidd yn unrhyw berygl i'w hymlyniad 'wrth Gymreictod a'r iaith Gymraeg a pharch pobol at ei gilydd'.[11] Ond yn fuan daw'n amlwg bod y Brawd Tudur, fel cennad Godsworks, nid yn unig am ailenwi'r cwmni Cymraeg yn 'Teleduwiol', ond hefyd am sensro unrhyw raglen sydd ag iddi naws wleidyddol wrth-gyfalafol. Mae plant Madog, gyda'u llysfam Eirlys, yn gwrthryfela yn erbyn ei ddylanwad ac yn y diwedd yn llwyddo i ddatgelu'r gwir amdano i Madog, trwy recordio'r mynach yn ceisio perswadio Eirlys i gael rhyw gydag ef. Protestiodd Eirlys y byddai hynny '"yn erbyn dy egwyddorion di i gyd! Yn erbyn dy grefydd di!"', ac atebodd y Brawd Tudur, '"Tydw i ddim yn credu yn y rwtsh yna fwy nag wyt ti, Eirlys bach!"' Ac wrth i Madog wrando ar y recordiad mae o'r diwedd yn cael ei ddadrithio. Ond yn awr mae'n gorfod datgelu i'w deulu y bu iddo werthu 70% o gyfranddaliadau'r cwmni Teleduwiol i Tudur am swm pitw cyn iddynt arwyddo'r cytundeb gyda Godsworks, er mwyn plesio'r cwmni Americanaidd. Tudur sydd yn berchen ar Teleduwiol i bob pwrpas, ac mae'r mynach ffug yn awr, ar ôl i'w dwyll gael ei ddinoethi, am symud y cwmni i Wlad Pwyl, er mwyn manteisio ar gostau cynhyrchu rhatach y wlad honno. Bradychir y gweithwyr Cymraeg a'u hiaith er mwyn cynyddu elw'r perchennog newydd.

Yn y diwedd daw'n amlwg mai cyfalafiaeth ryngwladol a'r Farchnad honedig Rydd yw'r gelyn pennaf yn y nofel hon, fel yn *Ffatri Serch*. Caiff cwmnïau bychan eu llyncu gan rai mawr, neu eu gorfodi i gau oherwydd bod y cwmnïau mawr yn gwneud rhedeg eu busnes yn rhy gostus iddynt, ac mae hynny yng Nghymru yn aml yn niweidiol i barhad yr iaith frodorol. Yr hyn sydd efallai'n fwyaf nodweddiadol

---

11   Gareth Miles, *Teleduwiol* (Llanrwst: Gwasg Carreg Gwalch, 2010), t. 28.

o ffuglen Gareth yw'r ffordd mae'n plethu trwyddynt ei argyhoeddiadau gwleidyddol ynghylch pwysigrwydd parhad yr iaith Gymraeg a'i sosialaeth. Mae'r ddwy frwydr yn dod at ei gilydd yn ei nofelau, ac mae'r ddwy ynghlwm hefyd yn ei ysgrifau gwleidyddol. Meddir yn *Sosialaeth i'r Cymry* (1979), a gyhoeddodd Gareth gyda Robert Griffiths: 'Dim ond cyfundrefn economaidd sy'n bodoli er mwyn diwallu anghenion a dyheadau cymdeithas yn ei chrynswth, ac nid er mwyn chwyddo elw dyrnaid dethol, all achub y Gymraeg.'[12] Ac wedyn yn un o'i ysgrifau mwy diweddar, *Saunders Lewis a Thynged yr Iaith* (2012), meddai Gareth: 'Yn fy marn i, os yw'r Gymraeg i oroesi, mae'n rhaid iddi fod yn elfen hanfodol a chreiddiol yn yr ymgyrch i greu byd fydd yn cyfuno delfrydau'r Chwyldro Ffrengig – *Liberté, Égalité, Fraternité* – a threfn economaidd ddemocrataidd wedi ei sylfaenu ar gyfiawnder a chydweithrediad yn hytrach nag annhegwch a hunanoldeb.'[13]

Fodd bynnag, mae elfennau digon digrif, yn ymylu ar y ffarsaidd, yn *Teleduwiol*; yn ei ddiweddglo, er enghraifft, datgelir yn reit sydyn bod Tudur o'r cychwyn wedi bod yn weithiwr cudd gyda'r CIA. Ond yn nofel nesaf Gareth Miles, *Cuddwas* (2015), eir i'r afael mewn modd hollol ddifrifol â ffenomen ryfedd yr heddlu cudd a fu wrthi go iawn ym Mhrydain rhwng 1968 a 2010. Erbyn heddiw mae'n hysbys bod o leiaf 139 ohonynt wedi bod yn ysbïo'n ddirgel trwy ymaelodi o dan gau-hunaniaeth â mudiadau gwleidyddol a ystyriwyd gan Lywodraeth y dydd fel rhai a oedd yn peryglu cyfraith a threfn.[14] A dechreuodd nifer ohonynt – o leiaf 25 –

---

12 Robert Griffiths a Gareth Miles, *Sosialaeth i'r Cymry* (1979; ail-argraffwyd Merthyr Tudful: Plaid Comiwnyddol Cymru, 2024), t. 14.

13 Gareth Miles, 'Saunders Lewis a Thynged yr Iaith' (2012), t.10.

14 Gweler Rob Evans a Paul Lewis, *Undercover: The True Story of Britain's Secret Police* (Llundain, Faber & Faber/ Guardian Books, 2012), a Rob Evans, 'At least 25 police spies duped sexual partners', *The Guardian*, 3 Mawrth, 2025, t. 2.=

ar berthynas rywiol gydag aelodau o'r mudiadau roeddynt yn ymdreiddio iddynt, heb ddatgelu i'w cariadon eu hunaniaeth go iawn. Gwyddom fod rhai ohonynt ar waith yng Nghymru: yn ôl y *Guardian* cafodd 'Marco Jacobs' (nid yw ei enw go-iawn yn hysbys) o leiaf dwy berthynas rywiol gydag aelodau benywaidd o fudiad anarchaidd yng Nghaerdydd, y *Cardiff Anarchist Network*, rhwng 2004 a 2009.[15]

Yn nofel Gareth Miles, swydd y prif gymeriad Elwyn Lloyd-Williams, Cymro o Gaerdydd ac aelod o MET Llundain, yw 'treiddio cyn ddyfned a chyn belled ag y gall i strwythurau'r mudiadau, y pleidiau a'r undebau a heriai'r *status quo* ac anfon at ei reolwyr a'i benaethiaid adroddiadau am amcanion, strategaethau a thactegau'r rheini, ynghyd â phroffiliau o'r gwrthdystwyr amlycaf a'r niferoedd a ddisgwylid mewn protestiadau a ralïau' (t. 30). Yn ei fyd go iawn mae Elwyn ar ddechrau'r nofel yn ŵr priod ac iddo ddau o feibion, ond nid yw'n cywilyddio am ei garwriaethau ffug; yn rhinwedd swydd mae'n ymfalchïo ynddi, mae'n gweld ei hun fel 'rhagrithiwr egwyddorol' sy'n twyllo ei gariadon er mwyn cynnal Cyfraith a Threfn.[16] Ond wrth iddo weithio fel ysbïwr ar fudiadau cenedlaethol a sosialaidd yng Ngwlad y Basg mae'n dechrau ymateb yn gadarnhaol i'w gwleidyddiaeth. Mae 'cyffro ac areithio tanbaid' ETA yn dadebru 'cenedlaetholdeb a fu'n huno yn isymwybod Elwyn er dyddiau maboed' (t. 49). Erbyn hyn mae ef a'i wraig wedi gwahanu, oherwydd na all hi ddioddef ei garwriaethau, ac mae ef ei hun yn cael ei ddryllio ag euogrwydd pan saethir ei gariad Basgaidd, Marisia, gan yr heddlu am ei gweithgareddau hithau gydag ETA. Er nad ef sy'n ei lladd, Elwyn sydd wedi bwydo'r awdurdodau â gwybodaeth ynghylch yr ymgyrchoedd y

---

15 Gweler Rob Evans, 'Unmasking the spy cops: How women tricked into sexual relationships learned the truth', *The Guardian*, 3 Mawrth 2025, t. 16.

16 Gareth Miles, *Cuddwas* (Talybont: Y Lolfa, 2015), t. 36.

mae hi a'i chyfeillion wedi cymryd rhan ynddynt, ac nid yw erioed wedi datgelu iddi ei rôl fel ysbïwr. Wedi'r drasiedi hon, nid yw am weithio fel cuddwas eto, ond perswadir ef i dderbyn un prosiect arall yng ngogledd Cymru, sef ysbïo o dan yr enw Alun Griffiths, ar fudiad sosialaidd ac ecolegol y Crwydriaid Coch a Gwyrdd. Nod y Crwydriaid yw 'ceisio argyhoeddi ein cyd-wladwyr bod yn rhaid i gyfalafiaeth farw os yw ein planed a Chymru i fyw' (t. 60). Yn eu cwmni caiff Elwyn/Alun ei hun yn dychwelyd at hapusrwydd, ac mae'n syrthio mewn cariad go iawn y tro hwn gydag un o'u haelodau, Annes Gwynn. Yr hyn sy'n wahanol nawr yw mai Cymraeg yw iaith y trafodaethau a'r cymdeithasu ymhlith y Crwydriaid Coch a Gwyrdd, ac mae hynny yn y diwedd yn torri trwy ei blisgyn Prydeinig confensiynol yn llwyr, ac yn creu ynddo 'atgno' (t. 112). Atgof sy'n cnoi, sy'n gwneud i'r unigolyn edifarhau am yr hyn y mae wedi ei golli o'i orffennol, yw 'atgno', ac o dan ei frathiad mae Elwyn/Alun yn dyheu am 'ddod yn un dyn eto. Yn un dyn cyflawn, cyfan yn lle bod yn ddau ddarn anghydmarus' (t. 134). Pan fo yn awr yn mynychu cyfarfodydd gyda'i benaethiaid yn Llundain, mae'n teimlo fel 'ysbïwr ar ran y Crwydriaid Coch a Gwyrdd yng ngwersyll y gelyn': ysai am ddychwelyd i Gymru a gweiddi wrth y Crwydriaid '"Ry'ch chi'n iawn, bois! Ry'ch chi'n iawn! Bastards drwg y'n nhw i gyd! ... A diawled dwl fel fi'n gneud y gwaith brwnt drostyn nhw!"' (t. 136) O'r diwedd mae'n llwyddo i ymddiswyddo o'i rôl gyda'r awdurdodau, ac yn dychwelyd i Gymru gyda'r bwriad o gyffesu ei holl hanes i Annes a'r Crwydriaid. Mae am ddweud wrthynt y 'byddai'n fythol ddiolchgar i'r Crwydriaid Coch a Gwyrdd am ei dröedigaeth wleidyddol ac ysbrydol. Am ddangos iddo pwy ydoedd mewn gwirionedd. Am ei achub o grafangau'r wladwriaeth Brydeinig a'i aileni'n Gymro ac yn sosialydd' (t. 147). Ond yn ei absenoldeb mae'r Crwydriaid wedi darganfod y gwir amdano, a chymaint yw eu dicter, a thrallod dwfn Annes, fel na allant ei dderbyn.

Ond mae'r broses ddialectegol wedi digwydd yn effeithiol. Mae Elwyn/Alun wedi llwyddo i ddatglymu y croestyniadau mewnol sy'n ei arteithio 'rhwng be ma'r Awdurdoda'n ddeud sy er 'yn lles ni, a be sy er 'yn lles ni go-iawn', ac wedi dod yn un dyn unwaith eto, ond ar newydd wedd. Mae wedi cyrraedd at undod blaengar trwy ddod i ddeall y grymoedd gwrthbleidiol a oedd ar waith yn ei hunaniaeth, a newid ei agwedd tuag atynt.

Yn ei nofel olaf, fel yn y rhai cynharach, llwyddodd Gareth Miles i greu sefyllfaoedd a chymeriadau a wnâi ei argyhoeddiadau gwleidyddol ef yn fyw, yn gig a gwaed. Gan wneud defnydd o lawer cyd-destun a *genre* gwahanol – y nofel hanesyddol, y nofel dditectif, nofel rhamant a ffars – llwyddodd hefyd i godi ym meddyliau ei ddarllenwyr y cwestiwn: Beth yw e i ni i fod yn Gymry Cymraeg heddiw? Ym mha ffyrdd y mae eisiau i ni newid os am sicrhau parhad ein hiaith a'n diwylliant, a helpu i 'ddiwallu anghenion a dyheadau cymdeithas yn ei chrynswth'? Trwy ddefnyddio cymhwyster y nofel – fel ffurf lenyddol – i fynd o dan wyneb ei chymeriadau, ac ymdreiddio'n ddwfn i'r gwrthdaro rhwng gwahanol agweddau o'i hymwybyddiaeth wleidyddol, fe roddodd inni ddarlun argyhoeddiadol o gymhlethdod Cymru'r ugeinfed ganrif a dechrau'r unfed ganrif ar hugain. Mae ei nofelau, yn enwedig *Trefaelog*, *Cwmtec* a *Cuddwas*, yn drysorau i'r genedl, a byddant yn glasuron i'r oesoedd a ddêl.

Gwleidydd Effeithiol ac Egwyddorol

Ffred Ffransis

Rhywbryd yn ystod Gwanwyn 1973, mi wnes i gyfarfod Emyr Llew yng nghrombil y Llyfrgell Genedlaethol. Roedd Emyr yng nghanol paratoi lansio Mudiad Adfer, a dywedodd wrthyf, "Mae un peth yn sicr, mae'r blynyddoedd nesaf yn mynd i fod yn rhai diddorol! Rhwng (sefydlu Adfer), y bwledi rwyt ti'n eu trefnu'n erbyn yr ymerodraeth (sef y tri mis o weithredu tor-cyfraith dros Sianel Deledu Gymraeg), ac ymdrech Gareth Meils i greu gweriniaeth sosialaidd, bydd yn ddiddorol!"

Wrth feddwl rŵan am eiriau Emyr, cofiaf sgwrs arall tua'r un cyfnod ar ddechrau'r 1970au gyda Ieu Rhos; yntau'n dweud wrtha i, "Pan fydda i'n gwrando ar Emyr Llew yn areithio, mae'n fy nhanio i, a dwi isio mynd allan i weithredu. Wedyn dwi'n gofyn i mi fy hun: be ddeudodd o y dylwn i neud, felly? A dydw i ddim yn cofio!" A oedd Rhosllannerchrugog yn y Fro ai peidio? Aeth Ieu ymlaen... "Pan dwi'n clywed Gareth Meils yn siarad ar y llaw arall, mae'n galed gwrando ar y pryd, ond bydda i bob amser yn cofio be mae o wedi ei ddweud." Bosib fod Hanes yn profi Ieu yn iawn. O ystyried y tri chyfeiriad y soniodd Emyr amdanynt, fe gafodd Adfer ddylanwad pwysig, ond peidiodd y mudiad, ac hefyd y mae'r arfer o weithredu uniongyrchol yn ymgyrchoedd y Gymdeithas wedi peidio, am y tro, i fod yn ganolog i'n bodolaeth a'n hymgyrchu. Ond mae neges Gareth Meils wedi mynd yn bwysicach gyda threigl y degawdau yn hanes y Gymdeithas.

Neges a chyfraniad mawr Gareth Meils oedd/yw fod y frwydr dros y Gymraeg yn rhan o frwydr gymdeithasol-economaidd ehangach yng Nghymru. O fewn degawd yr oedd Cymdeithas yr Iaith wedi crynhoi'r neges i slogan – 'Os yw'r Gymraeg i fyw, rhaid i bopeth newid'. Doedd dim pwynt rhoi stamp Cymraeg ar gyfundrefn oedd yn tanseilio'n cymunedau lleol a'n hawliau fel pobl. Nid prif bwysigrwydd yr ymgyrchoedd dros arwyddion ffordd a ffurflenni Cymraeg oedd bod yr iaith yn weladwy ym mhobman – er bod hyn yn bwysig i ddylanwadu ar agweddau'n pobl. Prif bwysigrwydd yr ymgyrchoedd cynnar hyn oedd i ni gael gwared o'n taeogrwydd, i godi ymwybyddiaeth nad oedd y Gymraeg yn israddol, nad trefedigaeth ddinod oeddem, nad oedd rhaid bod yn ddiolchgar am friwsion o'r bwrdd imperialaidd, ac y gallen ni ennill camau pwysig trwy gymryd grym gweithredol i'n dwylo ein hunain. Gwnaeth Gareth i ni sylweddoli mai ein paratoi ar gyfer brwydrau mwy oedd yr ymgyrch hon – wrth i ni wynebu grym y sefydliad gwleidyddol yn ein hymgyrch ddarlledu, gan fod y rheolaeth mor bwysig ganddynt, ac wrth i ni wynebu buddiannau corfforaethol yn ein hymgyrchoedd ym maes tai a chynllunio a mentrau economaidd cydweithredol.

Yn fuan iawn, trodd y sloganau'n bamffledi ac yn faniffestos, a datblygodd y nod o'r arwyddion symbolaidd i fod yn ymdrech i newid Cymru yn ei hanfod, a gwneud adfer y Gymraeg yn hanfodol i newid cymdeithasol-economaidd ehangach. Dwi'n cofio sgwrs efo Gareth yn Rali Arwyddion Llanrwst tua 1971. Y pryd hynny bu'n rhybuddio'n erbyn agweddau'r dosbarth proffesiynol Cymraeg tuag at frwydr yr iaith – fod peryg na fyddent yn cefnogi pan fyddai'r Gymdeithas yn datblygu i herio eu breintiau yn y drefn bresennol. I raddau helaeth, dyna eiriau proffwydol. Ryw bymtheg mlynedd yn ddiweddarach, yng nghanol yr 1980au, gwnaeth y Llywodraeth Dorïaidd ymdrech feiddgar i gyfethol arweinwyr y dosbarth proffesiynol Cymraeg i'w hachos. Gallent gael eu sianel deledu Gymraeg a'u hysgolion Cymraeg i'w plant a chyllid at y Steddfod – dim ond iddynt beidio â herio sylfeini'r drefn.

Roedd hyn yn atgoffa rhywun o thesis Frantz Fanon (y cenedlaetholwr arall o sosialydd) a rybuddiodd fod y grym imperialaidd (Ffrainc yn yr achos hwnnw) yn dal i reoli'r drefedigaeth (Algérie) trwy gynnal dosbarth brodorol breintiedig yn y brifddinas. Yn fwyfwy, gwelodd y Gymdeithas hollt rhyngom a'r Sefydliad Cymraeg a chysylltiadau o'r newydd gyda grŵpiau fel y glöwyr a'r rhai'n ymgyrchu dros y digartref a thros y Mudiad Heddwch mawr yn y 1980au. Bu Gareth yn ddylanwadol iawn yn ein tywys i'r cyfeiriad iawn. O dipyn i beth, erbyn diwedd y ganrif yr oedd y Gymdeithas wedi dod i adnabod ei rôl fel cangen Gymraeg o fudiad rhyngwladol dros gyfiawnder a heddwch – hyd yn oed yn rhoi geiriau felly ar ein cardiau aelodaeth! Dyna weld mai'r un math o rymoedd yn y byd a ddiystyrodd y Gymraeg (gan nad oedd yn gallu cynhyrchu digon o elw) a ddiystyrodd hefyd yr amgylchedd a hawliau gweithwyr, ac a oedd yn barod iawn i ddefnyddio trais i gynnal eu grym, yn wir yn ymelwa o ddiwydiant rhyfel.

Hanner can mlynedd yn ddiweddarach, daeth Cymdeithas yr Iaith yn ôl i Lanrwst, nid i fynnu gosod arwyddion Cymraeg yng nghanol trefn ormesol, ond bellach i herio sylfeini'r Sefydliad trwy ddatgan 'Nid yw Cymru ar werth' – na allod Arian ein prynu, a'n bod yn mynnu cymryd rheolaeth ar ein tir a'n tai a'n heconomi. Neges Gareth Meils ar ei newydd wedd oedd hon, amlygiad Cymraeg o frwydr ryngwladol.

Tua diwedd ein sgwrs yn Llanrwst yn ôl yn 1971, fe gefais siom. Esboniodd Gareth na fyddai bellach yn cymryd rhan weithredol yn ymgyrchoedd y Gymdeithas, ond gwelodd ei rôl o hynny allan fel propagandydd gan ddefnyddio pob cyfrwng posib. Gwleidydd call sy'n gallu sianelu ei ymdrechion i feysydd lle byddant yn dwyn ffrwyth. Gwyddai ar y pryd fod criw ohonom (dyna pam oedd yn siarad efo fi ar y pryd, siŵr o fod) a fyddai yn parhau i ddatblygu'r pwysau gweithredol yn ein hymgyrchu, a phenderfynodd Gareth gyfrannu yn y modd gorau iddo ef. Dim ond yn y cyfnod byr hwnnw (tua 1968-71) y bues i mewn cysylltiad agos gyda Gareth mewn gwirionedd, ond roedd o wedi cyfrannu'n sylweddol at fy nhwf gwleidyddol innau. Rydyn ni newydd golli cewri fel Gareth a Gwilym Tudur a gymerodd amser i helpu rhai ychydig yn iau fel finnau i yrru ymlaen y mudiad yr oeddent wedi bod mor ganolog yn ei greu.

Ac nid yn unig trwy'r polisïau wnaethon nhw eu llunio, ond hefyd drwy ein harfogi gyda'r dulliau gweithredu a'r sicrwydd ein bod ar ochr iawn hanes. Yr atgof olaf sydd gen i i'w rannu yw Cyfarfod Cyffredinol y Gymdeithas ddiwedd 1967, dwi'n meddwl. Dyna pryd y penderfynon ni ar y dull di-drais o weithredu – a ddatblygodd wedyn yn 'Grym Di-Drais'. Neil ap Siencyn yn dadlau'n erbyn ymgyfyngu i'r dull hwnnw, ond Emyr Llew yn dadlau'n danbaid o blaid y cynnig – a dyna gariodd y dydd. Emyr gariodd y dydd, ond

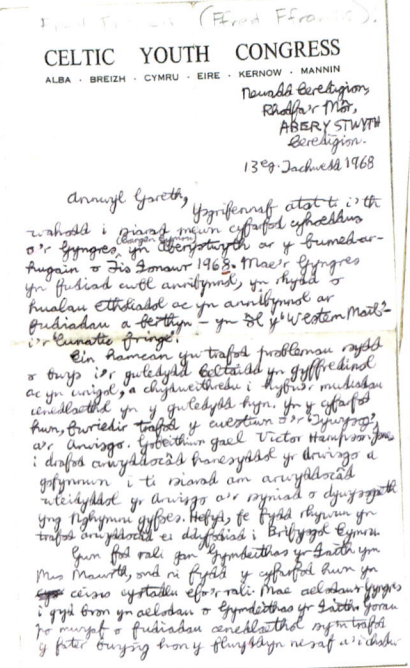
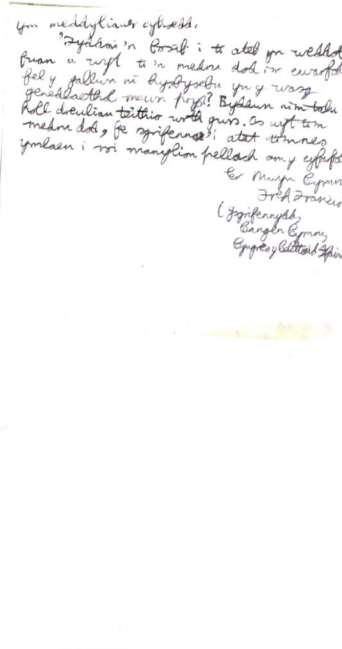

Gareth oedd y cadeirydd a sicrhaodd mai dyna oedd yn cael ei weithredu, ac felly wedi selio'r penderfyniad. Gwleidydd effeithiol ac egwyddorol. Fe ges i f'atgoffa yn ddiweddar o'r dylanwad amlwg a gafodd arnaf. Siaradodd Gina, gwraig Gareth, â fi yn y Steddfod ac yna danfonodd lythyr ataf yr oeddwn i wedi ei sgwennu at Gareth ddiwedd y 1960au pan oeddwn am flwyddyn yn ysgrifennydd Cyngres yr Ieuenctid Celtaidd. At bwy wnes i droi i geisio siaradwr gwadd i'n rhoi ni ar ben y ffordd? – wel, at Gareth, siŵr iawn, ac mae'r llythyr yn ôl gen i bellach fel prawf o'r ymddiriedaeth a roddais ynddo. Diolch, Gareth.

Mandela a Phontshân

Angharad Price

Ddiwrnod olaf mis Mai 1997 cynhaliwyd cynhadledd undydd o'r enw 'Gwerth Cyfieithu' yng Ngholeg Iesu, Rhydychen dan nawdd y cylchgrawn *Tu Chwith* ac Adran Geltaidd Prifysgol Rhydychen. Roedd Gareth Miles ymhlith y criw profiadol o lenorion a chyfieithwyr llenyddol a wahoddwyd gan Sioned Puw Rowlands a minnau, golygyddion *Tu Chwith* ar y pryd, i roi cyflwyniad yn y gynhadledd. Ymhlith y siaradwyr eraill roedd Joseph Clancy, Mary-Ann Constantine, Nuala Ní Dhomnaill, Menna Elfyn, Peter Finch, Katie Gramich, Mererid Hopwood, Dafydd Johnston, Gwyneth Lewis, Anghoas MacNeacail, Twm Morys, Nepeti Nicanor, Iain Crichton Smith, M. Wynn Thomas, Ned Thomas ac R. S. Thomas. Yng nghwmni'r fath gynulliad dawnus ac amrywiol, roedd yn ddiwrnod llawn cyfarfyddiadau a munudau cofiadwy ac aeth y trafod a'r asbri ymlaen tan oriau mân y bore.

Credaf mai dyma'r tro cyntaf i mi gyfarfod Gareth Miles, ond roeddwn eisoes yn ymwybodol ohono fel llenor, dramodydd a chyfieithydd, fel awdur ysgrifau ac erthyglau mewn cylchronau megis *Barn* a *Taliesin*, yn ogystal ag fel ymgyrchydd iaith a Sosialydd. Fel gyda nifer o wahoddedigion y gynhadledd – a Sioned a minnau ddim ond yn fyfyrwyr ymchwil ar y pryd – teimlwn radd o barchedig ofn tuag ato; ni chredaf inni drafod unrhyw beth y diwrnod hwnnw ond manylion trefniadol y dydd.

Yn fuan wedyn cyfrannodd Gareth erthygl ar gyfieithu dramâu inni ar gyfer wythfed rhifyn *Tu Chwith* (thema: 'Dwyieithrwydd a Chyfieithu'). Yn ôl arfer y pryd roedd yr erthygl wedi ein cyrraedd trwy'r post ar ddisg hyblyg, ond – trwy ryw amryfusedd – doedd hi ddim wedi ei harbed ar y disg yn gyflawn. Yn ein diniweidrwydd cyhoeddodd

Sioned a minnau'r erthygl fel yr oedd, er ei bod yn gorffen braidd yn ffwr-bwt. Pan gyhoeddwyd y rhifyn aeth Gareth yn gandryll o'i go gan dybio ein bod wedi rhoi'r gyllell olygyddol yn ddidostur a rhyfygus yn ei erthygl. Cawsom lythyr go danllyd ganddo! Doedd o ddim y dechrau gorau. Buan y maddeuodd wedi i'r camddealltwriaeth ddod i'r amlwg. Ailgyhoeddwyd yr erthygl yn ei chyfanrwydd yn y *Tu Chwith* dilynol gydag esboniad ac ymddiheuriad gan y golygyddion. O ran hynny, roedd trafodaeth Gareth ar gyfieithu drama Lope de Vega, *Y Gosb Ddiddial*, yr un mor berthnasol i thema'r rhifyn hwnnw, sef 'Gwrywdod', ag ydoedd i'r rhifyn blaenorol. Roeddem ninnau'n falch o allu cyhoeddi'r ymdriniaeth loyw ganddo â llenyddiaeth Ewropeaidd o bersbectif Cymreig, ac yntau'n trafod dramodwyr o Ewripedes i Marivaux, ac o Webster i Brecht – a hynny am yr eildro. Roedd gwaith Gareth yn werthfawr am ei fod yn gyflwyniad i lenyddiaeth Ewropeaidd gymharol trwy gyfrwng y Gymraeg, ac am ei fod hefyd yn gysyniadol ac ymarferol yr un pryd.

Wrth i ddiwedd yr ugeinfed ganrif nesáu, daeth cyfle i ddod i adnabod Gareth yn well pan oeddwn yn ddarlithydd yn Adran y Gymraeg ym Mhrifysgol Caerdydd. Roedd Gareth, ynghyd â Manon Rhys, Wiliam Owen Roberts a Gwyneth Lewis, yn diwtor ysgrifennu creadigol yn yr Adran ar y pryd (mae rhywun yn meddwl mor ffodus oedd y myfyrwyr). Roedd y sgyrsiau a gefais â Gareth yn y cyfnod hwnnw, yn aml yng nghwmni Wil Roberts hefyd, yn rhai pwysig, ffurfiannol a wnaeth i mi feddwl llawer am natur llenyddiaeth, ei rôl mewn cymdeithas a'i pherthynas â gwleidyddiaeth dosbarth ac iaith. O fod wedi gwneud gradd mewn Almaeneg, a chael fy nhrwytho wedyn mewn theori lenyddol wrth gwblhau cwrs ôl-radd, doedd Marcsaeth ddim yn ddieithr i mi, gan gynnwys y Farcsaeth lenyddol yr oedd bri arni ar y pryd yng ngwaith beirniaid megis Terry Eagleton, Frederic Jameson a Raymond Williams.

Serch hynny, dim ond wrth sgwrsio â Gareth y dysgais gymhwyso'r byd-olwg hwnnw i sefyllfa'r iaith Gymraeg, i waddol rhyddfrydiaeth ac anghydffurfiaeth, ac i bresennol ôl-ddiwydiannol ac ôl-drefedigaethol Cymru.

Cawn fy syfrdanu'n aml gan rai o ddatganiadau mwy ysgubol a phryfoclyd Gareth. Ond byddwn yn cnoi cil drostynt wedyn, ac yn sicr, gwnaeth y sgyrsiau hyn i mi bwyso a mesur y gwerthoedd y magwyd fi ynddynt, ac i osod hanes Cymru mewn cyd-destun gwleidyddol ac economaidd rhyngwladol. Roedd yn ysgytwad llesol. Hyd yn oed pan na chydsyniwn yn llwyr â barn Gareth – ar ôl myfyrio dros bethau yn ôl fy nghrebwyll a'm profiad fy hun – roedd y broses o ymgodymu'n feddyliol â daliadau a ffurfiau a gymerwn yn ganiataol yn broses adeiladol. Credaf fod y cyfan yn dal i effeithio arnaf heddiw.

Mae cymaint o'i ddatganiadau a'i ddywediadau trawiadol wedi aros yn fy nghof. Cofiaf, er enghraifft, mewn trafodaeth ar lenyddiaeth bröydd y chwareli llechi, i Gareth ddefnyddio'r ymadrodd deifiol, '*misérabilisme* Arfon' (ond nid heb wên y tu ôl i'r sbectol). Roedd yn fathiad Ffrangeg-Gymraeg *vintage* Gareth Miles. Ac fe'm lloriodd. A minnau'n Arfoniad fy hun – fel yr oedd Gareth ei hun, o ran hynny – roedd yn anodd ei lyncu. Onid oeddwn wedi profi llawer o lawenydd a hwyl yn y gymuned y magwyd fi ynddi? Eto, o safbwynt llenyddol, roedd rhaid cyfaddef fod rhyw lygedyn o wirionedd yn y cysyniad. Roedd yn esiampl wych o ddull Gareth o ymadrodd, yn groyw a threiddgar, yn taro digon o'r hoelen ar ei phen i fod yn werthfawr, ac yn eang a Chymreig yr un pryd.

Delir yn dda beth o naws a thôn y sgyrsiau a gawn â Gareth yn y cyfnod hwnnw yn rhifyn Gwanwyn/Haf 1999 *Taliesin* (dan olygyddiaeth Jerry Hunter a Manon Rhys). Rhifyn dwbl oedd hwn a neilltuwyd i drafod argyfwng y ddrama lwyfan yng Nghymru, a cheir erthygl-gyfweliad rhwng y golygyddion a Gareth sy'n dwyn y teitl

'Theatr Cymru Fydd'. Yma, mae ei ddull dihafal o ddatgan a phrocio yn dod drwodd yn glir, gyda phob dyfarniad difrif wedi'i liniaru â thinc o hiwmor maddeugar, ynghyd â thwtsh o eironi. Er enghraifft, ar ddechrau'r cyfweliad cymhwysa arwyddair Nelson Mandela, 'y frwydr yw fy mywyd', i sefyllfa'r Gymru gyfoes, gan bwysleisio mai dim ond dau ddewis a wyneba Cymry'r presennol, sef (i) ebargofiant neu (ii) ddyfodol fel gwlad ddemocrataidd, sosialaidd, weriniaethol. Ond yna, yn yr un gwynt, mae'n adleisio'r digrifwr, Eirwyn Pontshân, trwy ddweud: 'Os wyt ti fyth mewn trwbwl, trïa ddod ma's ohono fe'. A dyna'r frwydr, medd Gareth, a wynebir gan y cymeriadau a ddarlunia yn ei waith ei hun. Mae'r hiwmor sy'n dod o gyfosod cywair, yn ogystal â'r Cymreigio annatod, yn nodweddiadol o ddull Gareth o draethu.

Yr un mor nodweddiadol yw ei barodrwydd, er ei ymlyniad fel awdur wrth fyd-olwg penodol, i blygu ideoleg i ofynion celfyddyd fyw. Cyflea'i farn yn groyw fod 'sicrwydd absoliwt, boed ideolegol, grefyddol neu athronyddol yn difa'r Awen', cyn mynd yn ei flaen i ddatgan yn nodweddiadol bryfoclyd – a chofiadwy: 'Dyna pam y daliaf nad yw emynau Pantycelyn ac Ann Griffiths yn farddoniaeth, er eu bod mor farddonol. Dyna pam hefyd fod llawer o ddramâu Saunders Lewis yn debycach i ornestau tenis syniadaethol nag i theatr.' Yn wir, mae'r cyfweliad yn ei grynswth yn llawn dadansoddi gwybodus a chasgliadau sylwgar wrth iddo dafoli 'trafferthion difrifol' y ddrama yng Nghymru ar ddiwedd yr ugeinfed ganrif. Yr un mor drawiadol yw'r angerdd a'r optimistiaeth sy'n hydreiddio'r sgwrs gyfan. Ddwy flynedd wedi refferendwm datganoli 1997, yn y flwyddyn y sefydlwyd Cynulliad Cenedlaethol Cymru, mynega Gareth ei obaith mawr am weld sefydlu theatr genedlaethol Gymraeg yn 'fforwm ddemocrataidd' i ddychymyg y genedl. Heddiw, chwarter canrif yn ddiweddarach a'r celfyddydau wedi cael eu

tan-ariannu'n ddifrifol yng Nghymru ers Datganoli, mae gobeithion a phryderon Gareth yn y cyfweliad hwn yn fwy pherthnasol nag erioed.

Un o sgil-gynhyrchion y sgyrsiau rhwng dosbarthiadau bryd hynny, ar droad yr unfed ar hugain, oedd inni fynd ati i drefnu seminarau mwy ffurfiol, achlysurol ar lenyddiaeth a diwylliant Cymru o safbwynt syniadaethol, dan yr enw

'Fforwm Theori'. Credaf i ryw hanner dwsin o'r sesiynau hyn gael eu cynnal dros ryw gyfnod o ddwy flynedd, dan arweiniad aelodau o staff Adran y Gymraeg yng Nghaerdydd, a chafwyd cyfraniadau cofiadwy gan nifer o siaradwyr, yn eu plith Jane Aaron, Sioned Davies, Katie Gramich, Jerry Hunter, Wiliam Owen Roberts, Manon Rhys ac eraill. Un 'fforwm' sydd wedi aros yn y cof yw'r drafodaeth a gafwyd rhwng Gareth Miles ac E. Wyn James a gynigiai ddeongliadau pegynol o wahanol – ond yr un mor wybodus ac ysgogol – ar hanes diweddar Cymru. Roedd y dadlau brwd a chyfoethogol a gafwyd y pnawn hwnnw yn esiampl o ddilechdid ar ei orau. Cofiaf hefyd y wibdaith a drefnodd Gareth 'er mwyn i chi, bobol Caerdydd, adael eich pentra am unwaith', a chael mynd i weld safleoedd hanesyddol Pontypridd dan arweiniad gwych yr hanesydd Brian Davies, Curadur yr Amgueddfa yno.

Collais gysylltiad i raddau â Gareth wedi i mi adael Caerdydd a dod i weithio i Fangor. Ond daliais i ddarllen popeth a ysgrifennai gyda diddordeb mawr, yn erthyglau ac adolygiadau, yn gyfieithiadau ac yn ysgrifau. Yn bennaf oll, roeddwn wrth fy modd gyda phob un o'i nofelau craff, angerddol ac ysbrydoledig. Yn y rheiny, hyd heddiw, y clywaf yn fwyaf eglur y dychan a'r dicter cyfiawn a arddelai Gareth yn ei waith i gyd, ond hefyd ei dosturi parod yn wyneb gwendidau dynol, ei hiwmor crafog a maddeugar, a'i werthfawrogiad o fywyd yn ei holl amrywiaeth anniben – yn adlais o'r sgyrsiau difyr gynt.

Cwmni Ffraeth a Difyr

Dafydd Iwan

Yn ystod y 1940au a'r 1950au, roedd nifer o deuluoedd Cymraeg yn mynd ar wyliau pythefnos i westy Pantyfedwen yn y Borth, ger Aberystwyth. Horwth o westy oedd Pantyfedwen a adawyd i'r Urdd gan Syr David James, a neilltuwyd pythefnos bob mis Awst gan yr Urdd ar gyfer teuluoedd Cymraeg eu hiaith. Roedd Syr Ifan a'i deulu yno, a theulu Aneirin Talfan, a llu o deuluoedd eraill, nifer ohonyn nhw bellach yn enwau cyfarwydd yn y diwylliant Cymraeg. Roedden ni yn fwyaf cyfeillgar gyda theuluoedd Eic a Beti Davies o Waun-Cae-Gurwen, W. H. Roberts o Frynsiencyn, Mair a James Kitchener Davies o Drealaw, a'r Dr. Miles a'i deulu o'r Waunfawr yn Arfon. Mab y meddyg mwyn o'r Waun a'i briod oedd Gareth, a'r unig gof sydd gen i ohono ym Mhantyfedwen yw ar ei hyd ar soffa yn darllen – a'r rhyfeddod i ni oedd ei fod yn darllen llyfrau Ffrangeg! Ond dwi ddim yn ei gofio'n dweud dim byd, nac yn cymysgu gyda ni blant y tywod a'r bwcedi glan môr.

Hogyn swrth ac anghymdeithasol felly oedd Gareth Miles i mi am beth amser, hyd nes imi ddod i gydweithio gydag o yn rhengoedd Cymdeithas yr Iaith, a sylweddoli ei fod mewn gwirionedd yn gallu bod yn gwmni ffraeth a difyr iawn. Ond bob amser o ddifri. Un cof cynnar o gyfnod y Gymdeithas yw o Gareth yn dadansoddi cerdd W. B. Yeats inni – 'Easter 1916', adeg ymweliad y Gymdeithas â Dulyn union hanner can mlynedd wedi'r gwrthryfel. Gwnaeth ei ddadansoddiad argraff ddofn arnaf, yn enwedig y llinellau ysgytwol:

'All changed, changed utterly. A terrible beauty is born.'

A sgrifennwyd unrhyw beth mwy pwerus erioed? Gallwn weld sut yr oedd Gareth yn cael ei gydnabod fel athro da.

Erbyn yr ymweliad hwnnw â Dulyn yn 1966, roedd Gareth wedi cychwyn ar ei waith fel athro yn Ysgol Morgan Llwyd yn Wrecsam. Yn ôl rhai a fu'n gyd-athrawon ac yn ddisgyblion iddo yno, roedd yn athro poblogaidd, a synnwn i fawr nad hwn o bosib oedd cyfnod hapusaf ei fywyd. Dyma pryd y deuthum i'w nabod fel cydymgyrchydd yn y Gymdeithas – cofiaf yn arbennig feddiannu tŷ haf yn ardal Llanberis yn ei gwmni ef a sawl un arall o ddewrion ifanc y Gymdeithas – a gwerthfawrogem bob amser ei arweiniad doeth a chytbwys. Yn Wrecsam y cyfarfu â'i wraig Gina, ac yno y gwnaeth nifer o gyfeillion y bu'n ddylanwad mawr ac arhosol arnyn nhw. Dyma'r cyfnod lle bu yn y llys fwy nag unwaith, hyd nes i ddyletswyddau athro, gŵr a thad fynd yn drech nag o, a bu'n rhaid iddo drosglwyddo cadeiryddiaeth y Gymdeithas i ddwylo iau.

Un stori o gyfnod Wrecsam sy'n aros efo fi yw i blentyn gwyno unwaith fod ei "feiro wedi rhedeg allan", a Gareth yn ei ateb ar unwaith, "Wel rhedwch ar ei hôl hi, ta". Pa mor eangfrydig bynnag oedd o, roedd yn gas ganddo glywed priod-ddulliau Saesneg yn cael eu cyfieithu'n llythrennol i'r Gymraeg, ac yr oedd yn "blismon iaith" gyda'r mwy pedantig! Clywodd Dewi Pws yn canu ei fersiwn o 'Walking the Dog' unwaith, wedi ei throsi'n llythrennol i 'Cerdded y Ci', ac mi berswadiodd Dewi i newid y geiriau i 'Godro y Fuwch' – ac y mae'r gweddill yn hanes! Efallai mai'r un anian a barodd iddo fy ngheryddu yng Nghlwb y Bont un tro am ganu mewn tei: "Dydi cantorion chwyldroadol byth i fod i wisgo tei!"

Pan ddaeth Gareth yn ôl i gyffiniau Caernarfon yn 1975 fel athro yn Ysgol Dyffryn Nantlle, roedd yn dda ei gael gyda ni yn rhengoedd y Gymdeithas a Phlaid Cymru, ac yn yr ymgyrch dros ehangu addysg Gymraeg yn wyneb y gwrthwynebiad cryf a godai yr adeg honno o blith rhai pobol. Ond byr fu ei arhosiad gan iddo symud i Bontypridd y flwyddyn ganlynol a dechrau fel swyddog i UCAC.

Roedd yn gweld ei waith dros yr undeb yn gydnaws â'i ddaliadau gwleidyddol, oedd yn tueddu fwyfwy tuag at y Comiwnyddion, ac er nad oedd gen i gysylltiad agos â byd yr athrawon, credaf iddo fod yn ddigon cymeradwy yn y swydd.

Ond fedrwn i ddim llai na gweld ei ymadawiad â Phlaid Cymru, ac i raddau helaeth, y pellter cynyddol rhyngddo â'r frwydr genedlaethol, fel colled fawr i Gymru. Gwnaeth gyfraniad o bwys yn ddiamau fel awdur a dramodydd, ond gadawodd fwlch mawr yn rhengoedd yr ymgyrch dros annibyniaeth Cymru. Ychydig iawn o drafod a fu rhyngom yn ystod blynyddoedd olaf ei fywyd, a phan fyddem yn cwrdd, tueddu i osgoi trafod gwleidyddiaeth a wnaem. Mi wyddwn na allwn newid ei farn, a doedd yna fawr o bwrpas dadlau gan fod ei afael o ar ei wirionedd yn gadarnach na fy un i! Mentrais unwaith i fyd crefydd, a cheisio'i argyhoeddi nad oedd ffydd yn fater o ffeithiau absoliwt, ond fe'm chwalwyd gan sicrwydd ei Farcsiaeth ddigyfaddawd. Coffa da amdano.

114

Awdur o Ddifri

Robat Gruffudd

Detholiad o *Lolian: Dyddiadur Hanner Canrif*
'Mawrth 1979: *TREFFIN*'

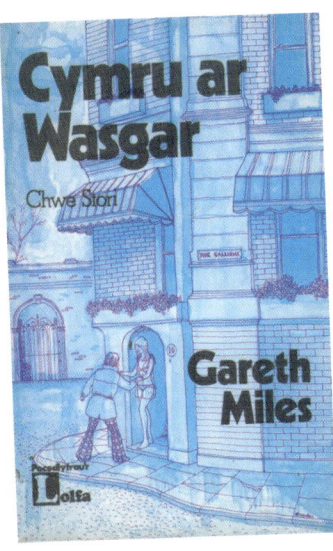

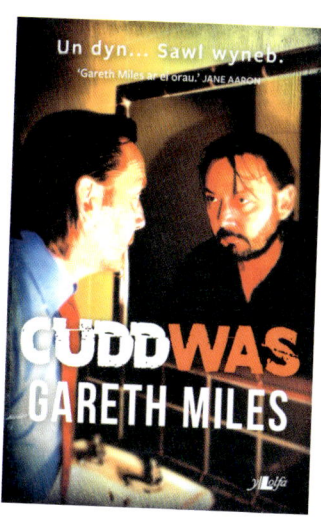

I Wrecsam heddiw, i dynnu lluniau o Gareth Miles ar gyfer ei gyfrol *Treffin*. Crwydro rownd canol y dre, tynnu lluniau ohono wrth stondin bwtsiwr yn y farchnad, ac mewn tafarn, ac o flaen y tai teras lle roedd e'n arfer byw. Yn y cyfamser, parablai Gareth yn ddifyr am wleidyddiaeth a'r refferendwm ar ddatganoli a gynhaliwyd ddechrau'r mis.

Ein camsyniad ni fel cenedlaetholwyr, meddai, yw ein bod ni wastad yn ymddiheuro, ac yn cael ein hunain ar y droed ôl o hyd. Ry'n ni'n dweud pethau fel: "Nid *separatists* ydan ni. Does 'na ddim angan i chi boeni am ddatganoli. Nid llwybr llithrig mohono fo i Gymru annibynnol – na, Duw a'n gwaredo. A fydd neb yn stwffio'r iaith lawr gyddfa pobol. 'Dach chi'n gweld, does dim angan i chi fod yn genedlaetholwr i bleidleisio 'Ie'..." Yn yr ymgyrch dros ddisg treth car Cymraeg, ar y llaw arall, roedd y sefyllfa o chwith: ni oedd yn herio. Wedi sylwi ar y ddisg anghyfreithlon yn ffenest ei gar, daeth plismon lan at Gareth a dweud, nid ei fod am ei arestio, ond: "Yli, mêt, dwi cystal Cymro â ti…"

Adroddodd stori ddoniol am Dafydd Iwan yn canfasio dros Phil Williams yn isetholiad Caerffili. Daeth dyn at y drws mewn fest a thatŵs. Edrychodd ar y daflen etholiadol, oedd yn cynnwys tipyn o Gymraeg, a'i rhoi yn ôl i Dafydd gyda'r geiriau, "No thanks, mun – I don't speak Welsh." Atebodd Dafydd: "Don't worry about that – neither can our candidate."

Atebodd y dyn: "Well, he bloody well ought to!"

I Gareth, ar yr ethos Anghydffurfiol mae'r bai ein bod ni'n ymgyrchu mor ddihyder, a byth yn trafod pynciau'n onest ac yn dweud y gwir wrth bobl. Ry'n ni'n cymryd yn ganiataol eu bod nhw yn ein herbyn ni, ond dy'n ni'n twyllo neb trwy ffalsio. Yr un meddylfryd sy'n peri fod cenedlaetholwyr yn cymryd holl faich y Genedl ar eu cefnau eu hunain, fel petai'n bosib i un person achub Cymru, petai ef neu hi'n ddigon hunanaberthol.

"Dim ond dosbarth o bobl all newid petha," meddai Gareth, "ond 'sgin y dosbarth *petit bourgeois* cefn-gwlad Cymreig mo'r potensial i wrthdroi'r drefn. Maen nhw am osgoi gwrthdaro, a newid; maen nhw'n rhy gysurus yn eu swyddi a'u hawddfyd. Dim ond y dosbarth gweithiol all newid petha, a phobl na 'sgynnon nhw ddim i'w golli: y di-waith, myfyrwyr…"

Do'n i ddim yn hollol siŵr am y pwynt yna – onid oedd gan y dosbarth bwrj ran go bwysig yn y Chwyldro Ffrengig? Ond gan wybod y buasai Gareth yn gallu fy llorio'n rhacs mewn dadl, fe ganolbwyntiais ar y lluniau, ac meddai Gareth: "Asu, Rob, ti 'di cael digon o blydi llunia rŵan? Dwi'n ama ma esgus ydi hyn i ti ga'l chwara efo dy Bentax."

Gwir neu beidio, daeth y lluniau mas yn iawn. Yn y stafell dywyll, argraffais i nhw trwy ffilter plastig oedd yn rhoi graen garw, rywsut yn ddosbarth gweithiol iddyn nhw, a fydd, gobeithio, yn plesio Gareth.

*　*　*

Cymerai Gareth ei yrfa fel awdur yn llwyr o ddifri, gan ystyried ei lafur fel awdur yr un fath ag unrhyw weithiwr arall yn y system gyfalafol. Rwy'n cofio mynd lawr i Gaerdydd un noson, flynyddoedd yn ôl, i annerch y gangen leol o Undeb yr Awduron oedd hefyd yn cynnwys Dafydd Huws (Y Dyn Dŵad). Roedden nhw'n ystyried gwasg fel Y Lolfa braidd fel 'yr ochr arall' – ond cawsom ddigon o hwyl wedyn! Roedden ni'n anghytuno â Gareth weithiau, wrth gwrs. Un tro ymosododd ar *Lol* am fod yn "hiliol" a'i fygwth ag achos enllib dro arall. Man arall o anghytundeb syniadol oedd ei fod ef (a'i ffrind Robert Griffiths) yn gwrthod cefnogi Plaid Cymru gan eu bod yn perthyn i'r Communist Party of Great Britain.

Mae Cymru'n dipyn gwacach hebddo. Yn ddyn o ddifri, roedd ganddo hiwmor hefyd.

Persbectif Ewropeaidd

Sel Williams

Roedd gan Gareth bob amser bersbectif Ewropeaidd ar sosialaeth a'r cwestiwn cenedlaethol. Roedd hyn yn wahanol i lawer o 'sosialwyr' sy'n gaeth i'r syniad o'r 'British road to socialism' neu sosialaeth ar wahân yng Nghymru.

Ysgrifennwyd y sylw hwn gan Sel Williams tra roedd yn yr ysbyty, ychydig fisoedd cyn ei farw.

Gareth Miles a Chomiwnyddion y Cymoedd

Catrin Ashton

Rwy'n meddwl mai yn fy arddegau oeddwn i pan ddechreuais i fod yn ymwybodol o wleidyddiaeth Gareth Miles. Cefais fy magu yn y cymoedd, a phan oeddwn i'n ferch fach roedd Cymrodyr y Blaid Gomiwnyddol Chwyldroadol Brydeinig yn ymweld â'r dafarn leol i werthu eu papur a daethant yn ffrindiau gyda fy nhad. Trwy hynny aethom fel teulu i ambell wersyll haf a chwrdd â Chomiwnyddion eraill a'u teuluoedd o bob cwr o Brydain.

Tua'r un adeg dechreuodd fy mam weithio gyda Gina, gwraig Gareth, yn ysgol Pont-Siôn-Norton ac roedd Eiry, eu merch, yn yr ysgol hefyd a'r ddwy ohonom yr un oedran. Pan fyddai diwrnod HMS gan athrawon fy ysgol i, byddwn yn mynd gyda mam i'w hysgol hi. O ganlyniad des i i adnabod Eiry – roeddwn wir wedi dwlu arni ac yn joio ei chwmni o'r dechrau un!

Er mai merch fach iawn oeddwn i yn ystod streic y glowyr, erbyn fy arddegau roedd yn teimlo fel petai ardal fy magwraeth yn dal i fod ar dân yn sgil y profiad. Effeithiodd y cymoedd a'u pobl ar y ffordd roeddwn yn gweld y byd ac etifeddais eu dicter.

Nes ymlaen, tua diwedd fy arddegau ac yn fy ugeiniau, dechreuais sylwi ar ddigwyddiadau oedd yn cael eu cynnal yng Nghlwb y Bont gan blaid Gomiwnyddol arall; roedd y blaid hon, fel y Comiwnyddion Chwyldroadol gynt, hefyd yn Farcsaidd-Leninaidd. Fan hyn byddwn yn gweld enw Gareth Miles ar bosteri ac yn gwneud y cysylltiad rhyngddo fe a Gina ac Eiry. Nes ymlaen, ar wahanol orymdeithiau, y Comiwnyddion Marcsaidd-Leninaidd hyn – gyda Gareth Miles yn eu plith – oedd y rhai y byddwn yn eu gweld o amgylch y lle. Roeddwn wedi 'nghyffroi gan eu gwleidyddiaeth ac roedd yr hyn roedd Gareth Miles, Rob Griffiths a Gwyn Griffiths yn ei ysgrifennu ac yn ei drafod yn cyfuno'r ddau fyd roeddwn yn rhan ohonynt: byd Cymraeg fy mam a gwleidyddiaeth radicalaidd fy nhad a'r cymoedd lle ges i fy magu. Roedd Gareth, Rob a Gwyn Griffiths yn gosod Cymru a'i hiaith mewn cyddestun Marcsaidd-Leninaidd mewn ffordd nad oedd Comiwnyddion fy mhlentyndod wedi gwneud.

Pan ymunais i â'r Blaid Gomiwnyddol fy hun, roedd Gareth mor groesawgar. Rwy'n cofio cael syniad am ddechrau rhyw fath o grŵp darllen ym Mhontypridd. Yn y cyfarfod cyntaf rwy'n cofio ni'n trafod *First as Tragedy, Then as Farce* gan Slavoj Žižek. Pan ddaeth noson y cyfarfod rwy'n cofio cael fy synnu bod cymaint o bobl yno. Roeddwn i'n meddwl fy mod i wedi llwyddo i drefnu rhywbeth gwych a oedd wedi denu pobl y tu hwnt i'r Blaid Gomiwnyddol hyd yn oed. Flynyddoedd maith yn ddiweddarach, fe ddes i i wybod mai Gareth oedd wedi cysylltu â'r holl bobl hyn, pobl roedd e'n eu hadnabod ac yn gwybod am eu diddordeb, ac wedi gofyn iddynt fynychu er mwyn fy nghefnogi – roedd e'n poeni na fyddai unrhyw un yn troi lan. Nid trwy Gareth y des i i wybod am hyn. Mae'r stori'n ffordd o egluro pa fath o bresenoldeb oedd gan Gareth yn fy mywyd. Roedd e'n estyn cefnogaeth i mi pan nad oeddwn i hyd yn oed yn sylweddoli mai dyna oedd yn digwydd.

Mae'r blaid Gomiwnyddol yn llawn dynion ac mae'n rhaid i mi gyfaddef fy mod wedi teimlo ychydig yn swil mewn môr o ddynion o bryd i'w gilydd. Roedd Gareth yn un o'r bobl roeddwn i'n mynd i sefyll wrth ei ymyl os nad oeddwn yn siŵr ble i roi fy hun mewn digwyddiad.

Yn 2008, ychydig cyn i mi ymuno â'r blaid, aeth Gareth i Giwba gyda Chomiwnyddion eraill a rhai aelodau o Gynghrair y Comiwnyddion Ifanc. Trefnwyd rhaglen ar eu cyfer gan Blaid Gomiwnyddol Ciwba ond ychydig cyn iddynt gyrraedd, trawyd Ciwba gan storm drofannol Fay a chorwyntoedd Gustav ac Ike. Gan fod y Comiwnyddion o Giwba a oedd wedi bwriadu eu cyfarfod nawr yn brysur yn delio gyda'r gwaith clirio a sortio yn sgil y stormydd hyn, rhaid oedd newid y cynllun.

Aeth Gareth a'i gymrodyr i ymweld ag ysbyty a chyfarfod meddyg a oedd yn gweithio yno ac a oedd yn rhan o weithgor Undeb Iechyd Ciwba. Roedd yn byw uwchben y feddygfa fel ei fod ar gael petai argyfwng. Roedd y Comiwnyddion ifanc wedi cyfarfod aelodau o Gynghrair Comiwnyddion Ifanc Ciwba ac wedi profi'r pleser a'r hwyl o gael parti yn eu plith. Digwyddodd hyn oll gyda Gareth a chymrodyr profiadol eraill y blaid yn gwmni iddynt. Anfonodd Gareth adroddiadau yn ôl o Havana i'r *Cymro* a *Golwg* am y sefyllfa wedi'r stormydd a'r modd yr oedd y llywodraeth Gomiwnyddol yn delio gyda'r drychineb.

Gwnaed cymaint o gyfraniad llenyddol gan Gareth; mae rhai ohonynt yn bethau rwyf wedi clywed sôn amdanynt ond erioed wedi llwyddo i'w gweld – e.e pamffled yn trafod gwaith a chyfraniad James Connolly. Byddwn wrth fy modd yn darllen hwnnw. Yn ei nofelau roedd yn ddoniol ac yn cydymdeimlo â'i gymeriadau – fyddwn i'n dweud, yn arbennig, y rhai nad oedd yn rhannu'r un wleidyddiaeth â Gareth. Rwy'n difaru na wnes i drafod ei lyfrau gyda fe pan oedd e'n fyw, oherwydd maent wir wedi creu argraff arnaf.

Rwy'n gwybod gymaint mae fy nghymrodyr yn parchu ei wleidyddiaeth ac yn ei weld fel person dilys – rhywbeth sy'n ofnadwy o bwysig iddynt. Dydyn nhw ddim yn siarad Cymraeg ac felly nid ydynt yn rhan o'r gyfrol hon ond roeddwn eisiau sôn amdanynt, a thaith rhai ohonynt i Giwba gyda Gareth, oherwydd roeddwn am i bobl wybod bod y parch tuag at Gareth a'r hoffter ohono yn ymestyn y tu hwnt i'r byd Cymraeg. Mae'r cymrodyr a aeth i Giwba gyda Gareth yn byw mewn sawl man erbyn hyn. Yn drist iawn bu farw un ohonynt, Roger, rai blynyddoedd yn ôl. Mae un ohonynt yn Wyddel, eraill yn byw yn Lloegr a rhai'n dal i fod yma yn ardal Pontypridd a'r cymoedd – ac mae dylanwad Gareth a'i natur hoffus yn dal i gael eu cofio gan bob un ohonom a gafodd y fraint a'r pleser o'i adnabod a derbyn ei gefnogaeth drwy gyfrwng ein gwleidyddiaeth.

Llun o eiddo Jeff Morgan

Llais Call

(teyrnged yn angladd Gareth, 22ain o Fedi, 2023)

Meic Birtwistle

Ymgyrchydd iaith, nofelydd, undebwr, comiwnydd, dramodydd… ond i ni – cymrawd a ffrind.

Cwrddes i â Gareth yn gynta yn 1981 yn Ngholeg y Brifysgol Abertawe. Mae cof clir gyda fi o'r achlysur. Dychmygwch y sîn. Pnawn Mercher oedd hi mewn stafell dawel ar hen gampws Hendrefoelan; amidst the gleaming, dreaming spires of Sgeti! Ar adeg pan oedd Thatcheriaeth yn cryfhau ei gafael ar Brydain. Golygfa mas o nofel gan le Carré oedd hi. Neu yn well byth, senario o *Cuddwas* gan Gareth ei hunan! Ac ie, fan hyn y gwnaeth Gareth Miles fy recriwtio i! Ond, na MI5 – rhag ofn bo' chi'n gwrando – nid miwn i'r Blaid Gomiwnyddol. Na… nid i'r 'Comintern', ond i UCAC – Undeb Cenedlaethol Athrawon Cymru! Eat your heart out, Kim Philby!

Fel myfyriwr PGCE (Tystysgrif Addysgu Ôl-raddedig), roedd yr undebau dysgu yn cystadlu rhynt ei gilydd i'n listio ni fyfyrwyr i'w rhengoedd nhw – a mor fuan â phosib! Ond oedd 'na broblem. O'n i yn barod wedi ymaelodi ag undeb NUS (Undeb Cenedlaethol Myfyrwyr Cymru), fel myfyriwr milwriaethus da ac yr NUT (National Union of Teachers) – fel fy mam a 'nhad-cu. Ond, doedd Gareth ddim yn gweld hyn fel rhwystr o gwbwl. Na! Roedd e'n meddwl byddai aelodaeth o dri undeb yn syniad bendigedig! Ac yn wir o fantais! Oherwydd roedd yr NUT ac UCAC yn gyrff gwahanol iawn medde fe. Wel, dyna esiampl i swyddogion ricriwtio undebol y dyddie hyn o ran techneg a dycnwch!

Ond wrth gwrs, fel y'n ni i gyd yn gwbod, roedd Gareth wastod wedi bod â dawn gyda geirie.

Sa i'n siwr beth fydde'r TUC (Trades' Union Congress) wedi gweud am y fath bliwraliaeth, cofiwch!

Y tro nesa des i ar ei draws e, yn eironig ddigon, roedd y ddau ohonom wedi newid ein hundebau. Ac roedd yntau yn swyddog lleyg gydag Undeb y Sgrifennwyr (The Writers' Guild) a finne gydag Undeb y Newyddiadurwyr – a'r ddou o'm ni ar bwyllgor Cymreig yr FEU... y Federation of Entertainment Unions. Dyna enw gwych! A do wir, cawsom ddigon o adloniant! Roedd llawer o hwyl a sbri i'w gael yn delio gyda mistimaners y cyflogwyr, cyrff darlledu a pholisïau cyfathrebu neo-ryddfrydig Thatcher a Blair!

Llais call oedd gyda Gareth yn ein holl drafodaethau undebol. Call ond yn filwriaethus.

Ac yn aml iawn, wrth gwrs, byddai'r drafodaeth am le'r Gymraeg yn yr undebau – ac oedd digon o le i wella yn y maes hwnnw, rhaid gweud! Ac wrth gwrs, roedd cael un o sylfaenwyr CYI (Cymdeithas yr Iaith) yn ein plith yn sefyllfa ffodus iawn. Er doedd Gareth byth yn brolio am ei hanes nac yn canu ei glodydd na'i lwyddiannau.

A dyma fi'n dod i nabod Gareth fel ffrind, yn galw yn ei swyddfa braidd yn anniben ym Mhontypridd â'i gasgliad o lyfre hynod o eclectic, neu fi a Lowri yn dod i'r tŷ gyda'r bechgyn a chael croeso gan Gina – a finne a Gareth yn cerdded draw i Lanwynno am beint gan roi'r byd yn ei le.

Ac oedd y byd i Gareth fel ei ardd gefen – De Affrica, Tsile, Ffrainc... Dyma gyfieithydd Shakespeare a Molière i'r Gymraeg. Roedd e am ddangos y byd i Gymru a Chymru i'r byd!

A dyna pryd wnes i sylwi ar gysylltiad clòs Gareth a Gina â Phontypridd a dod i ddeall arwyddocâd y fro arbennig hon iddyn nhw mewn sgyrsie dros beint yn y Llanover Arms neu'r Brynffynnon.

Mae pobol yn ystyried Gareth fel Gog, ond mae hanes ei deulu yn ddwfwn yn y Cymoedd, neu – fel maen nhw'n gweud yn nhafodiaith fy nheulu o Geredigion – "y gweithfeydd"... ac felly lle y dosbarth gweithiol.

Ac 'wi mofyn darllen cerdd nawr gan T. E. Nicholas.

Swyddfa Gareth ar Heol y Farchnad ym Mhontypridd
(llun o eiddo Jeff Morgan)

Cerdd gan y pregethwr, pryddestwr a phropagandydd comiwnyddol Niclas y Glais... sy'n egluro'r agosatrwydd yna i'r maes glo.

Hiraeth am Forgannwg

Yn nhawelwch y coedwigoedd
Lle mae blodau'n dod i'w hoed,
Lle mae adar tlysa'r ddaear
Yn cartrefu yn y coed;-
Hed fy nghalon i Forgannwg,
Lle mae tân, a mwg, a gwaith;
Lle mae dynion yn dyrfaoedd
I'w hanghenion yn rhoi iaith.

Alltud wyf o fro fy nghalon,
Gyda'r coed a'r adar mân;
Nid oes ond gofidiau dynion
Ddeffry ar fy nhelyn gân;

Mêr y gân sydd ym Morgannwg,
Lle mae'r dyrfa'n mynd a dod;
Yno mae fy nghalon innau
Trwy'r blynyddau'n mynnu bod.

Beth yw bryniau ac afonydd,
Beth yw coed ac ebyr mwyn?
Mewn tawelwch ac unigedd
I fy nghalon nid oes swyn;
Sŵn y dyrfa wyf yn hoffi,
Murmur yr ystrydoedd llawn;
Ym Morgannwg gyda dynion
Byddwn byw o hyd pe cawn.

Sir y gwrthryfelwyr cadarn
Sir yr ing a gorthrwm mawr;
Sir proffwydi sydd â'u hwyneb
Trwy y mwg at byrth y wawr;
Daw fy nghalon mewn breuddwydion
I babellu ynddi hi,
Hiraeth am Forgannwg annwyl
Sydd yn llanw 'nghalon i.

T. E. Nicholas (*Dros Eich Gwlad: Cerddi Heddwch*, 1920)

Pregethwr, pryddestwr a phropagandydd comiwnyddol oedd Gareth yn ei ffordd arbennig ei hunan.

Papur Niclas oedd y *Merthyr Pioneer* – fe oedd y golygydd Cymraeg ar lais Keir Hardie, arweinydd y Mudiad Llafur yng Nghymru; ac i Gareth, wrth gwrs, ei lais newyddiadurol e o ddewis oedd y *Morning Star*. Am nifer o flynyddoedd eisteddodd ar fwrdd y papur sosialaidd yna. Cyfrwng y Mudiad Llafur ar yr ynysoedd hyn oedd yn agos at ei galon. Papur sy'n ymdrechu i roi llais i frwydron a diwylliannau dosbarth gweithiol Prydain a'r holl fyd.

Ac un tro o'n i'n cydweithio ar brosiect gyda Theatr Genedlaethol Cymru ac yn ddigon lwcus i gael tocyn i weld addasiad Gareth o *Chwalfa*, T. Rowland Hughes yng Nghanolfan Pontio am streic chwarelwyr y Penrhyn 1900-03. O'n i ddim wedi meddwl sgwennu am y ddrama... ond cyment oedd effaith y cynhyrchiad arna i nes i fi ddechre sgriblo nodiade ar fy rhaglen yn y tywyllwch. Y bore wedyn hales i adolygiad bant at Ben Chacko, golygydd ar y *Star*, gan wybod y bydde darllenwyr y papur am gael clywed am hanes a diwylliant

Cymru – ac am weledigaeth a chreadigrwydd Gareth a'r cast.

CHWALFA, PONTIO BANGOR... MORNING STAR, 23/02/2016

'Miles's adaptation highlights the timeless nature of a story now more than a century old, with echoes of today's struggles in the accounts of blacklists, blacklegs, anti-trade union legislation, free market economics and forced economic migration.

...the audience was clearly affected as they listened to the union leader calling off the dispute and announcing the return to work after three years of suffering: "Dear fellow workers — or maybe I should say, fellow traitors," he declares.

Bitter words. But Miles is a skilled craftsman and conveys the message that the scattering of the people as the strike is smashed still speaks to us today, whether in Wales or beyond.

The act of destruction the play describes has cut, shaped and inspired the labour movement and as such it serves us in our current struggles.'

Ychydig o fisoedd yn ôl sylweddoles fod Gareth yn dechre 'madel â ni. A threies i feddwl pwy oedd e, beth oedd ei arwyddocâd. Ac yng nghanol y nos es i mofyn geirie T. E. Niclas – fel chi wedi clywed yn barod – ond hefyd y gyfrol hon: *The Collected Poems Of Bertolt Brecht* (cyfieithiadau gan David Constantine a Tom Kuhn o farddoniaeth y cawr Almaenig). Roedd y bardd Sosialaidd Saesnig David Constantine wedi gofyn i fi adolygu'r gyfrol arbennig hon i'r *Morning Star*. A chofies i fod yna gerddi gan y dramodydd a'r bardd Almaenig Marcsaidd anhygoel Brecht am ddrama.

Trafod ystyr bod yn awdur dramatig mae Brecht yn y gerdd hon, ac yn enwedig dramodydd Sosialaidd.

Fy mwriad oedd rhannu'r gerdd hon gyda Gareth a chyddrafod y cynnwys, ond yn anffodus, yn y diwedd, roedd dirywiad ein dramodydd Marcsaidd Cymraeg ni yn rhy sydyn o lawer. I fi mae geirie Bertolt Brecht am ei grefft yn siarad hefyd am Gareth Miles a'i nod e fel Comiwnydd o ddramodwr.

Lied Des Stückeschreibers
Song Of The Playwright

I am a playwright. I show
What I have seen. On the markets
I have seen how human beings are traded. That
I show, I, the playwright.

How they enter each other's rooms with their plans
Or with rubber truncheons or with cash
How they stand on the street and wait
How they set traps for one another
Full of hope
How they make assignations
How they leave each other hanging
How they make love
How they defend their loot

How they eat
All that I show.

The words they call out to one another, I report.
What the mother says to her son
What the contractor demands of the contracted
How the woman answers the man.
All the begging words, all the overbearing words
All the pleading, the misleading
The lying, the unknowing
The winning, the wounding
All these I report.

I see how snowstorms come to pass.
I see earthquakes rushing to the fore.
I see mountains standing in the way
And rivers I see overspilling their banks.
But the snowstorms have their hats on.
The earthquakes have cash in their jacket pockets.
The mountains step out of limousines.
And the tearing rivers hold sway over the police.

Bertolt Brecht, cyfieithiad Tom Kuhn.

'The Collected Poems of Bertolt Brecht, translated and edited by Tom Kuhn and David Constantine', (Liveright Publishing Corporation, 2019).

Y frwydr oedd bywyd Gareth, a'i grefft. Diolch i Gina a'r teulu am y cyfle i dalu ychydig o deyrnged i'r dyn anhygoel yma.

A diolch am y croeso mae Tonwen a finne wedi'i gael ar yr aelwyd newydd yn Llanddarog ar sawl achlysur.

Dychanwr o Ddifri

Arwel Vittle

Awdur oedd yn gweddu'n berffaith i'r disgrifiad Ffrengig *écrivain engagé* oedd Gareth Miles. Ysgrifennwr ydoedd wnaeth ymgyrchu a chyfranogi'n weithredol ym mywyd gwleidyddol Cymru ar hyd ei oes, gan fynd i'r afael â phynciau felly yn ei waith creadigol, mewn dramâu megis *Diwedd y Saithdegau, Hunllef yng Nghymru Fydd* a nofelau fel *Trefaelog* a *Cuddwas*.

Deuthum i gysylltiad personol gyda Gareth pan oeddwn i'n ymchwilio i hanes protestiadau'r Arwisgo ynghanol y Chwedegau ar gyfer llyfr *Dim Croeso 69*. Roedd yn anhepgor trafod y cyfnod gydag ef wrth reswm, gan iddo fod â rhan flaenllaw yn y gwrthsafiad. Difyr a dadlennol oedd y sgyrsiau a gefais, heb sôn am gael y fraint o fenthyg y llyfr lloffion mwyaf cynhwysfawr erioed ar hanes dyddiau cynnar protestiadau Cymdeithas yr Iaith oedd gan y teulu!

Y tro cyntaf i mi sylwi ar ei enw, fodd bynnag, oedd yn nhudalennau *Tafod y Ddraig*, lle'r oedd colofn ganddo. Ar ben y golofn yr oedd cartŵn o sbectol drom a'r pennawd syml mewn llythrennau breision, 'Meils'. I rywun ifanc, addysg wleidyddol gynnar oedd darllen yr erthyglau hyn, lle'r oedd yr awdur yn dweud ei farn yn ffraeth am ymgyrchoedd y Gymdeithas ac yn bwrw ei fustl ar wleidyddion fel George Thomas, Harold Wilson, a'r teulu brenhinol.

Un o'r pethau nodedig amdano oedd iddo ddeall sut y gallai dychan fod yn arf pwerus y gwan yn erbyn y cryf, a sut y gallai ymgyrchwyr iaith ei ddefnyddio yn erbyn y Sefydliad Prydeinig yng Nghymru:

'Roedd hynny'n rhan o'r arfogaeth – i wawdio a dirmygu. Mae'n hunanfynegiant i raddau ond mae'n helpu i greu meddylfryd sy'n tanseilio awdurdod – mae'n wrth-awdurdodol ac roedd hynny'n bwysig iawn dw i'n meddwl.'

Cyfrannodd i rifynnau *Lol* gan gydweithio gyda'r cartwnydd Elwyn Ioan ar stribedi cartŵn doniol, a hefyd ar y nofel graffig gyntaf yn Gymraeg, *Pelydr LL*. Difyrrach fyth oedd y golofn ddychanol reolaidd a ymddangosai yn *Nhafod y Ddraig* adeg yr Arwisgo sef 'Llythyr y Cwîn'. Awdur y 'Llythyr' oedd 'Meils', a bob mis byddai'r 'Frenhines' yn anfon llythyr o Balas Buckingham at ei thaeogion ffyddlon yng Nghymru trwy gyfrwng cylchgrawn Cymdeithas yr Iaith. Ymddangosodd 'Llythyr y Cwîn' gyntaf yn rhifyn Tachwedd 1967 ac yn gyson wedyn tan ar ôl yr Arwisgo. "Mi ddaeth syniad o Lythyr y Cwîn o wahanol lefydd," meddai wrthyf. "Mi oedd gan *Private Eye* eitem 'Mrs Wilson's Diary' ac efallai bod hynny'n elfen, ond dw i'n meddwl bod yr arddull yn debyg i'r un y byddai gan Mam yn ysgrifennu llythyrau ata i!"

Dyma flas o'r arddull a'r cynnwys:

'Wel wedi bod yn poeni rydan ni – y fi a'r tipyn gŵr 'ma sgin i – am ddyfodol y mab hyna', 'rhogyn Charles 'cw. Mi geuthon glwad 'rwsnos ddiwetha ei fod o wedi cael ei dderbyn i Goleg Aberystwyth, yr 'University' felly. (A balch oeddan ni i gyd, ar ôl bod ar biga'r drain am fisoedd!) Ac ar ben hynny, mae o newydd gael gwybod y bydd yn rhaid iddo fo ymweld â Chymru'n weddol gyson efo'i job o hyn ymlaen – o leia unwaith bob pum mlynadd, heb sôn am y Cyfarfod Sefydlu yng Nghaernarfon blwyddyn i'r Haf nesa! (Cofiwch chi ddŵad i gyd, rŵan!)'

Roedd dychanu a chwerthin am ben yr awdurdodau Prydeinig yng Nghymru yn rhan annatod o'r ffordd y gwnaeth ef a llawer o ymgyrchwyr y cyfnod ymladd y frwydr. Adroddodd stori wrthyf am wrthdaro rhwng plismyn a phrotestwyr y tu allan i'r Deml Heddwch yng Nghaerdydd, y bore wedi i fom chwalu'r adeilad yn 1967. Soniodd gyda balchder sut iddynt gael "rhywbeth tebyg i *riot* barchus... gyda'r heddlu yn ein lluchio ni o gwmpas a'n harestio ni, ac mi ddaru ni ddifetha eu diwrnod nhw yn llwyr. A dyna'n union oeddan ni isio ei wneud." Wrth adrodd y stori roedd yn dal i chwerthin pwll y môr wrth gofio cael ei hel i'r ddalfa a'r plismyn mewn cynnwrf gwyllt wrth ymateb i alwad ffôn ffug yn dweud bod bom arall wedi ei gosod ger Neuadd y Ddinas.

"A dyma'r ffôn yn mynd yn rhywle a dyma yna ddegau o blismyn fath â'r Keystone Kops yn rhedag allan ac yn gweiddi 'The Town Hall has gone up! The City Hall has gone up!' Ac wrth iddyn nhw i gyd redeg allan, dyma fi'n gofyn eto: 'Look, am I being arrested or not?' Trodd un ataf a dweud: 'Oh, bugger off!'"

Wedi cael ei draed yn rhydd o'r ddalfa ymddangosodd ar y newyddion teledu yn cael ei holi am y brotest, ac am yr Arwisgo:

"Ac mi ges i gymryd rhan mewn rhaglen ar HTV gyda rhyw Gymro o Loegr a ddywedodd petai Cymru yn cael gwared o'r frenhiniaeth, 'We'd be a third rate nation. And Britain would be a third rate nation if we split up', ac mi atebais i: 'Well that's not good enough for me, I want to be a sixteenth rate nation!'"

Yn 1968, yn un o'i areithiau olaf fel Cadeirydd Cymdeithas yr Iaith pwysleisiodd "nad mudiad protest yw Cymdeithas yr Iaith ond mudiad chwyldro" a bod y Gymdeithas yn credu fod rhaid newid y gyfundrefn yn llwyr ac ni wnâi newidiadau bach y tro. Dyna, meddai, oedd un o'r rhesymau dros annog y Gymdeithas i wrthwynebu'r digwyddiad Prydeinllyd fel yr Arwisgo. Gwelai holl brotestiadau Cymdeithas yr Iaith Gymraeg – yr ymgyrch arwyddion ffyrdd, cael statws i'r iaith, y frwydr ddarlledu a gwrthwynebu'r Arwisgo – "fel therapi cenedlaethol a'n bod ni'n ymryddhau o feddylfryd gwasaidd."

Palas Buckingham,
LLUNDAIN.
Ionawr 10fed, 1968.

Annwyl Ffrindia,

Wel a braint geuthon ni ddoe! Pwy ydach chi'n feddwl
alwodd i'n gweld ni? Neb llai na Mr Cledwyn Hughes (Yr
Ysgrifennydd Gwladol Tros Gymru, i roid 'i deitl yn llawn
iddo fo.) Dwad i ddeud wrthan ni sut ma'r trefniada ar
gyfar Cwarfod Sefydlu 'rhogyn Charles 'ma yn 1969 yn dwad
yn i blaen nath o. A balch oddan ni o glwad bod pobol Cymru
i gyd, bob wan jac ohonyn nhw, wedi gwirioni'n lân am y
peth ac yn methu byw yn eu crwyn tan y Diwrnod Mawr.
"Ma pawb yn dileited" medda fo, "Pawb".

"Does yna neb yn meddwl yn bod ni'n mynd i wario gormod
o brês ar yr hogyn a phawb arall yn gorfod cynilo?" medda
fi.

"Ha-ha. Nagoes?" medda Mr Hughes. "Ma hogia'r Swyddfa
Gymreig wedi gofalu am hyn'na. Pan fuo'r sôn cynta am y
Mini Ariwisgo 'ma, mi neuthan nhw ddechra stori i fod o'n
mynd i gostio dros ddwy filiw o bunna. Wel mi fedrwch
feddwl sut oedd rhei pobol cul i meddylia a chybyddlyd a dim
isio i neb gal hwyl, yn rantio ac yn rafio. Ond ddeudon ni ddim
gair, jest disgwl i'r storm dawelu. Wedyn dyma ni'n cyhoeddi
ma dim ond hannar miliwn fydd y cwbwl yn gostio a ma pawb
yng Nghymru wrth i bodda rwan wrth weld Cymru'n cal y fath
anrhydedd am swm mor resymol."

"Ydi'r bomiwrs wedi'u plesio?" medda fi.

"Y Be. Pwy."

"Y bomiwrs," medda fi eto.

"Pa fomiwrs" medda fynta'n ddiniwc

"Wel y dynion 'ma sy'n mynd o gwmpas Cymru'n chwthu
petha'i fyny. Mi dach chi'n gwbod yn iawn am bedwi'n sôn.
Mi neuthon nhw ryw ddifrod mawr i'r neuadd honno Nghaerdydd
y diwrnod nw oeddach chi a Tony gŵr yn chwaer yn mynd i
siarad yni.

133

Llythyr oddi wrth Y CWÎN

Mehefin 11eg, 1969   Plas Buckingham,
                                      LLUNDAIN.

Annwyl Ffrindia,

    Sut ydach chi i gyd ers deufis? Ar i fyny, gobeithio, fel
'rydan ninna yma. 'Rydan ni i gyd wedi ecseitio'n lân wrth feddwl fod
Y Diwrnod Mawr mor agos rwan, a wir i chi, 'rydw i jest wedi cynhyrfu
gormod i ddal y feiro ma'n iawn i sgwennu atoch chi. Ond cyn mynd dim
pellach, rhaid imi ddeud gair wrth y cannoedd ohonach chi sgwennodd atai
i holi sut oedd yn llaw i, ag i ddymuno adferiad buan imi. Diolch yn fawr
ichi gyd. Allai fyth obeithio gyrru atab i bob un ohonach chi, yn enwedig
a finna mor brysur ar hyn o bryd, felly mi ddeuda i "Thank you very
much" yn fan hyn rwan, a gobeithio newch chi fadda imi. Ma'n llaw i
wedi dwad ati hun yn reit ddel erbyn hyn ond bod y doctor wedi rhoid
gorchymyn pendant imi beidio ag ysgwyd llaw efo neb yn ystod y tri mis
nesa. "Ond Doctor bach," medda fi (un o Mynydd Llandygai ydi o),
"cofiwch bod Cwarfod Sefydlu Charles yng Nghaernarfon dechra July,
fydd raid imi ysgwyd llaw efo pobol yn fanna, ne dwn i ddim be fyddan
nhw'n feddwl ohonai. Mi fydd yna ugeinia os nad cannodd o bobol yn siwr
o ddwad atai i'n llongyfarch i, a mi fyddan yn fy ngweld i'n fam ryfadd
iawn os nad ysgwyda i law efo nhw."
    "Wel, cariad," medda'r meddyg, "rhaid imi'ch rhybuddio chi y
gallwch chi neud niwad mawr i'ch llaw os na thorrwch chi i lawr yn gyfan
gwbwl ar yr ysgwyd llaw ma am dri mis o leia. Y ffor da chi wedi bod yn
i hysgwyd hi dros y pymthag mlynadd dwytha, dwi'n synnu bod gynnoch
chi law ar ôl. Does yna ddim ond un peth amdani, rhaid ichi gal
"artificial limb" ar gyfar y Cwarfod Sefydlu ma da chi'n sôn amdano fo.
Mi geith y National Health dalu, felly chostith o ddim ichi."
    Wel mi ddechreuis i wisgo'r llaw osod rwsnos dwytha, er mwyn imi
gal marfar efo hi. Ma pobol wedi bod yn edrach yn reit ryfadd arna'i a
nhair llaw pan dwi di bod yn siopa ag ati, ond fel deudodd y gŵr ma, ma
iechyd yn bwysicach na be ma pobol yn feddwl yn tydi?
    Mi ddath Charles adra dros y Sul i chwara dros Brifysgol Caer-
saint yn erbyn Rhydochain. Rhydochain nath ennill, ma arnai ofn, a gêm
giami iawn gath Charles yn ôl be oedd i dad o'n ddeud, ne'i weiddi, sy'n
nes ati. Welis i mono fo mewn cimint o dempar ers pan gath o lythyr gin
rhyw hen hogia bach powld o Ben Llŷn, yn gofyn gaen nhw fedal aur gynno
fo am roi paent gwyrdd ar seins lôn rhwng Llanengan a Llangian! Dwi'n
dalld dim am bolo wchi, felly tydw i ddim yn gymwys o gwbwl i roid barn
ar sut oedd o, Charles, yn chwara, ond mi roedd y gŵr ma'n gyn-ddeir-
iog! Wel, y ffor oedd o'n gweiddi ag yn cega ar yr hogyn, on i'n meddwl
yn siwr i fod o'n mynd i gal ffit! "Wel be mae o'n neud o le, raur?"
medda fi.
    "Bob peth," medda'r gŵr a hannar tagu ar fechdan ŵy. "Bob
b**** peth. Mi fasa Cynan ar gefn bwch gafr yn chwara'n well na fo!

Roedd yn galonogol bod Cymru'r cyfnod, meddai, am unwaith yn ei hanes, yn ymdebygu i wledydd eraill oedd yn ymladd am eu rhyddid – gyda gweithgareddau tanddaearol, gwrthdystiadau cyhoeddus a phlaid gymedrol ganol y ffordd. Ac roedd yn fawr ei edmygedd o'i gyfaill John Jenkins, a arweiniodd ymgyrch MAC yn y Chwedegau.

"Yn bersonol roeddwn i'n gweld sefyllfa yn datblygu yng Nghymru oedd yn debyg i'r hyn roeddech chi'n ei weld mewn trefedigaethau eraill. Sef bod ganddoch chi dair carfan a dweud y gwir; y blaid gyfansoddiadol, y mudiad a'r fyddin danddaearol a myfyrwyr yn protestio. A bod yna gyd-ddealltwriaeth rhyngddyn nhw. Roedd y bomiau i gyd, at ei gilydd, yn gysylltiedig â Thryweryn a boddi cymoedd Cymru, ac roedd hynny'n bwysig. Roedden ni'n ei gweld yn bwysig bod y Gymdeithas yn parhau'n ddi-drais."

Dadleuodd mai o'r tair elfen hon – y protestiadau di-drais, llwyddiannau etholiadol Plaid Cymru ac ymgyrch fomio MAC – "y deilliodd yr holl ddatblygiadau cadarnhaol ynglŷn â'r iaith a welwyd yn ystod yr hanner canrif diwethaf."

Adlewyrchwyd ei ymrwymiad gwleidyddol yn ei weithiau creadigol, a gwnaeth hynny mewn ffordd gynnil a chrafog yn aml. Mae yna elfennau dychanol eglur yn y llyfr enillodd wobr Llyfr y Flwyddyn iddo yn 2008, *Y Proffwyd a'i Ddwy Jesebel*, ac yn ei y nofel *Teleduwiol* sy'n gwatwar efengylwyr Cristnogol rhagrithiol byd y cyfryngau Cymraeg. I mi mae'r dychan a'r sylwadaeth wleidyddol ar eu gorau mewn tair nofel arall o eiddo Gareth, sef *Trefaelog*, *Y Lleidr Da* a *Cuddwas*.

Yn *Trefaelog* (1989) rhoddir portread o berchennog plasdy, Goronwy Kyffin; lleoliad a chymeriad nid yn annhebyg i Garthewin, Sir Ddinbych lle rhoddodd Robert Wynne – perchennog cenedlatholgar y plasty – lwyfan i ddramâu Saunders Lewis yn y Pumdegau. Cynrychioli hen genedlaetholdeb geidwadol uchelwrol y mae Kyffin, a gwrthgyferbynnir hynny gyda brwydr gweithwyr hufenfa Plas Trefaelog. O'r tensiynau rhwng y ddwy wedd ar frwydr Cymru y cyfyd digwyddiadau'r nofel; a gwelir mai mewn brwydro ac ymgyrchu heddiw, nid galaru am yr hyn a gollwyd, y mae gobaith. Fel dywed Gerwyn, prif gymeriad y nofel: "Ma 'na ddigon yn digwydd: llosgi tai haf, yr ymgyrch deledu, glowyr a gweithwyr dur yn bygwth streicio... i fod yn optimistaidd fod yna ddyfodol i Gymru."

Fel *Trefaelog*, a sawl un o'i weithiau creadigol eraill, mae *Y Lleidr Da* (2010), ar ryw lefel, yn rhan o ddeialog neu ddilechdid gyda Saunders Lewis, a dyfyniad o ddrama *Cymru Fydd* yw epigraff y nofel. Roedd Saunders Lewis yn ffigwr ffurfiannol iddo, nid am ei fod yn cytuno ag ef bob tro, i'r gwrthwyneb. Fel Marcsydd o argyhoeddiad yn byw ym Mhontypridd roedd ar ben arall y sbectrwm syniadol i'r Catholig o Benarth. Eto i gyd, fyth ers darllen *Paham y Llosgasom yr Ysgol Fomio* gan Saunders Lewis a Lewis Valentine pan oedd yn ifanc, ymlaen i ddyddiau darlith radio 'Tynged yr Iaith' a sawl cyfarfod arall a gafodd gydag ef wedyn, roedd yn fawr ei edmygedd ohono:

'Nid yw fy mharch at Saunders Lewis na'm hedmygedd o'i ddysg, ei ddeallusrwydd a'i wroldeb wedi lleihau o gwbl yn ystod yr hanner canrif diwethaf, er fod fy ymateb i'w waith fel llenor, dramodydd a gwleidydd yn fwy beirniadol.'

Disgrifiodd ddarllen pamffled Saunders ar y Tân yn Llŷn fel agoriad llygaid. Gweithredu uniongyrchol oedd y ffordd ymlaen. "Roedd fel rhyw weledigaeth, rhyw epiffani fel tae, ac ro'n i'n gweld mai dyma'r ffordd iawn. Dyma'r ffordd i wneud... mater o hunan-barch ydi o, dw i'n meddwl."

Yn *Lleidr Da* dychmygir Dei Wynne Davies, fel rhyw frawd ysbrydol i Dewi, prif gymeriad *Cymru Fydd*. Yn wahanol i Dewi yn y ddrama, nid dewis lladd ei hun ar ôl byw ar herw y mae Dei, 'Lleidr Da' y nofel; ond yn hytrach creu gyrfa lwyddiannus i'w hun fel lleidr proffesiynol.

Mae'r nofel yn bortread dychanol o ragrith a methiannau'r bwrgeisfyd Cymraeg.

Nofel antur gyffrous yw *Cuddwas* (2016) ar un wedd, yn adrodd stori heddwas yn treiddio i fudiadau gwleidyddol, fel rhyw fath o 'Spycop' Cymraeg. Ond mae hi hefyd yn archwiliad treiddgar a dychanol o'r ffawtlin rhwng Prydeindod a Chymreictod, sy'n rhedeg drwy gymeriad Cymro o gefndir dosbarth canol Cymraeg Caerdydd fel y plismon cudd Elwyn Lloyd-Williams. Stori eang ei chynfas yw hi hefyd, gan symud yn gyflym a chyffrous o Gymru i Wlad y Basg ac yn ôl.

Ynddi ceir portread o frwydr genedlaethol y Basgiaid, a gwrthgyferbynnir y Basgiaid – sy'n dipyn mwy o ddifri am eu brwydr genedlaethol – gyda diniweidrwydd y cenedlaetholwyr yng Nghymru. Ar yr wyneb, aelod nodweddiadol o'i ddosbarth yw Elwyn, ac mae'r ddeuoliaeth sydd ynddo o ran teyrngarwch a hunaniaeth yn gyffredin i ddwsinau o Gymry da tebyg sy'n gweithio i sefydliadau'r wladwriaeth Brydeinig, neu sy'n cyfrannu at y drefn honno yng Nghymru. Y bobl hynny, chwedl Gareth yn un o'i areithiau gwleidyddol, "sy'n Gymry da ac yn Brydeinwyr gwell". Pobl sydd mewn gwirionedd, trwy wendid neu lwfrdra eu dosbarth, yn tanseilio'r union bethau y maent yn honni eu hamddiffyn – pobl y bu Gareth yn eu dychanu yn ei ysgrifennu o ddyddiau *Lol*, a *Tafod y Ddraig* i'w ddramâu a'i nofelau diwethaf.

Daliai yn gyson yn ei gred bod angen newid sylfaenol ar gymdeithas ac economi Cymru er mwyn achub y Gymraeg. Cyfalafiaeth ryngwladol ddilyffethair oedd gelyn y Gymraeg a Chymru. Meddai yn 2012:

'Nid wyf yn meddwl fod modd i'r Gymraeg oroesi am yn hir iawn yn yr unfed ganrif ar hugain heb rywbeth tebyg iawn i chwyldro; heb Senedd gref yn meddu hawliau economaidd, trethiannol a deddfwriaethol cyflawn, gan gynnwys yr hawl i reoli mewnfudiaeth i'n gwlad ac i gyfeirio diwydiannau a swyddi gweinyddol i gadarnleoedd yr iaith.'

Yn ogystal â Saunders Lewis, roedd meddyliwr mawr arall yn uchel ei barch ganddo. Antonio Gramsci oedd hwnnw, y Comiwnydd o Sardinia, a garcharwyd gan lywodraeth Ffasgaidd Mussolini yn yr Eidal yn y 1930au. Athronydd Marcsaidd oedd Gramsci a'i gyfraniad mawr yw'r cysyniad o 'hegemoni', sef y ffordd y mae dosbarthiadau llywodraethol yn rheoli trwy gyfrwng diwylliant, yn ogystal â grym mwy amrwd heddluoedd a byddinoedd. Un o ddywediadau enwocaf Gramsci yw'r un am besimistiaeth y deall ac optimistiaeth yr ewyllys.

Ar ddiwedd ein sgwrs am yr Arwisgo, gan gyfeirio at y Cymro a'r gŵr o Sardinia, crisialodd Gareth ei deimladau am ddyfodol Cymru a sut y dylem ddyfalbarhau, peidio ildio i hawddfyd anobaith fel rhybuddiodd Saunders, a dilyn cyngor Gramsci o lynu at besimistiaeth y meddwl ond optimistiaeth yr ewyllys. O weld sefyllfa Cymru a'r byd heddiw, mae ei eiriau gredaf i, yn fwy perthnasol nag erioed:

'Does neb yn gallu rhagweld y dyfodol, ac mae gwneud safiad dros egwyddor yn bwysig ac yn ennill parch. Beth y mae pobl eisiau yn fwy na dim, yw safbwynt sy'n ddealladwy ac yn herio'r drefn mewn ffordd adeiladol. Fel mae Saunders Lewis, y cenedlaetholwr Catholig Cymreig ac Antonio Gramsci y Comiwnydd o Sardinia yn ei ddweud: os wyt ti'n torri dy galon, ac yn rhoi'r gorau i'r frwydr, wnei di fyth ennill. Os wnei di ddal ati mae'n bosib y byddi di'n ennill; os wnei di ddim, rwyt ti'n bownd o golli.'

Agor Cil y Drws

Betsan Llwyd

Y tro cyntaf i mi gwrdd â Gareth oedd yn 1984, pan wnes i actio yn ei ddrama *Ffatri Serch* i Gwmni Hwyl a Fflag, gyda Gruffudd Jones yn cyfarwyddo. Wedi hynny bûm yn actio mewn cyfres gomedi ganddo ar gyfer HTV, *Cyfyng Gyngor*; y ddau gynhyrchiad, wrth gwrs, yn canolbwyntio ar wleidyddiaeth ac anghyfiawnder cymdeithasol, ond wedi eu sgwennu mewn arddull ffraeth, adloniannol.

Ychydig amser wedyn roedd Gareth eisiau cwrdd i holi a fyddai gen i ddiddordeb yn y syniad oedd ganddo i gychwyn cwmni drama gwleidyddol, megis yr hyn oedd Bertolt Brecht wedi ei wneud. Mae caneuon yn rhan greiddiol o ddramâu Brecht wrth gwrs, a dyma fi'n dweud wrth Gareth nad oeddwn i'n hyderus iawn gyda hynny. Gofynnodd a oeddwn i wedi clywed am Lotte Lenya erioed – doedd hithau ddim yn gantores draddodiadol – a daeth â chasetiau ohoni yn canu i mi ddeall yr hyn oedd ganddo. Dyna sut ddysgais i amdani, a dysgu mwy am grefft Brecht a'r ethos oedd tu ôl i'w weledigaeth ar gyfer theatr a chymdeithas. Dyma fyddai Gareth yn ei wneud: agor cil y drws ar bethau ac ysgogi chwilfrydedd er mwyn mynnu bod rhywun yn ymchwilio a darganfod rhagor.

Pan ges i 'mhenodi yn Gyfarwyddwr Artistig Cwmni Bara Caws, Gareth oedd un o'r rhai cyntaf i gysylltu â mi i holi a fyddai'r cwmni yn ystyried cyflwyno addasiad Cymraeg o *Le Dieu du Carnage* gan Yasmina Reza – doedd dim angen gofyn ddwywaith – a dyma lwyfannu *Llanast!* yn 2013 ac eto yn 2014. Mae'r ddrama'n canolbwyntio ar ddau bâr o rieni sy'n cwrdd i drafod ymddygiad eu plant, gan fod un ohonynt wedi brifo plentyn y llall mewn parc. Ar y cychwyn, mae'r pedwar rhiant yn ymddwyn yn ddigon bonheddig, ond wrth i amser fynd heibio, maent yn mynd

yn llawer mwy plentynnaidd, ac mae chwarae'n troi'n chwerw. Dal drych mae Reza o flaen y gynulleidfa gyda'r awdur yn archwilio'r bwlch sy'n bodoli rhwng ein hunaniaeth go iawn a'n wyneb cyhoeddus. Cyfieithu o'r Ffrangeg gwreiddiol oedd Gareth, a daeth hyn yn rheol gan Bara Caws, na fyddai'r cwmni yn cyfieithu dramâu o'r Saesneg, ond o ieithoedd eraill yn hytrach. Cofiaf deithio i Bontypridd i drafod yr addasiad yn ei swyddfa yno oedd yn llawn llyfrau a phapurau driphlith draphlith. Byddem yn mynd drwy'r sgript linell wrth linell, ac weithiau byddwn i'n tynnu sylw at rywbeth nad oedd yn gwbl glir i mi – drwy ryw wyrth roedd gen i ddigon o Ffrangeg i fedru cwestiynu ambell benderfyniad. Estynnai Gareth am ei eiriadur, gan duchan, ond o bryd i'w gilydd, byddai'n derbyn fy mhwynt! Mae Bara Caws yn ail-lwyfannu *Llanast!* eleni.

Atgof arall sydd gen i yw actio'r Dduges yn *Duges Amalffi*, gyda Chwmni Hwyl a Fflag, addasiad Gareth o ddrama gan John Webster a berfformiwyd gyntaf ym 1641. Mae'n ddrama ddigon heriol wedi ei seilio'n fras ar ddigwyddiadau gwir pan briododd y Dduges yn gyfrinachol efo'i chariad wedi marwolaeth ei gŵr cyntaf. Mae'n drasiedi sy'n ymdrin â dial sydd wedyn yn arwain at drais a dychryn. Gruffudd Jones oedd yn cyfarwyddo, ond roeddem i gyd yn cael trafferth i ddilyn llinyn yr Ail Act, felly yn y diwedd, ffoniais Gareth. Beth oedd rhaid ei gofio, wrth gwrs, oedd bod barn a gweledigaeth Gareth ar y byd yn hollbresennol yn ei waith, ac wrth i mi ddychwelyd i ddarllen y ddrama wreiddiol roedd ôl meddwl a bwriad Gareth yn gwbl glir. Roedd gweithio gydag o bob tro yn gwneud i rywun feddwl ac edrych ar bethau mewn golau newydd.

Yn ddiweddarach llwyfannwyd ei addasiad o *Hunllef yng Nghymru Fydd* yn Llancaiach Fawr, gan gwmni Dalier Sylw; cyflwyniad safle-penodol eithriadol.

Tua 2020, roedd y ddau ohonom ar banel trafod yn yr Eisteddfod – o dan gadeiryddiaeth Hazel Walford Davies – lle roeddem yn trafod gwaith Saunders Lewis, a finna'n synnu mor hynod feirniadol oedd Gareth o waith Saunders. Dyna ddysgu rhywbeth newydd eto ganddo!

Teg dweud nad o'n i'n ymdroi yn y byd gwleidyddol o fath yn y byd, ond Gareth agorodd fy llygaid i bosibiliadau'r theatr wleidyddol, a dwi'n dal i feddwl tybed beth fyddai fy hanes petai'r cwmni y breuddwydiodd Gareth amdano wedi cael ei wireddu.

Ymlyniad Dewr

Emyr Llywelyn

Gan fod fy nghof am y gorffennol yn fylchog ac annelwig, rhaid oedd i mi droi at gyfrol Gwilym Tudur, sef *Wyt ti'n Cofio?* – sy'n rhoi hanes cynnar Cymdeithas yr Iaith – i brocio'r cof am Gareth. Yn y dyddiau cynnar hynny, roedden ni i gyd yn unfryd i newid y byd a chreu Cymru Gymraeg newydd, ac yn achos Gareth – y Gymru Gymraeg Farcsaidd newydd.

Mae brawddeg olaf paragraff cyntaf y gyfrol yn crynhoi'r holl fwrlwm ar ôl darlith radio Saunders Lewis yn 1962, sef 'Tynged yr Iaith':

'Daethai mor amlwg â'r Aran Fawddwy, bellach, fod angen mwy nag etholiad achlysurol i achub yr iaith Gymraeg...'

Tyfasai dicter yn rhengoedd Plaid Cymru. Wedi gweld malu Capel Celyn y werin Gymraeg, a'r ymbil ofer ar strydoedd Lerpwl, clywed bod Birmingham yn hawlio Clywedog! A'r hen Blaid yn ddi-rym. Yn wir, roedd y mudiad yn hollti, a chwith a de yn erbyn y canol...

Fel y dywed Gwilym Tudur eto,

'Yn y colegau, gwelwyd rhyw ddeffro. Wedi i griw Bangor gychwyn *Y Dyfodol* [papur myfyrwyr] annibynnol, daeth *Llais y Lli* i Aberystwyth; a changhennau Plaid Cymru yn y dref a'r coleg ger y lli oedd canolbwynt yr anniddigrwydd gwleidyddol ... Beiblau'r rhai 'iach' oedd *Tân yn Llŷn* a *Chofiant Emrys ap Iwan* ... Yna daeth y Ddarlith ar Chwefror 13, i roi cyfeiriad annisgwyl i fywyd coleg a difrifoldeb i'r mwydro tafarn...

...lledaenodd y trafod ar yr angen am fudiad iaith, ac o'r tu mewn i Blaid Cymru yn Aberystwyth y daeth symud. Roedd Gareth Miles wedi digwydd cael dirwy, ar Chwefror

28, am gario ffrind ar far ei feic yn Ionawr. Cafodd gefnogaeth cangen leol y Blaid i wrthod mynychu'r llys ar wŷs Saesneg fis union yn ddiweddarach. Yna dewisodd noson yn y ddalfa ar Fai 8, a thynnodd y llys drannoeth eu puntan o'i boced.'

Yna daeth y cyfarfod a arweiniodd at sefydlu Cymdeithas yr Iaith. Daeth y Gymdeithas i fodolaeth oherwydd methiant y Blaid i weithredu dros achub yr iaith Gymraeg a'i chymdeithasau. Dyma'r cofnod pwysig yn *Wyt ti'n Cofio?* yn esbonio genedigaeth Cymdeithas yr Iaith – iawn yw bod cof a chofnod i ni heddiw am y sylfaenwyr:

'Aeth y gangen [Aberystwyth] â chynnig i gynhadledd y Blaid ym Mhontarddulais yn cefnogi achos Miles drwy ymgyrch i ennill gwysion Cymraeg. I drefnu'r ymgyrch honno daeth dwsin at ei gilydd yno, yn yr ysgol uwchradd ar Awst 4… Eu henwau oedd Cynog Davies, Hywel Davies, Robert Griffiths, Neil Jenkins, Geraint Jones, Handel Jones, Elizabeth a Phillip Lloyd, Gareth Miles, Rhiannon Silyn Roberts, a'r cynigwyr, Tedi Millward a John Davies. Etholwyd y ddau olaf ysgrifenyddion, i lythyru ag ynadon Aberystwyth a threfnu 'gweithgarwch pellach' os na cheid gwŷs Gymraeg yno.'

Yn anffodus daliodd y Blaid i geisio pwyso ar y Gymdeithas i ymatal rhag gweithredu. Meddai Gwilym Tudur (ar dudalen 21, *Wyt Ti'n Cofio?*):

'Rhoes y Gymdeithas ifanc ei gobaith pennaf ym Mhwyllgor David Hughes Parry.'

Roedd Syr Ifan Edwards wedi annog y Gymdeithas i oedi gweithredu tan fyddai Adroddiad Hughes Parry yn cael ei gyhoeddi.

Creodd hyn dyndra o fewn pwyllgor y Gymdeithas rhwng y rhai oedd o blaid oedi a'r elfen oedd am weithredu ar unwaith. Digwyddodd Protest Pont Trefechan oherwydd i gnewyllyn bach beidio bodloni ar roi posteri ar y Swyddfa Bost yn unig, ond mynd i Bont Trefechan – yn groes i ddymuniad y swyddogion – dan arweiniad Gwilym Tudur a chnewyllyn o fyfyrwyr Aberystwyth a chriw o fyfyrwyr Bangor oedd wedi teithio i'r brotest.

Yn Nhachwedd 1965 trefnwyd protestiadau di-drais yn erbyn y Swyddfa Bost. Croniclodd Cynog y modd yr oedd trais yn erbyn aelodau a pherygl i aelodau gael eu pryfocio wedi dechrau creu tyndra ymhlith y Pwyllgor Canol. Ar ddudalen 36 o *Wyt ti'n Cofio?*, meddai:

> 'Doedd y mudiad ar awr ei dyfiant ddim yn rhydd oddi wrth ymraniadau mewnol. Wrth edrych 'nôl mae'n bosibl gweld bod tyndra rhwng yr elfennau petrusgar, gofalus, 'cymedrol' a'r rhai mwy beiddgar-radicalaidd a oedd am finiogi a lluosogi'r gweithgareddau tor-cyfraith. Yn anffodus, cymysgwyd yr anghytundeb yma a'r ddadl bwysicach ynglŷn a'r dull di-drais o weithredu...'

Er gwaethaf y tyndra parhaodd y Gymdeithas i brotestio fel uned fel y gwelir oddi wrth y llun o Gareth, Neil ap Siencyn ac Elidir Beasley mewn rali lle hawliwyd am y tro cyntaf sianel deledu a sianel radio Gymraeg. O dan y llun hwnnw fe welir Gareth ac arweinwyr eraill mewn dirprwyaeth wyneb yn wyneb ag Alun Talfan Davies, Pennaeth BBC yn gosod y ddadl dros ofyn am sianel deledu a sianel radio Gymraeg.

Yn 1965 mae Gwilym Tudur yn cofnodi:

> 'O'R DIWEDD gwelsom Adroddiad Hughes!... Dyfeisiwyd egwyddor gyfrwys 'dilysrwydd cyfartal'... Ond nid oedd am orfodi awdurdodau i ddefnyddio'r Gymraeg...'

Fe ddaethon ni yma i Gaerdydd heddiw i brotestio yn-erbyn y gwasanaeth gwarthus y mae'r B.B.C., yn ei roi-i'r iaith Gymraeg. Ein nod n' yw sicrhau i Gymru wasanaeth radio a theledu annibynnol. Rydyn ni eisiau gweld rhoi sianel gyfan i raglenni yn yr iaith Gymraeg — a hynny ar y radio ac ar y teledu.

Araith Emyr Llewelyn F 23/5

BLE'R EI DI, TWM PENCEUNANT?
Gwilym Tudur

Roedd y parti'n mynd yn dda, y poteli'n wacach a chriw'r Gymdeithas yn llawnach, a'r gwirioneddau'n mynd yn fwy. Yn Nhroed-y-rhiw yr oedden ni, yn nhŷ bach (h.y. bychan) Robat ac Enid Gruffudd yng nghanol Tal-y-bont erstalwm. Mae'n siwr mai tua 1968 oedd hi, achos record enwog Côr Godre'r Aran oedd ymlaen ar y pryd — a'r flwyddyn ddilynol byddai'r côr dan gwmwl yr Arwisgo, yn rhanedig ac yn gabledig.

Yn sydyn, ar drawiad rhyw ymchwydd Tom Jonesaidd gorfoleddus, dyma waedd ofnadwy o galonrwygol—"A-a-a-a-a!" Robat. Yn neidio ar ei draed hefyd, yn wyllt. Duwcs. Wedi cael diwygiad? Na. Rhuthro i'r cefn wnaeth o. Y bîb efallai. Na. Rhuthrai yn ôl o'r cefn, yn cario tun paent anferth a brws paent mawr fel brws closet. Diflannodd drwy'r drws ffrynt ac allan! O wel.

Roedd yr hen gôr mewn llesmair o grescendo, yn dyrnu'r cwpled olaf un— *Am nad oedd gwyrthiau'r ARGLWYDD .. a dyma Robat eto, yn rhuthro'n ei ôl drwy'r drws . . Ar lannau'r Fenai . .* yn deifio am ei soffa ac am ei beint, ag ochenaid fuddugoliaethus *.. DLAWD!!*

Esgob. Eglurhâd plîs. "Y *Scenic Route!*" meddai Robat. "Odd *raid* i fi beintio'r *Scenic Route* ffernol eto, cyn i'r bois bennu'r gân."

Cael ar ddeall, o'r diwedd, bod yna arwydd ar ganol sgwâr Tal-y-bont, yn cyfeirio i fyny am Nant-y-moch fforna. Ac ers iddo ddod yno i fyw, roedd Robat wedi ei beintio ddwywaith, a'r Cyngor wedi ei beintio deirgwaith. Felly roedd y sgôr yn gyfartal unwaith eto.

Wn i ddim beth oedd y sgôr derfynol. A waeth i chi heb â mynd i chwilio am yr arwydd chwaith. Dydi o ddim yno o gwbwl rwan, siŵr iawn.

Ennill yr arwydd 1af wedi gweithred y myfyrwyr, campws Penglais. Nid yw yntau yno bellach Ll 29/10

Rali 1af y Sianel: Gareth Miles, Neil Jenkins, Elidir Beasley, Richard Morris Jones, Manon Davies, Catherine Watkin yn arwain y Ddeiseb i'r BBC, Caerydd 11/5 (d.g. G.M.) Isod: WM 8/5, ac Aneirin Talfan Davies yn amddiffyn y Bîb wrth Miles, Jenkins ac Emyr Llewelyn. (d/g G.M.)

5,000 want Welsh radio, TV channels

A petition containing more than 5,000 signatures calling for Welsh language television and radio channels will be handed in to the BBC Wales headquarters in Cardiff on Saturday after a march through the capital by the Welsh Language Society.

IAITH PLANT CEREDIGION

newid. Ddeunaw mlynedd yn ôl y Gymraeg oedd iaith gyntaf tri-chwarter (77 y cant) o blant ysgolion cynradd y sir. Yn ôl arolwg manwl a wnaed yn ddiweddar gan Mr. D. G. Williams ar ran y Pwyllgor Addysg, 53 y cant oedd y ffigur yn 1967

Iaith y rhieni	Iaith gyntaf y plant Cymraeg	Saesneg	Cyfanrifoedd
Y ddau'n medru'r Gymraeg	2366	275	2641
Un yn medru'r Gymraeg	145	844	989
Y ddau'n ddi-Gymraeg	7	1140	1147
Cyfanrifoedd	2518	2259	4777

Mae'r ffigurau'n ddigon huawdl heb i ni ymhelaethu. Ni chodwir mo'r Gymraeg yn iaith fyw yng Ngheredigion (mwy nag mewn unrhyw sir arall erbyn hyn) heb bolisi addysg cwbl chwyldroadol, a hynny ar frys gwyllt. Nid mater i

Llwyddo i agor llygaid y Cyngor i'r mewnlifiad yn y *Welsh Lang. Survey*, y dadansoddiad 1af o'i fa B 7/68 Isod: teulu prin a Gardis cefnogol.

Aeth y Gymdeithas drwy gyfnod anodd ac mae Gwilym yn cofnodi i mi drefnu 'Streic Lwgu' gyda 'phedwar anghymharus', sef John Daniel, Geraint Jones, Gareth Miles a minnau. Yn ôl Gwilym:

> 'Y Streic Lwgu hon oedd y gyntaf hyd y gwn, dros unrhyw iaith Geltaidd.'

Cafwyd caniatâd i gynnal yr ympryd yn 'Garth Newydd' sef cartref Harri Webb ym Merthyr gyda Neil ap Siencyn yn gofalu amdanon a'r meddyg Dr Harri Pritchard Jones yn cadw llygad arnon ni drwy brofion dyddiol.

Priodol yw gorffen gyda sylwadau Gareth am yr Arwisgo, sy'n profi ei ymlyniad dewr ar hyd ei fywyd at egwyddorion Sosialaidd ac at frwydr yr iaith. Mae ei eiriau yr un mor berthnasol heddiw ag erioed ac yn dangos ei ymlyniad diwyro at yr iaith:

> 'Mae gwneud safiad dros egwyddor yn bwysig ac yn ennill parch. Beth y mae pobl eisiau yn fwy na dim yw safbwynt sy'n ddealladwy ac yn herio'r drefn mewn ffordd adeiladol. Fel y mae Saunders Lewis, y cenedlaetholwr Catholig Cymreig ac Antonio Gramsci y Comiwnydd o Sardinia yn ei ddweud: os wyt ti'n torri dy galon, ac yn rhoi'r gorau i'r frwydr, wnei di fyth ennill. Os wnei di ddal ati mae'n bosib y byddi di'n ennill. Os wnei di ddim, ti'n bownd o golli.'

Cyfraniad Gareth Miles i'r undebau

Ceri Williams

Bu Gareth Miles yn weithgar dros undebau am gyfran helaeth o'i oes. Pan oedd yn athro yn y gogledd yn yr 1970au roedd yn aelod selog o UCAC (Undeb Cenedlaethol Athrawon Cymru). Rhwng 1976 ac 1982 bu'n drefnydd cenedlaethol iddynt. Yna, aeth i weithio'n llawn amser fel sgriptiwr a dramodydd a bu'n hynod weithgar fel swyddog undeb yn y maes hwnnw hefyd: rhwng 1984 a 2016 bu'n weithgar dros Undeb yr Ysgrifenwyr a bu'n aelod triw ohonynt tan ddiwedd ei oes.

Penodwyd Gareth yn drefnydd llawn amser i UCAC yn 1976, a phryd hynny un o brif amcanion yr undeb oedd mynnu hawliau i'r Gymraeg – ac yn benodol ehangu'r ddarpariaeth o addysg Gymraeg. Roedd Gareth yn ganolog i'r ymgyrchoedd yma. Roedd hefyd am i UCAC fod yn undeb fwy diwydiannol, ac yn 1977, yn fuan wedi iddo ddechrau ar ei swydd fe gofrestrwyd UCAC fel undeb llafur swyddogol.

Roedd am weld yr undeb yn amddiffyn hawliau ei aelodau fel athrawon ac fel gweithwyr. Rhoddodd asgwrn cefn gwleidyddol i'r undeb – nid trwy bregethu ond trwy gyflwyno cysyniadau sosialaidd.

Enghraifft o hyn oedd ei awydd i UCAC ymaelodi efo'r TUC, sef sefydliad ar y cyd i'r holl undebau. Llwyddodd yr ymgyrch hon yn y pen draw yn 1995 – ymhell ar ôl i Gareth adael, ond i'w fawr lawenydd.

Codwyd statws UCAC yn ystod cyfnod Gareth yn drefnydd. At hynny, daeth â phersbectif rhyngwladol i'r undeb ac roedd yn arweinydd naturiol.

Yn 1982, sefydlwyd S4C a phenderfynodd UCAC symud ei swyddfa i Aberystwyth. Yn sgil y newidiadau hyn, penderfynodd Gareth symud ymlaen i gychwyn ar ei yrfa lwyddiannus fel awdur llawn amser.

Fe ymunodd Gareth ag Undeb yr Ysgrifenwyr mewn gorymdaith i gefnogi'r glowyr yn ystod Streic 1984-85.

Yn sgil sefydlu S4C bu cynnydd yn y cyfleon i ddramodwyr ac actorion Cymraeg. Gallai sgriptwyr weld fod yr undeb Equity yn cynrychioli actorion yn broffesiynol ac roeddynt o'r farn fod angen rhywbeth tebyg arnynt. O fewn dim i hynny, fe sefydlodd Gareth bwyllgor Cymru o Undeb yr Ysgrifenwyr, ar y cyd efo Sion Eirian a T. James Jones.

Gareth oedd cadeirydd cyntaf pwyllgor Cymru. Roedd gwaith y pwyllgor yn ymwneud â materion cytundebol. Roedd yn waith technegol iawn. Gareth hefyd, am sawl blwyddyn, oedd cynrychiolydd Cymru ar brif bwyllgor yr undeb yn Llundain.

Bu hefyd yn cynrychioli Undeb yr Ysgrifenwyr yng nghynhadledd TUC Cymru. Roedd yn awyddus i weithio ar draws ffiniau ac i gysylltu ag undebau eraill. Felly, hefyd, fe fynychai bwyllgor Cymreig Ffederasiwn yr Undebau Adloniant. Yn nhyb aelod arall o'r pwyllgor, "Llais call oedd gyda Gareth yn ein holl drafodaethau undebol. Call ond yn filwriaethus."

Roedd ochr gymdeithasol yr undeb hefyd yn bwysig i Gareth, gyda diod fach wedi pob cyfarfod misol. Yn wreiddiol, yn St Peter's Club ar Newport Road, Caerdydd byddai'r grŵp yn cyfarfod, cyn symud i ganolfan celfyddydau Chapter ar ochr arall y ddinas.

Bob Nadolig byddai siaradwyr gwadd o Gymru a thu hwnt. Roedd rhain yn cynnwys y dramodydd enwog David Edgar, y cyhoeddwr Robat Gruffudd, cynhyrchwyr teledu fel Phil George ac aelodau seneddol o Fae Caerdydd a San Steffan.

Roedd yr elfen gymdeithasol yn bwysig oherwydd roedd yna dueddiad i sgwen wyr weithio adref ar eu pennau eu hunain, ymhell cyn bod hyn yn gyffredin i weithwyr eraill.

Mae'r cyfarfodydd misol yn parhau o hyd, ddeugain mlynedd yn ddiweddarach. Erbyn hyn maent ar-lein a gall aelodau o bob rhan o Gymru fynychu a chyfrannu.

Does dim dwywaith y byddai pethau'n ganmil gwaeth i sgriptwyr teledu yng Nghymru heb waith Gareth ac eraill ar bwyllgor Cymru Undeb yr Ysgrifenwyr. Sylfaen eu gwaith oedd gosod cytundebau yn eu lle i warchod pob sgriptiwr. Cyn gynted ag oedd cytundeb yn ei le doedd dim modd i'r cyflogwyr – sef y cynhyrchwyr teledu – gyflwyno amodau is i unrhyw un. Roedd yr undeb felly yn gwarchod sgriptwyr newydd a rhai dibrofiad. Cyn hynny, roedd y cynhyrchwyr yn talu sgriptwyr fel ag y mynnent.

Un o lwyddiannau mawr yr undeb yng nghyfnod Gareth oedd cytundeb gan Gynulliad Cymru – fel yr oedd hi ar y pryd – i ariannu ysgrifenwyr yn uniongyrchol.

Yn 2001, cyflwynodd aelodau'r undeb argymhelliad i Bwyllgor Diwylliant y Cynulliad i gefnogi awduron Cymraeg ar sail cynllun tebyg yng Ngwlad yr Iâ, lle derbyniai awduron nawdd uniongyrchol i ysgrifennu llyfrau Cymraeg. Roedd y pwyllgor – dan gadeiryddiaeth Delyth Evans, AC – yn gwbl gefnogol. Ac felly, yn dilyn penderfyniad y pwyllgor, fe lansiwyd y cynllun gan y Cyngor Llyfrau. Newidiodd y sefyllfa i awduron Cymraeg yn llwyr. Cyn hynny, dibynnu ar incwm allanol oedd awduron Cymraeg – nid oedd ysgrifennu nofel yn talu ei ffordd. Dyma newid hirhoedlog a sylweddol a gafodd effaith arwyddocaol a chadarnhaol ar yrfaoedd awduron a gan hynny, llenyddiaeth Gymraeg, diolch i waith Gareth a'r undeb.

I Gareth, roedd gweithgaredd diwydiannol ar ran ei undeb yn gwbl gyson â'i fyd-olwg sosialaidd. Yn ôl Nick Yapp, hanesydd Undeb yr Ysgrifenwyr, dywedodd Gareth iddo ymaelodi oherwydd y modd effeithiol yr oedd yr undeb yn amddiffyn buddiannau ei haelodau ac oherwydd am ei fod yn ei weld "fel deiliad gwerthoedd gwaraidd mewn diwydiant a chymdeithas oedd yn dod yn fwyfwy barbaraidd".

Yn 2015, cynhaliodd pwyllgor Cymru Undeb yr Ysgrifenwyr ginio er anrhydedd Gareth i ddathlu a nodi eu diolchgarwch a'u gwerthfawrogiad o'i wasanaeth gydol oes i'r Undeb ac i awduron yng Nghymru gan gyflwyno medal iddo am ei holl weithgaredd.

Pan fu farw Gareth, wedi'r tristwch, fe'm trawyd gan hyd a lled a hefyd dyfnder ei gyfraniad i fywyd Cymru. Os cyfrannu, yna cyfrannu ag ymroddiad gan lwyddo i sicrhau gwelliannau sylweddol a hirhoedlog. Dyna a wnaeth ym maes byd gwaith, ar ran athrawon, sgriptwyr, awduron a holl weithwyr Cymru.

Diolchiadau
Hoffwn ddiolch i nifer o ffrindiau Gareth am rannu eu hatgofion o'i waith dros yr undebau, sef Meic Birtwistle, Anthony Evans, Manon Eames, Hefin Mathias a Wiliam Roberts.

Gan Meils ac Elwyn

Elwyn Ioan

Dychan oedd un o arfau mwyaf pwerus Cymdeithas yr Iaith yn y blynyddoedd cynnar, ac wrth i'r Lolfa gael ei sefydlu, daeth y cydweithio rhwng Gareth Miles ac Elwyn Ioan yn bartneriaeth enwog. Yn *Nhafod y Ddraig*, Elwyn Ioan fyddai'n gwneud lluniau i gyd-fynd â 'Llythyr y Cwîn' Gareth Miles. Y ddau yma oedd yn gyfrifol am y nofel graffig gyntaf yn Gymraeg, sef *Pelydr LL*. Yn ddifyr ddigon, yn ôl Elwyn Ioan, ni fyddai'r ddau yn cwrdd i drafod – byddai Gareth yn sgwennu'r sgript, ac Elwyn yna'n ei droi'n gomic. Elwyn hefyd ddyluniodd glawr llyfr cyntaf Gareth, *Cymry ar Wasgar*.

153

Yr Eglwysi a Gwleidyddiaeth

Anerchiad i archwiliad cenedlaethol, Adran Cenhadaeth a'r Eglwys Fyd-Eang, Undeb yr Annibynwyr Cymraeg, Aberystwyth, Medi 23ain, 1997

Gareth Miles

Yn ei lythyr ataf i'm gwahodd i'ch annerch yma heddiw, dadlennodd eich Ysgrifennydd mai'r rheswm am hynny oedd eich bod yn tybio fod gen i agwedd 'feirniadol' at yr Eglwysi. Os mai pwl o fasochistiaeth a'ch ysgogodd, mae arna i ofn y cewch eich siomi. Y dyddiau hyn, yn dilyn diwedd yr Undeb Sofietaidd a'r adwaith cryf yn erbyn Sosialaeth ledled y byd, mae hunan-feirniadaeth yn gweddu'n well i Farcsydd a Chomiwnydd na gweld beiau pobol eraill.

Anhawster arall sydd gen i yw hwn. Ar un adeg, mi fûm i, fel y gŵyr rhai ohonoch, yn sgrifennu erthyglau a phamffledi o natur ideolegol. Ond ers i mi ddechrau 'ngyrfa fel awdur ffuglennol, proffesiynol, bymtheg mlynedd yn ôl, bu moliciwlau fy meddwl yn ad-drefnu eu hunain, ac mae traethu'n haniaethol ac yn ideolegol yn fwyfwy diflas imi, gan fod yr ymarfer hwnnw'n andwyo'r gynneddf esthetig, greadigol.

Fel pob llenor, dramodydd a bardd, siarad amdanaf i'n hun a fydda i, beth bynnag a 'sgrifennaf. Gobeithio y bydd yr hyn ddyweda i o ddiddordeb ichi, ac yn fodd ichi allu gwerthuso'r awgrymiadau a'r argymhellion ar ddiwedd f'anerchiad, sydd, er ei natur fyfïol, oddi ar ddwy adnod adnabyddus o'r Efengyl yn ôl Karl Marx. Fe'i cyfieithwyd o'r Saesneg, nid o'r Almaeneg gwreiddiol:

Dyn sy'n gwneud crefydd, nid crefydd sy'n gwneud dyn… Mae dioddefaint crefyddol yn fynegiant o ddioddefaint gwirioneddol. Ochenaid y creadur gorthrymedig yw crefydd, teimladrwydd byd heb galon ac enaid amgylchedd dienaid. Opiwm y werin-bobl ydyw. (Beirniadaeth ar Athroniaeth Iawnderau Gwladwriaethol Hegel).

Hyd yn hyn, bodlonodd yr athronwyr ar ddehongli'r byd; ei newid yw'r nod. (Trafodaeth ar Bynciau Feuerbach).

Pan oeddwn i'n hogyn, yn y Waun Fawr, yn y Pedwardegau, y diwrnod diflasaf yn fy nghalendar plentynnaidd oedd Dydd Llun Diolchgarwch. Nid yn unig oherwydd 'mod i a 'nghyfoedion yn edrych arno fel ail ddydd Sul, yn syth ar ôl y llall, gyda chyfyngiadau sabothol ar ein hawl i fwynhau ein hunain, ond am fod Cyfarfod Diolchgarwch Blynyddol, yng Nghapel Methodistiaid Calfinaidd Croes-y-Waun, yn codi arswyd arnaf.

Trefn y moddion oedd fod y sawl a lywiai'r cyfarfod yn gwahodd nifer o frodyr ac ambell i chwaer i offrymu gweddi, neu i ledio emyn. Ymhlith y rhai a gymerai ran, byddai bob blwyddyn, ddau neu dri hynafgwr. Dynion hen iawn, iawn oedd y rhain, yng ngolwg hogyn bach. Ychwanegai hynny at yr arswyd a deimlwn wrth iddynt feichio crio, tra'n edifarhau am eu pechod ac yn ymbil am faddeuant.

Mwy brawychus fyth oedd bytheirio glafoeriog Miss Hughes. Ai'r hen ferch ganol-oed hon i sterics dychrynllyd, bob blwyddyn, yn ddi-ffael, a gelwid ar dri neu bedwar o'r blaenoriaid mwyaf 'tebol i'w chario allan o'r Festri. Ond yr arswyd pennaf oedd rhag i'm tad gael ei wahodd i weddïo, a cholli arno 'i hun, a chrïo'n gyhoeddus. Ond ni ofynnwyd i 'nhad gymryd rhan yn yr un Cyfarfod Diolchgarwch. Agnostig ydoedd, a fynychai'r oedfa fore Sul yn rheolaidd, a'r Ysgol Sul hefyd, tra y ffynnai dosbarthiadau'r oedolion. Gwnâi hynny am resymau cymdeithasol a diwylliannol, ac oherwydd ei fod, yn wahanol i nifer fawr o feddygon teulu Sir Gaernarfon y dyddiau hynny, yn dymuno bod yn rhan o'r gymdeithas a wasanaethai.

Crefydd ddiwylliannol a moesegol oedd Anghydffurfiaeth Arfon pan oeddwn i'n fachgen. Achosai *enthusiasm* Miss Hughes, a'r lleill a gawsai ddiwygiad, embaras mawr i Fethodistiaid Calfinaidd Capel Croes-y-Waun. Enynnai eu teimladrwydd dilyffethair ddirmyg tosturiol.

Ymadrodd dilornus a glywn o bryd i'w gilydd, am hwn-a-hwn neu hon-a-hon oedd: "Mae o'n reit ryw <u>dduwiol</u>, w'chi."

A minnau, yn fy niniweidrwydd ac wedi 'nhrwytho'n y *Rhodd Mam*, yn meddwl bod dyletswydd ar bawb i fod mor dduwiol ag y gallai.

Nid wyf yn meddwl y buaswn yn awdur proffesiynol oni bai am Arholiadau Llafar ac Ysgrifenedig Henaduriaeth Sir Gaernarfon, Eglwys Bresbyteraidd Cymru. Er na fuaswn wedi cyfaddef hynny wrth fy nghyfoedion, dros fy nghrogi, byddwn yn mwynhau dysgu adnodau soniarus, annealladwy, ac ymdrwytho yn yr Ysgrythurau, *Llyfr yr Actau* yn bennaf, er mwyn eu hail-adrodd yn fy ngeiriau fy hun.

Y ddrama lwyfan gyntaf a sgrifennais oedd *Diwedd y Saithdegau*, a lwyfannwyd gan Gwmni Sgwâr Un, yn 1982. Yn y dyfyniad canlynol, mae prif gymeriad y ddrama, Gwenda Morgan, yn egluro sut y bu iddi roi'r gorau i gredu yn Nuw, yn saith oed:

'…'Anghofia i fyth mo'r man a'r lle,' chwedl yr Hen Bant. O'n i'n chwarae yn lobi ffrynt tŷ ni, efo fy nolia. Diwedd p'nawn oedd hi, a ryw ola tywyll tawal yn dŵad trwy wydr tew drws ffrynt, a dyma fi'n ca'l 'yn hun yn meddwl fel hyn: 'Dwi'n hogan fawr rŵan… tydw i ddim yn credu mewn tylwyth teg… tydw i ddim yn credu yn Santa Clôs… Wedyn dyma 'na lais fel taran yn bloeddio lond 'y mhen i: 'A peth nesa fyddi di ddim yn credu yn Nuw!' Mi redais i gegin at Mam a smalio nad o'n i ddim wedi clŵad y llais. 'Nes i ddim cyfadda i mi'n hun 'mod i wedi'i glwad o nes o'n i'n *Form Four* yn Cownti, ac yn gweddïo bob nos Sul 'mod i'n gneud yn dda'n y test roddodd Davies Maths inni, dydd Gwener, a basa'r hen ddiawl blin hwnnw ddim yn gas efo fi. Ryw nos Sul, dyma fi'n meddwl, 'Lol ydi hyn. Wyt ti'n disgwyl i Dduw gorectio dy fistêcs di, erbyn bydd Davies yn rhoid y papura'n ôl, bora fory?' A dyna ni.'

O newid y dolia'n wn ciaps, neu'n fodel o danc neu gar, a'r Cownti yn Goleg Llanymddyfri, buasai'r geiriau uchod yn fynegiant dilys o'm profiad innau.

Fel y gwyddoch, ysgol breswyl a sefydlwyd gan Eglwys Loegr yng Nghymru, ac a noddir ganddi hyd heddiw, yw Coleg Llanymddyfri. Caledwyd fy anffyddiaeth gan garchariad saith mlynedd mewn cymuned unbeniaethol, awdurdodol, adweithiol, dreisgar, Dorïaidd, snobyddllyd, ddi-Gymraeg (ac eithrio ambell i wasanaeth eglwysig, gwersi *Welsh*, a'r Eisteddfod flynyddol), a ymffrostiai iddi gael ei sylfaenu ar egwyddorion Cristnogol.

Yn 1960, ar ôl graddio a chyn dechrau'r cwrs hyfforddi athro, anorfod, euthum i Bordeaux, fel *assistant de langue anglaise*. Dan ddylanwad llên Saunders Lewis ac Emrys ap Iwan, a chyfeillgarwch criw o Gatholigion deallus, diwylliedig a gwladgarol, roeddwn wedi dod i gredu na châi Cymru ei hachub oni bai ei bod yn cofleidio, unwaith eto, ei threftadaeth Ewropeaidd, Gatholig. Roeddwn felly am i'm harosiad yn Ffrainc roi imi adnabyddiaeth ddofn a pharhaol o'r Gwareiddiad Ewropeaidd, ynghyd ag ail iaith fwy cydnaws na'r Saesneg.

Roeddwn eisoes wedi derbyn ymron i holl arferion, litwrgïau, credoau a dogmâu yr Eglwys Gatholig, gan adweithio'n llon yn erbyn culni, Philistiaeth, twpdra a llwfrda'r Anghydffurfiaeth a adwaenwn. A dweud y gwir, dim ond un peth oedd wedi fy rhwystro rhag tröedigaeth, sef y ffaith nad oeddwn yn credu yn Nuw. Gofynaswn i gyfaill o Babydd sut y gallwn oresgyn yr anhawster hwnnw a dywedodd yntau wrthyf fod Duw'n siŵr o ymateb i unrhyw un a oedd yn wirioneddol eiddgar i glywed Ei lais. Credwn yn gydwybodol fy mod i'n berson felly a phenderfynu mai un o ganlyniadau anffodus, aneirif byw yng Nghymru oedd f'anffyddiaeth. 'Mae'n rhaid Ei fod yn ei chael hi'n anodd iawn i gyfathrebu efo trigolion gwlad sydd wedi crwydro mor bell oddi wrth ei lwybrau,' meddwn wrthyf fi'n hun. 'Mae'n rhaid fod y sefyllfa'n wahanol iawn yn Ffrainc. Onid hi yw Ei hoff wlad? Onid hi yw'r wlad a fendithiwyd fwyaf ganddo Ef, o holl wledydd Cred?' Tybiais na fyddai'n hir iawn cyn i mi gael tröedigaeth ar ôl cyrraedd Bordeaux.

Ni fu raid i mi, ysywaeth, fyw'n hir yn Ffrainc cyn gorfod cydnabod nad Gwlad yr Addewid oedd hi, i genedlaetholwr o Gymro; a newid fy meddwl hefyd, ynglŷn â'r budd a ddeilliai i Gymru o ddychwelyd at yr Hen Ffydd. Sylwais mor wahanol oedd Ffrainc gythryblus, fudr, ddiwydiannol, dechrau'r Chwedegau, i'r Ffrainc wledig, wareiddiedig yr ymserchodd ynddi ddeallusion Cymraeg o wahanol safbwyntiau ideolegol, yn ystod y Tridegau. Sylwais hefyd fod Catholigion Ffrainc yn llawer tebycach i Anghydffurfwyr cydymffurfiol Cymru nag i'w Chatholigion brwd. Y mae'n bosib, fodd bynnag, y buaswn wedi llwyddo i anwybyddu'r diffygion hyn oni bai am agwedd yr Eglwys at y rhyfel yn Algeria.

A minnau'n ddwy ar hugain oed, ni allwn ddatgan ffydd ddiysgog yn realaeth unrhyw ffenomen nac egwyddor, ar wahân i hawl pob cenedl i'w hymreolaeth, ac anfoesoldeb pawb a phopeth a wadai'r hawl hwnnw. Gorfu imi gyfaddef, yn fuan iawn ar ôl ymsefydlu yn Bordeaux, nad oedd y mwyafrif llethol o'r Catholigion a adwaenwn yn arddel y gwirioneddau hynny. Rhaid casglu felly, un ai fod Duw wedi esgeuluso'r dasg hollbwysig o'u hargyhoeddi, neu fod ei ddulliau o gyfathrebu â'i greaduriaid yn druenus, ac yn anfaddeuol o ddiffygiol, hyd yn oed yn Ffrainc. Yn raddol, rhoddais y gorau i ymboeni a lefarai wrthyf ai peidio.

Os oedd Catholigion yn brin yn y cyfarfodydd a'r ralïau a gynhelid i brotestio yn erbyn troseddau ffiaidd Byddin

Ffrainc yng Ngogledd Affrica, nid felly'r Comiwnyddion. Ac er fod llawer yn amau eu cymhellion, a rhai yn gwadu eu hawl i brotestio hyd yn oed, roeddynt yn protestio, ac roeddynt hefyd yn barod – nid amheuai neb hynny – i ymladd hyd at angau yn erbyn y Ffasgiaeth yr oedd y gwŷr eglwysig mor gyndyn i'w chondemnio, neu rai ohonynt, mor eiddgar i'w hamddiffyn. Dyna pryd y penderfynais mai ar y Chwith y byddai fy nghartref gwleidyddol.

Ar ôl i atyniadau Pabyddiaeth bylu a diffodd, ni feddyliais lawer am Gristnogaeth nac am grefydd o unrhyw fath am flynyddoedd maith, nes, rhywbryd ynghanol y Saithdegau, imi dreulio ychydig oriau yng nghwmni Prifathro Coleg Diwinyddol Aberystwyth, Ifor Enoch, yng nghinio ffarwel Syr Goronwy Daniel, Prifathro Coleg y Brifysgol. Rhyfeddais fod daliadau gwleidyddol, cymdeithasol a diwylliannol y Prifathro Enoch a minnau mor debyg, a holais fy nghyd-giniäwr: "Ydach chi yn credu yn Nuw?"

"Odw," atebodd y diwinydd, "ond nid fel ry'ch chi'n meddwl amdano fe!"

Anfonodd Ifor Enoch ei lyfryn *Jesus in the Twentieth Century* ataf, a chefais flas ar ddarllen sut y datblygodd Beirniadaeth Feiblaidd yn y ganrif hon. Ond ni feddyliais y gallai Cristnogaeth fod yn ffenomenon ac iddi ddiddordeb i'r llenor a'r dramodydd hyd nes i mi gael y syniad o ddiweddaru *Antigone*.

Chwiliwn am sefyllfa lle gallai menyw hyderus a phenderfynol gael ei llofruddio gan y Wladwriaeth am barchu coffadwriaeth brawd a laddwyd gan y wladwriaeth honno. Roedd sefyllfaoedd felly'n rhy gyffredin yn Neheudir a Chanolbarth Amerig ynghanol yr Wythdegau. Dychmygais gantores, seren lachar yn y wybren operatig fyd-eang, yn mynnu canfod y gwir am ddiflaniad brawd o offeiriad, a weithredai'n unol â goblygiadau cymdeithasol a gwleidyddol Diwinyddiaeth Rhyddhad.

Yr adeg y byddaf agosaf at gredu yn nhrefn Rhagluniaeth

yw pan fyddaf, yn ddi-ffael, yn dod o hyd i'r union ddeunydd crai y bydd arnaf ei angen ar gyfer stori neu ddrama.

Rhyw fore, a minnau'n meddwl o ddifri am y ddrama a elwais yn *Hunllef yng Nghymru Fydd*, teithiwn yn y car o Bontypridd i Gaerdydd. Tynnai at un ar ddeg a throis y radio ymlaen i glywed y newyddion.

Siaradai gŵr am yr ysgytwad gïaidd a gafodd y bore hwnnw, o weld, ar ddalen flaen ei bapur, lun o chwe Iesuwr a lofruddiwyd yn El Salvador, yn gorwedd dan gynfas ar y lawnt, o flaen eu cartref. Dywedodd y siaradwr iddo gwrdd ag un o'r merthyron hyn rai misoedd ynghynt. Wrth syllu ar y darlun, ni allai atal ei hun rhag dyfalu pa un o'r siapiau dan y gynfas oedd corff ei gyfaill.

Ffoniais y BBC a chael mai'r siaradwr oedd Tom Evans, Pennaeth Rhaglenni Crefyddol Radio Cymru, ar y pryd. Cefais sgyrsiau buddiol gyda Tom a benthyg ganddo bentwr o lyfrau am weithgareddau a daliadau Cristnogion America Ladin. Po fwyaf y darllenwn, mwyaf y deuwn i sylweddoli fod ffurfiau ar Gristnogaeth a oedd yn rhywbeth amgen nag ideoleg orthrymus at wasanaeth y dosbarth llywodraethol, crefydd swcwr, neu ofergoeliaeth batholegol. Ni allwn lai nag edmygu gwroldeb offeiriaid, lleianod a gweithwyr lleyg, a heriai ddihirod y catrodau llofruddio, ochr yn ochr â gwerinwyr diamddiffyn, ac undebwyr llafur a gwleidyddion blaengar.

Am na fûm i, hyd heddiw, yn America Ladin, lleolais y chwarae yng Nghymru sofran, annibynnol, led-ffasgaidd y flwyddyn 2030 – gwlad debyg iawn i El Salvador yn 1990. Dau brif gymeriad *Hunllef yng Nghymru Fydd* yw'r gantores Annes Dafydd a'i brawd, Gwyn ap Dafydd, gweinidog gydag Eglwys Rydd y Cymry. Dyma'r Parchedig Gwyn ap Dafydd yn ei stydi, yn Nhrelái, Caerdydd, yn mynd dros ei bregeth olaf, ychydig cyn i gatrodau angau Byddin y Weriniaeth Gymreig ei gipio a'i 'ddiflannu':

'Gwyn eich byd y tlodion, canys eiddoch chi yw teyrnas Dduw.'

Dyletswydd pob gwladwriaeth sy'n arddel Cristnogaeth yw efelychu teyrnas Dduw, a chan mai'r tlodion biau honno, dylai ddeddfu i ddiwallu eu hanghenion hwy. Rhaid i'r ymgyrch dros hawliau dynol ddechrau gydag hawliau'r tlodion, sef, yr hawliau mwyaf sylfaenol: yr hawl i fyw ac i gynhaliaeth bywyd – bwyd, diod, llety, gofal meddygol a llythrennedd. Yna, daw'r hawliau eraill – rhyddid barn a mynegiant; rhyddid i grefydda ac i wleidydda, ac i deithio hwnt ac yma fel y mynnwn.

At y tlodion yr anelodd yr Iesu ei Efengyl ac yn eu plith hwy y bu'n weinidog. Heddiw, yng Nghymru a ledled y byd, mae dilynwyr Iesu Grist yn gwneud yr un dewis drwy ochri gyda'r gorthrymedig a'r anghenus yn erbyn cyfoethogion a'u cyfundrefnau anghyfiawn. Cofiwn eiriau proffwydol Mair, mam yr Iesu:

'Efe a wnaeth gadernid â'i fraich; efe a wasgarodd y rhai beilchion ym mwriadau eu calonnau. Efe a dynnodd i lawr y cedyrn o'u heisteddfâu, ac a ddyrchafodd y rhai iselradd. Y rhai newynog a lanwodd efe â phethau da; ac efe a anfonodd ymaith y rhai goludog yn weigion.'

Mae Efengyl Iesu Grist yn gwbl glir a phendant ar y pwynt. Ar Ddydd y Farn, trobwynt mwyaf aruthrol Hanes, bydd achubiaeth neu ddamnedigaeth pob un ohonom yn dibynnu ar ein hagwedd at y tlodion:

'Canys bûm newynog ac ni roesoch imi fwyd; bu arnaf syched, ac ni roesoch imi ddiod; bûm ddieithr ac ni'm dygasoch gyda chwi; yn glaf, yng ngharchar, ac ni ymwelsoch â mi...'

Ddiwedd y Chwedegau a dechrau'r Saithdegau a'r Chwyldro – yn fy nhyb i, a llu o bobl ifainc eraill yng Ngorllewin Ewrop a'r Unol Daleithiau – ar fin sgubo ymaith, am byth, y Drefn Gyfalafol a'i gwladwriaethau imperialaidd, pwdr, dyhëwn am gael rhoi hwb ymlaen i'r broses anorfod honno trwy dderbyn comisiwn oddi wrth rhyw blaid fflamgoch, neu undeb llafur milwriaethus, i sgrifennu drama am y frwydr rhwng y gweithwyr a'u meistri, i'w pherfformio o flaen torfeydd mewn ffatrïoedd, ralïau a chyfarfodydd protest.

Roedd y Drefn Gyfalafol yn wytnach, a'i harweinyddion yn fwy sgilgar a phenderfynol nag y tybiem, yn ein diniweidrwydd. Ni ddaeth y Chwyldro na'r comisiwn. Fe'u hataliwyd, fel cynifer o bethau daionus, gan Margaret Thatcher a cheidwadwyr eraill, ledled y byd.

Ddwy flynedd yn ôl, fodd bynnag, gwireddwyd breuddwyd fy ieuenctid, ond nid gan Gomiwnyddion, Sosialwyr nac undebwyr.

Roedd swyddogion Cymorth Cristnogol yng Nghaerdydd wedi mwynhau *Hunllef yng Nghymru Fydd* gymaint nes gofyn i mi a hoffwn sgrifennu drama am y modd yr egsbloetir gwledydd yr hemisffer deheuol gan wledydd goludog hanner gogleddol ein planed, trwy gyfrwng 'cynlluniau datblygu strwythurol' Banc y Byd a'r Gronfa Ariannol Ryngwladol (I.M.F.). Hynny ysgogodd *Byd y Banc*, a berfformiwyd y llynedd yn Eglwysi Cadeiriol Bangor, Tŷ Ddewi a Llandaf.

Nid oedd rhai o bobl Cymorth Cristnogol yn rhy hapus ynglŷn â'r penderfyniad i berfformio yn y Cadeirlannau. "So ni'n rhy hoff o'r math yna o grefydda," meddent. Ond roedd y cyfarwyddyd, Menna Price, a minnau wrth ein boddau â'r cyfle i gyflwyno drama ac iddi gast mawr, mewn adeiladau o'r math y ganed y ddrama Ewropeaidd, ddiweddar ynddynt. (Mae'n werth nodi, wrth fynd heibio, mai o seremonïau crefyddol y deilliodd theatr glasurol

Gwlad Groeg, hefyd, ac mai mewn mannau cysygredig y chwaraewyd ei dramâu cynharaf). Hyfrydwch i rai o dueddfryd eironig oedd syllu ar faneri ysblennydd Lluoedd Arfog Prydain Fawr, yn hongian ar barwydydd Eglwys Gadeiriol Llandaf, tra'n gwrando ar eiriau tebyg i'r rhain, a lefarai'r 'Tad Ramón', yn ei bregeth:

GOLYGFA 2

EGLWYS FECHAN SAN ILTUTO, YN SAN VABÓN, PRIFDDINAS MAZTOCA

Mae llusern goch ynghyn ger yr allor.

Gwerinwr brodorol, yn ei grys a'i lodrau carpiog, yw'r Crist Croeshoeliedig uwchben yr allor.

Ymunwn â'r gwasanaeth â'r Offeiriad, y TAD RAMON, yn y pulpud, ar fedr traddodi'r bregeth.

Mae SBIWR yn y gynulleidfa.

RAMON: Yn enw'r Tad, a'r Mab, a'r Ysbryd Glân.

Gwae'r rhai sy'n dyfeisio niwed ac yn llunio drygioni yn eu gwelyau, ac ar doriad y dydd yn ei wneud, cyn gynted ag y bydd o fewn eu gallu.

Y maent yn chwenychu meysydd ac yn eu cipio, a thai, ac yn eu meddiannu; y maent yn treisio gŵr a'i dŷ, dyn a'i etifeddiaeth.

Gyda'r geiriau uchod, dengys y Proffwyd Micha mai lladrad yw golud bydol. Dywed yn groyw na all neb ymgyfoethogi heb ormesu rhywun neu rywrai gwannach nag ef ei hun.

163

Wrth gollfarnu'r cyfoethogion mae Micha'n ategu condemniad y Proffwyd Eseia, pan gyfeiria hwnnw at awch y gŵr goludog i ychwanegu at ei eiddo:

Gwae'r rhai sy'n cydio tŷ wrth dŷ, sy'n chwanegu cae at gae, nes llyncu pob man, a'ch gadael chwi'n unig yng nghanol y tir.

Yr un yw neges ein Harglwydd Iesu Grist pan ddywed ei bod hi'n *haws i gamel fynd trwy grau nodwydd, nag i ddyn cyfoethog fynd i mewn i deyrnas Duw.* A phan rybuddia bobl freintiedig ei oes: *Gwae chwi sydd yn awr wedi eich llenwi, oherwydd daw arnoch newyn.*

Yn ôl Eseia a Micha, mae Duw'n cosbi'r rhai sy'n egsbloetio eu cyd-ddynion:

Tyngodd Arglwydd y Lluoedd yn fy nghlyw. Bydd plastai yn anghyfannedd a thai helaeth heb drigiannydd.

Fel hyn y dywed yr Arglwydd: 'Wele fi'n dyfeisio yn erbyn y tylwyth hwn y fath ddrwg na all eich gwarrau ei osgoi; byddwch yn methu ymsythu; yn wir bydd yn amser drwg.

Ni fodlonodd Iesu Grist ar geryddu. Gwrandewch ar dystiolaeth Efengyl Ioan ynglŷn â'r modd y deliodd yr Iesu ag egsbloetwyr, cyfalafwyr a chribddeilwyr ei oes:

A chafodd yn y Deml y rhai oedd yn gwerthu ychen a defaid a cholomennod, a'r cyfnewidwyr arian wrth eu byrddau. Gwnaeth chwip o gordenni a gyrrodd hwy oll allan o'r deml, y defaid a'r ychen hefyd. Taflodd arian mân y cyfnewidwyr ar chwâl, a bwrw eu byrddau wyneb i waered.

Cododd y Deml yng Nghaersalem er gogoniant i Dduw, ond erbyn dyddiau'r Iesu fe'i newidiwyd yn Fanc, lle yr addolid Mamon. Roedd y Deml yr ymosododd Iesu Grist arni'n sefydliad ariannol a masnachol mawr ei ddylanwad ar economi'r Dwyrain Canol, ac yn cyflogi miloedd. Buasai yn amhosibl i Iesu Grist ymlid yr holl giwed gyfalafol hon o'r Deml ar ei ben ei hun, heb fyddin arfog yn gefn iddo.

Frodyr a Chwiorydd, atebodd Iesu Grist a'i ddilynwyr drais y bancwyr a'r masnachwyr a halogai dŷ ei Dad â thrais chwyldroadol. Gwedir hyn gan lawer sy'n honni eu bod yn ddisgyblion Crist, yn ufuddhau i orchmynion Crist, ac yn dilyn esiampl Crist. Ni ddylem synnu felly, felly, pan glywn Gristnogion o'r fath yn gwadu hawl gwerinoedd y byd i chwipio'r gormeswyr goludog o'u palasau ac i derfynu teyrnasiad y bancwyr sy'n ariannu cyni, afiechyd ac anghyfiawnder.

Yn enw'r Tad a'r Mab a'r Ysbryd Glân. Amen.

Disgyn RAMON o'r pulpud.

Y SBIWR yn gadael yn llechwraidd.

Mae'r Tad Ramón yn dipyn o eithafwr. Rydw i'n hun yn berson llawer mwy cymedrol. Rydw i'n amau a oedd Iesu Grist mor debyg i Che Guevara ag y mae Ramón yn honni. Ar ôl darllen gweithiau ar hanes yr Eglwys Fore, Beirniadaeth Feiblaidd, ac astudiaethau o Sgroliau'r Môr Marw, rwyf o'r farn mai proffwyd radicalaidd, Meseianaidd, 'asgell chwith' – yn nhermau ein hoes ni – oedd Iesu Grist; aelod blaenllaw o sect Iddewig wlatgar a gwrth-imperialaidd.

Tybiaf mai Saul o Tarsis, yr Apostol Paul, Iddew Groegaidd, a dinesydd Rhufeinig balch, oedd gwir sylfaenydd y grefydd Gristnogol. O'i dreftadaeth Iddewig, a'i ddiwylliant Groegaidd-Rufeinig, creodd Paul grefydd newydd, bwerus. Crefydd a bwysleisiai achubiaeth bersonol, unigolyddol, ynghyd â brawdgarwch byd-eang.

Ffydd a fynegai ddioddefaint gwirioneddol gwerinoedd yr Ymerodraeth Rufeinig, a lenwai 'wacter ystyr' dosbarthiadau uwch, ac a brotestiai yn erbyn gorthrwm, tra'n annog ufudd-dod i'r drefn anghyfiawn a'i hachosai. Dyna pam, bymtheg can mlynedd yn ôl, yr enillodd Gristnogaeth *franchise* grefyddol yr Ymerodraeth Rufeinig. A dyna pam ei bod yn dal i ieuo gwrthryfel a thawelyddiaeth, ysbryd chwyldro ag opiwm.

Sgrifennwyd y rhan fwyaf o'r hyn a glywsoch hyd yn hyn cyn dydd Iau diwethaf, Medi'r 18ed, 1997. Petai'r bleidlais wedi mynd fel arall, dichon y buaswn yn tewi yn awr. Petai'r garfan Na! wedi bod yn fuddugoliaethus, buasai gwleidyddiaeth Gymreig wedi darfod.

Ond fel y digwyddodd pethau, mae mwy o ddiben nag a fu ers canrifoedd i wleidydda yng Nghymru, er mwyn pobl Cymru, a thrwy hynny er lles y ddynoliaeth yn gyffredinol.

Ddechrau'r Haf eleni, cynhaliwyd yng Nghaerdydd gynhadledd o'r mudiad *ad hoc* Sosialwyr yn dweud Ie dros Gymru! Yn ogystal ag aelodau o'r Blaid Lafur ac o Blaid Cymru, yr oedd ymhlith y cant neu fwy'n bresennol gynrychiolaeth o ymron bob plaid, mudiad, sect a charfan sosialaidd sy'n weithredol yn y De – y Blaid Gomiwnyddol, Cymru Goch, Cymdeithas yr Iaith, y Blaid Sosialaidd (Militant, gynt), SWP, SLP (a arweinir gan Arthur Scargill), ynghyd â dyrnaid o enwadau a chapeli sblit Trotscïaidd, a llawer o sosialwyr di-blaid. Y tro cyntaf erioed imi weld brawdgarwch a chwaergarwch yn ffynnu ymhlith mudiadau sydd, fel arfer, yn ffraeo'n gas ynglŷn â'r ffordd ddilys o hyrwyddo brawdgarwch a chwaergarwch.

Cynhelir cyfarfod arall o'r un mudiadau ac unigolion, yng Nghaerdydd, cyn bo hir. Y nod, yn y pen draw, yw creu Cynghrair i ymgyrchu i sicrhau y clywir dadleuon sosialaidd yn nhrafodaethau'r Cynulliad Cymreig. Rydw i o'r farn mai buddiol fyddai i grŵp neu fudiad Cristnogol fod yn rhan o'r Cynghrair hwn.

Soniais ar y dechrau fod hunan-feirniadaeth yn gweddu i Gomiwnyddion a Sosialwyr. Y modd y drylliwyd y cysylltiad rhwng Sosialaeth a Democratiaeth oedd y drwg sylfaenol a ysigodd ac a ddymchwelodd yr Undeb Sofietaidd, yn fy marn i.

Diffyg arall oedd y dybiaeth naïf fod llwyddiant y Chwyldro byd-eang yn anorfod, cyn belled ag y byddai ein dadansoddiadau a'n polisïau wedi eu seilio'n gadarn ar graig Marx-Leniniaeth. Un o ganlyniadau trychinebus y feddylfryd ddogmatig honno oedd dilorni newyn a syched yr unigolyn am gyfiawnder, a dibrisio gwerth y person unigol.

Heddiw, rhaid i Farcswyr gyfaddef mai rhyfyg anfarcsaidd oedd eu tybiaeth fod y Chwyldro a'i fuddugoliaeth yn anorfod, gan dderbyn fod elfennau goddrychol, megis ewyllys a dyhead unigolion 'i fod yn dda', yn ffactor wleidyddol bwysig. Nid trwy beirianneg wleidyddol, economaidd a chymdeithasol, yn unig, y disodlir Cyfalafiaeth, a rhoi trefn decach yn ei lle. Rhaid argyhoeddi pobol fod hynny'n angenrheidiol ac yn ddichonadwy.

Ar y llaw arall, teimla llawer o Gristnogion fod crefydd achubiaeth yr enaid a chardod yn annigonol. Gwelant fod y rhan fwyaf o 'ddrygau'r oes' yn deillio o gyfundrefn economaidd a gwleidyddol sy'n bod er mwyn ychwanegu at gyfoeth lleiafrif goludog, yn hytrach nag i ddiwallu anghenion cymdeithas gyfan; cyfundrefn y mae'n rhaid iddi hyrwyddo anghyfartaledd ac ennyn hunanoldeb, neu drengi. Ar ôl deunaw mlynedd o Thatcheriaeth, sylweddolant nad rhethreg penboethiaid maleisus, â'u bryd ar greu anghydfod rhwng meistr a gwas, cyflogwyr a gweithwyr, yw'r 'rhyfel dosbarth', ond un o ffeithiau caletaf a mwyaf sylfaenol bywyd.

Ers degawdau, bu Sosialwyr anffyddiol a Christnogion

sosialaidd yn cydymgyrchu o blaid ac yn erbyn achosion unigol – Heddwch, Apartheid, Streic y Glowyr. Credaf fod posibilrwydd iddynt, erbyn hyn, gydweithio yn yr un mudiad, er mwyn trawsnewid cymdeithas o'r bôn i'r brig.

Byddai'r traddodiad Cristnogol Cymreig o gyfuno dyngarwch, gwladgarwch a rhyng-genedlaetholdeb yn gyfraniad amhrisiadwy i'r ymgyrch i greu Cymru ddemocrataidd, gyfiawn, wâr, sy'n benderfynol o chwarae rhan flaengar ar lwyfan y byd.

Ar hyn o bryd, bydd yr Eglwysi'n cyhoeddi, yn achlysurol, adroddiadau manwl, swmpus, sy'n dangos yn eglur effeithiau andwyol polisïau economaidd neo-ryddfrydol, arianyddol yma yng Nghymru, trwy Brydain benbaladr, neu yng ngwledydd yr hemisffer deheuol. Bydd ceidwadwyr yn difrïo'r adroddiadau, dan gollfarnu ymyrraeth crefyddwyr mewn gwleidyddiaeth; a phleidiau seneddol y chwith a'r canol yn eu croesawu'n frwd, ac yna'n eu hanwybyddu.

Beth dâl 'dehongli'r byd' heb geisio ei newid? Beth dâl collfarnu'r Drefn a melltithio'i heffeithiau ar unigolion a phobloedd cyfain, heb gynnig un amgenach yn ei lle? Onid yw rhethregu, achwyn a gwrthdystio seithug yn rhwym o esgor ar ddadrithiad chwerw a mewnblygrwydd afiach yn y protestiwr, a siomedigaeth yn ei wrandawyr? Diau fod diwygio'r drefn fan hyn a fan acw, ac ysgafnhau baich y difreintiedig trwy gwnsela, cynghori a gweithgareddau elusennol, yn lleddfu'r gydwybod. Ond gwyddom mai'r Drefn ei hun sy'n elwa fwyaf ar ein hymdrechion i liniaru ei hanghyfiawnderau.

Hyd yn hyn, bodlonodd Cristnogion ar ddehongli'r byd; ei newid yw'r nod.

Sosialwyr Cristnogol Cymru, ymunwch! Nid oes gennych ddim i'w golli ond eich capeli – mae gennych wlad i'w hennill!

Rhuo a Rhefru:

Diffyg trafodaeth feirniadol ar y Celfyddydau yng Nghymru

Cynhadledd 'Dydd y Farn' yr Academi Aberystwyth, Mawrth 2010

Gareth Miles

'Dwi am weld Cymru sy'n gyfforddus gyda hi ei hun, a'i phobl yn hyderus yn eu gwerth a'u hunaniaeth eu hunain.'

Ed Thomas

Rwy'n meddwl mai un o'r rhesymau pennaf am y 'rhuo a'r rhefru' a'r 'diffyg trafodaeth feirniadol ar y Celfyddydau yng Nghymru' yw nad yw llawer o'n beirniaid, fel y rhan fwyaf o'u cyd-wladwyr, yn siŵr beth yn union yw Cymru.

Dyna farn Sais diwylliedig o'r enw Gilbert Norwood amdanom, mewn adolygiad o ddrama J. O. Francis, *Cross Currents/Gwyntoedd Croesion* (tros. Cymraeg, R. Silyn Roberts), yn *Y Llenor* yn 1923:

'Y mae'r awyr yn llawn o ryw siarad niwlog am hawliau cenedlaetholdeb, am yr ysbryd Cymreig, am obeithion Cymru. Y mae hefyd lawer o elyniaeth danddaearol tuag at Loegr, rhyw deimlad parhaus a hanner llafar bod y Sais yng Nghymru yn diystyru'r Cymro ac yn ei wthio o'i freiniau...

Os goddefir imi fod mor hy â'i awgrymu, y mae dwy ffordd o reoli Cymru. Un ydyw edrych ar Gymru fel rhan o Loegr, ac ystyried yr ynys yn un cyfanrwydd o Fôr y Gogledd hyd Fôr Iwerddon, a chael y manteision sylweddol a ddeilliai o'r undeb hwnnw. Y ffordd arall ydyw edrych ar Gymru fel gwlad hollol wahanedig oddi wrth Loegr, fel y mae y Swistir ar wahân i Ffrainc, a chael y manteision sylweddol a ddeilliai o'r gwahaniad hwnnw. Y mae llawer i'w ddywedyd dros y

*ddwy ffordd; y maent yn rhesymol ac yn weddus ill dwy. Ond
ni orwedd hunan-barch nac undeb cenedlaethol ar gerdded
y llwybr canol, ac anwadalu rhwng y ddwy – bod yn rhan o
Loegr pan fynner amddiffyniad a chyfoeth a chlod Lloegr, a
bod yn bobol ar wahân pan fo athrylith a dewrder y Cymry,
neu anturiaeth adnoddau Cymru wedi cynhyrchu rhywbeth
gwerth ei hawlio. 'Pa hyd y cloffwch rhwng dau feddwl?'
Ardderchog o beth yw bod yn genedl fechan annibynnol,
urddasol fel Denmarc; ardderchog o beth yw bod yn wlad fawr
rymus fel Prydain. Ond nid ardderchog o beth yw chwarae'r
ffon ddwybig, bod heddiw'n berthynas tlawd ac yfory'n
gymydog cas.'*

Mae'r feirniadaeth yr un mor ddilys heddiw. Ar
dudalennau'r *Western Mail* yn feunyddiol, ac yn wythnosol yn
Golwg, ceir erthyglau'n dathlu bri rhyngwladol chwaraewyr
rygbi a mabolgampwyr Cymru ac actorion a chantorion
poblogaidd y mae ganddynt rhyw gysylltiad â'n gwlad, yn
gymysg ag erthyglau a llythyrau yn cwyno ein bod wedi
cael cam gan San Steffan neu 'Ewrop' a bod rhyw seleb o
Sais neu Saesnes wedi dweud pethau cas amdanom. Ceir
honiad fod Cymru'n arwain y byd yn rhyw faes gwyddonol
neu ddiwydiannol ar y naill dudalen, a gresynu ei bod yn un
o ranbarthau mwyaf difreintiedig Ewrop ar y llall. Cymru,
weithiau, yw'r 'genedl' y cyfeirir ati, ac weithiau, y Deyrnas
Gyfunol.

Nid annheg yw dweud mai arwynebol yw adnabyddiaeth
y rhan fwyaf o genedlaetholwyr Cymru – heb sôn am
relyw'r boblogaeth – o hanes eu gwlad ac o'r datblygiadau
economaidd a chymdeithasol a'i gwnaeth hi yr hyn ydyw
heddiw ac na wyddant lawer mwy am y pwnc nag a geir
yng nghaneuon Dafydd Iwan: Macsen Wledig, y ddau
Lywelyn, Glyndŵr, Llosgi'r Ysgol Fomio, Pont Trefechan,
buddugoliaeth Gwynfor yng Nghaerfyrddin yn 1966, siom
Refferendwm 1979, buddugoliaeth fain 1997 a sefydlu'r
Cynulliad Cenedlaethol. Parhad yr iaith Gymraeg a'r

gwerthoedd moesol a diwylliannol a gysylltir â hi ac nid ennill hawliau cenedl sofran i Gymru yw consyrn y rhan fwyaf o'n cenedlaetholwyr.

Adlewyrchiad o hynny yw mai'r iaith Gymraeg yw hoff destun llawer iawn o'n beirdd, hen ac ifanc, caeth a rhydd. Yn ddieithriad, mynega eu cerddi bryder oherwydd breuder ei heinioes ac arswyd rhag ei diflaniad. Prin yw'r gobaith y gwelir ei hadfer a bod 'oes y byd i'r iaith Gymraeg'. Ac er fod llawer iawn o'n beirdd, yn enwedig y to ifanc, yn arddel daliadau blaengar ar faterion gwleidyddol a chymdeithasol mae ofn arnynt edrych i'r dyfodol. Syllant gyda diflastod ar y presennol llwm a chyda hiraeth am y gogoniant a fu, ers talwm, yn rhyw oes aur uchelwrol, ganol-oesol neu werinol, dduwiol, Fictoraidd.

Perthyn y dramodwyr Ian Rowlands ac Ed Thomas i garfan o genedlaetholwyr sydd o'u couau am fod cyn lleied o'u cydwladwyr yn ewyllysio bod yn genedl go-iawn, fel Iwerddon neu UDA. Darluniant ein difrawder fel math o glefyd gwenerol – *a sexually transmitted disease*. Yr unig foddion a gynigiant at wella'n salwch, ysywaeth, yw dramâu sy'n ein fflangellu am fod yn giwed mor lofr a di-asgwrn-cefn

Cyflwr goddrychol, yn hytrach na theyrngarwch i gymuned hanesyddol ac endid gwleidyddol, gwrthrychol yw Cymreictod, i'r rhan fwyaf o'n hartistiaid a'n beirniaid ac mae eu hanallu i osod y Celfyddydau mewn cyd-destun cymdeithasol pendant wedi esgor ar lawer iawn o falu awyr a sgwennu gwael.

Rheswm arall pam fod y drafodaeth feirniadol ar y Celfyddydau mor ddiffygiol yng Nghymru yw nad oes neb yn siŵr iawn, bellach, beth yn union yw diben y Celfyddydau. Canlyniad hynny yw fod ystyriaethau anesthetaidd yn lliwio sylwadau beirniaid ac adolygwyr wrth iddynt gloriannu gwerth cerdd, nofel, drama, darlun neu ddarn o gerddoriaeth. Cymeradwyir gweithiau am:

- gryfhau'r ymwybyddiaeth o Gymreictod, neu o werth yr iaith Gymraeg,
- profi fod y Gymraeg yn iaith gymwys i drafod rhai o broblemau mwyaf dyrys bywyd ar ddechrau'r unfed-ganrif-ar-hugain;
- rhoi cyfle i artist o Gymro neu Gymraes ddisgleirio ar lwyfannau rhyngwladol – yn Lloegr ac UDA, fel arfer, a 'chodi proffil' Cymru ymhlith cenhedloedd y byd;
- gwneud i'r Cymry 'deimlo'n gyfforddus gyda hwy eu hunain', fel Prozac, valium a chyffuriau tawelyddol eraill;
- creu swyddi a hybu'r economi leol;
- hyrwyddo twristiaeth.

Saunders Lewis (1893-1985)

Yn hytrach nag athronyddu a damcaniaethu ymhellach, rwyf am ystyried yn awr gymwysterau beirniad llenyddol disgleiriaf yr ugeinfed ganrif yn y Gymraeg gan gofio bod angen arfogaeth gyffelyb ar feirniaid mewn meysydd eraill:

- Profiad o fywyd y tu allan i fyd y celfyddydau ac academia. Gwasanaethodd Saunders Lewis fel swyddog yn ystod y Rhyfel Byd Cyntaf ac fe'i clwyfwyd. Roedd yn un o sylfaenwyr Plaid Genedlaethol Cymru a bu'n Llywydd arni rhwng 1925 a 1943.
- Adnabyddiaeth drylwyr o lenyddiaeth Cymru drwy'r oesau;
- Adnabyddiaeth eang o lenyddiaethau gwledydd eraill, yn enwedig Lloegr, Ffrainc, yr Eidal a chlasuron Gwlad Groeg a Rhufain ac o'r celfyddydau'n gyffredinol;
- Cariad dwfn at lenyddiaeth a chydymdeimlad â phob bardd a llenor diffuant, waeth beth fo'i ddaliadau gwleidyddol neu grefyddol;
- Dealltwriaeth o gonfensiynau a thechnegau'r *genre* dan

sylw. (Gyda rhai eithriadau prin, bodlona adolygwyr Cymraeg ar grynhoi plot y nofel neu'r ddrama, disgrifio'r prif gymeriadau a chanmol neu feirniadu'r iaith.)

- Gwrthrychedd a gonestrwydd. Clywais Saunders Lewis yn addef ei fod yn 'ffyrnig o wrth-Sosialaidd' ond dyma'i eiriau mewn cyfres o ysgrifau ar Farcsiaeth a ymddangosodd yn *Y Ddraig Goch*, misolyn Plaid Genedlaethol Cymru, yn 1938: '*Y mae'n bwysig iawn wynebu ein gelynion yn deg. Byddai'n loes i mi pe gellid profi bod unrhyw bwynt hanfodol yn y dadansoddiad o Farxiaeth yn yr anerchiad hwn yn gamliwiad.*'

- Esgymuno ystyriaethau personol, pleidiol neu sectyddol o'r drafodaeth. Ar ddudalennau'r *Llenor* yn Nauddegau a Thridegau'r ganrif ddiwethaf, codwyd beirniadaeth lenyddol Gymraeg uwchlaw cecru cul, sectyddol ac anwybodus y degawdau cyn y Rhyfel Byd Cyntaf. Yr enghraifft orau o warineb y diwygiad hwnnw yw'r ddadl hirfaith rhwng y rhyddfrydol, W. J. Gruffydd ac R. T. Jenkins a'r adweithiol Saunders Lewis ac Ambrose Bebb.

- Meddu athrawiaeth gydlynus a byd-olwg eang wedi eu sylfaenu ar realaeth gymdeithasol a'i galluogai i osod y gweithiau Cymraeg yr ymdriniai â hwy mewn cyd-destun cyfanfydol a'u cymharu â gweithiau awduron mewn ieithoedd eraill. Mae'n anodd, mewn gwlad fechan fel Cymru, i feirniad ffrwyno'i awydd naturiol i beidio â 'phechu' cyfaill, cydweithiwr, neu gydnabod, ar y naill law, ac i dalu'r pwyth i rywun sydd wedi ei bechu o neu hi, ar y llall. Mae ymlyniad wrth werthoedd ideoleg gyffredinol, boed geidwadol, ryddfrydol, sosialaidd neu grefyddol, yn gymorth i oresgyn rhagfarnau personol ac yn rhoi sylfaen athronyddol gadarnach i'r feirniadaeth nag eclectiaeth oddrychol a mympwyol.

Ganwyd a magwyd Saunders Lewis yn Lerpwl Victorianaidd ac Edwardaidd, yn aelod o ddosbarth canol a arweinid gan fasnachwyr, bancwyr a diwydianwyr cefnog; yr unig fwrgeisiaeth gref a hunan-ymwybodol a feddodd y Cymry erioed. Addysgwyd ef mewn ysgol breifat, ddrud ac ym Mhrifysgol Lerpwl, gan athrawon ceidwadol; wedyn daeth dan ddylanwad adweithiol Maurice Barrès a llenorion Ffrengig eraill o gyffelyb fryd ac anian. Dyma rai o'r datganiadau diddorol a ddeilliodd o'r gynhysgaeth ddiwylliannol honno fel y'u ceir mewn ysgrif ar 'Safonau Beirniadaeth Lenyddol' yn *Y Llenor*, (Cyfrol 1), 1922:

> 'Yr wyf yn credu bod popeth sy'n gelfyddyd, boed gân neu gerflun, yn beth unig, arbennig, ac yn gwbl ddigymar. Yn y pen draw ni ellir dosbarthu hyd yn oed y delyneg leiaf; y mae hi'n beth ar ei phen ei hun. Y rheswm am hyn yw bod celfyddyd yn ddehongliad o bersonoliaeth yr awdur, yn gynnyrch ei ysbryd a'i brofiad; ac y mae pob awenydd yn greadur neilltuol, heb iddo na chymar na neb ar y ddaear a gydymdeimlo'n llwyr ag ef. Ffrwyth unigedd enaid yw celfyddyd – ie, ac enaid a edwyn ei unigedd ac a ŵyr ei lethu ganddo – ymgais i bontio'r gwagle erchyll sydd rhwng dyn â'i gilydd...

> ... f'amcan yw ceisio profi nad oes a wnelo'r beirniad llenyddol ddim â barnu llenyddiaeth na'i safoni hi... gwaith beirniad llenyddol yw cyfansoddi llenyddiaeth. Onid hynny yw uchelgais pob llenor? Fe gais y bardd a'r llenor ddatgan eu profiad o'r byd, gan roddi inni bortread o fywyd yn nrych eu meddwl eu hunain. Mewn un peth yn unig y mae'r llenor yn wahanol iddynt, sef yn ei fater. Dyn a chymdeithas yw deunydd y nofelydd, a llenyddiaeth yw deunydd y beirniad.

> ... y mae hanes llenyddiaeth pob gwlad yn profi'n gyson fod yn rhaid dinistrio safonau a fu rywdro'n ddefnyddiol.

> Ple bynnag y bo cystadlu a safoni mewn celfyddyd, y mae'n ddiddorol sylwi y rhoddir pwys arbennig ar dueddiadau

moesol y cystadleuwyr. Nid yn eisteddfodau Cymru yn unig y gwelir hyn. O ddarllen dramâu Aristophanes a hanes bywyd Euripides fe ganfyddir bod safonau beirniadaeth Roegaidd eu hoes hwy yn llawn mor foesol â safonau aml feirniad eisteddfodol yng Nghymru.'

Mae'r sylwadau canlynol yn fwy dadleuol:

'Dyma un rheswm – nid yr unig reswm – paham na ddichon y werin adnabod llenyddiaeth. Nid sarhad ar neb yw dywedyd hyn. Ond mae'n amlwg na all y 'dyn cyffredin' ddeall yr anghyffredin ond ymhen peth amser maith; a'r anghyffredin yw hanfod llenyddiaeth…

Mi glywais, ond ni wn ai gwir hynny, mai gwerinol yw argyhoeddiadau politicaidd Mr Williams Parry. Y mae'r syniad yn wrthun. Nid oes gan artist hawl i fod yn werinwr. Y mae ei etifeddiaeth yn rhy hen.'
('Barddoniaeth Mr R. Williams Parry' yn *Y Llenor* (Cyfrol 2), 1922).

'Colled i lenyddiaeth yw colli pechod. Heb bechod ni cheir fyth ddim oddieithr barddoniaeth delynegol megis y sydd yng Nghymru heddiw, ac a glywais ddweud, sydd yn y nefoedd, gwlad arall sy'n brin o bechaduriaid. Ond a ninnau ar y ddaear, dylem barchu ein hetifeddiaeth a gwneud yn fawr o bechod. Hwn yw deunydd trasiedïau gorau'r byd, gwaith Shakespeare a Racine.'
('Llythyr ynghylch Catholigiaeth', yn *Y Llenor,* Haf 1927).

Nid fi yw'r beirniad cyntaf i sylwi mai hanfod trasiedi yw argyhoeddiad fod angau'n derfynol ac nad oes 'byd a ddaw' ond fod yr ysbryd dynol, fel y'i ymgnawdolir yn Antigone ac Othello yn nramâu Sophocles a Shakespeare a John ac Elizabeth Proctor yn *The Crucible* gan Arthur Miller, er enghraifft, yn rhagorach peth na'r grymusterau negyddol sy'n lladd y corff. Os cyfoethogwyd meddwl S. L. gan ei grefydd, fe'i culhawyd hefyd. Mae ei sylwadau ar weithiau awduron y medrai eu cynnwys yn yr hyn a alwai yn 'draddodiad clasurol, Cristnogol Ewrop' wastad yn dreiddgar a dadlennol ond nid oes ganddo ddim ond dirmyg at y lleill, yn rhamantwyr, rhyddfrydwyr ac unrhyw un sydd â gair da am y Chwyldro Ffrengig.

Dyma ddyfyniad o ateb W. J. Gruffydd, Golygydd *Y Llenor* i'r 'Llythyr ynghylch Catholigiaeth':

> '... *gwyddom mai'r 'anffyddwyr' a'r 'amheuwyr a'r 'hereticiaid' sydd wedi bod erioed wrth wraidd pob symudiad i dorri hualau hen greulonderau ac i agor ffenestri ar bob hen ffolineb a llyfdra. Heddiw, un o ffolinebau anfeidrol y byd, y pechod gwarthus sy'n cadw blas gwaed ar ei dafod, ydyw rhyfel; ac mae'r bobl sy'n credu mewn rhyfel fel peth daionus ac anorfod i gyd yn bobl sydd â chredo grefyddol bendant ganddynt...'*

Plus ça change...

Perodd ceidwadaeth adweithiol S. L. iddo goleddu daliadau gwleidyddol hollol wrthgyferbyniol i rai'r rhan fwyaf o'i gydwladwyr, brodorion un o wledydd mwyaf proletaraidd Ewrop ar y pryd. Llawenychodd ym muddugoliaeth y Cadfridog Franco dros y Weriniaeth yn Rhyfel Cartref Sbaen a phlediai niwtraliaeth Gymreig yn ystod yr Ail Ryfel Byd.

Mae molawd S. L. i 'bechod' yn croes-ddweud ei sylwadau blaenorol am amherthnasedd ystyriaethau moesol wrth gloriannu gweithiau llenyddol. Credaf fod ei ymlyniad wrth ddysgeidiaeth Eglwys Rufain ynglŷn â rhywioldeb – ar ben Piwritaniaeth lem ei fagwraeth Anghydffurfiol Gymreig – wedi niweidio ei waith fel dramodydd a nofelydd hefyd. Gwir y galwodd Branwen Jarvis ef yn 'Broffwyd Patriarchaeth'; mae ei fenywod un ai'n santesau arwrol sy'n agos iawn i'w lle fel mamau a gwragedd – Iris, yn *Gymerwch chi Sigaret?*, Siwan yn y ddrama o'r un enw, er enghraifft; neu'n greaduriaid anwadal ac anfoesol, fel Blodeuwedd a Monica.

Athrawiaeth ar gyfer yr unfed-ganrif-ar-hugain

Collodd Eglwys Rufain, ers peth amser, y grym a'r awdurdod a feddai yn Nauddegau a Thridegau'r ganrif ddiwethaf wrth i filiynau o'i ffyddloniaid yn yr hen 'Wledydd Cred' gefnu arni. Trengodd y Gomiwnyddiaeth Sofietaidd yr oedd Saunders Lewis yn ei pharchu, fel gwrthwynebydd teilwng – onid ffydd awdurdodol a dogmatig oedd hithau? – tra y collfarnai ei gweledigaeth faterol, gwrth-fetaffysegol.

Dyweder a fynner am yr Undeb Sofietaidd – ac rwyf i'n meddwl iddi wneud llawer iawn mwy o dda nag o ddrwg – ni ellir gwadu i'w bodolaeth orfodi Cyfalafiaeth ac Imperialaeth i ymddwyn yn annaturiol; h.y. rhyddhau trefedigaethau yn yr Affrig ac Asia, sefydlu gwladwriaethau lles ac ychwanegu'n sylweddol at hawliau'r undebau llafur yn Ewrop a diarfogi niwclear. Yn dilyn ei diflaniad hi a'i chynghreiriaid sosialaidd yn Ewrop, adferwyd y *status quo ante*, ac wele Cyfalafiaeth ac Imperialaeth yn awr, *red in tooth and claw*, fel yr oeddynt cyn 1917. Disodlwyd Keynesiaeth y ddeng mlynedd ar hugain wedi'r Ail Ryfel Byd gan neo-ryddfrydiaeth Reagan a Thatcher a thanseiliodd hynny yr ideolegau rhyddfrydol a sosialaidd-ddemocrataidd a ffynnai yn y gofod syniadaethol rhwng Washington a Moscow. Mudodd llu o artistiaid ac academwyr tua'r Dde. Cofleidiodd llawer wleidyddiaeth George W. Bush a'r *neo-cons* Americanaidd, gan gymeradwyo'r 'rhyfel yn erbyn terfysgaeth', Islamoffobia a'r goel fod 'Hanes wedi darfod'. Aeth eraill ar ddisberod mewn diffeithwch o theorïau academaidd, sychion neu suddo yng nghorsydd myfïol, mewnblyg, gwamal, gwrth-realaidd, adweithiol Ôl-foderniaeth.

Yng Nghymru, mae gennym hefyd, gwaetha'r modd,

faint fynnir o Ôl-Gristnogaeth, Ôl-genedlaetholdeb ac Ôl-sosialaeth. Gwywodd y gwareiddiad Anghydffurfiol a fu unwaith mor rymus a dylanwadol yn ein gwlad. Rhoddodd 'Plaid' y farwol i genedlaetholdeb yng Nghymru trwy berswadio'i hun mai'r un peth oedd uwch-wladwriaeth archgyfalafol yr Undeb Ewropeaidd ag Ewrop waraidd, ganoloesol, Gatholig, ddychmygol Saunders Lewis. Trwy gefnu ar weledigaeth ac egwyddorion Keir Hardie a chofleidio rhai Margaret Thatcher, gwnaeth y Blaid Lafur yr un modd â sosialaeth. Mae'r ddwy blaid wedi bradychu delfrydiaeth eu sylfaenwyr trwy dderbyn tra-arglwyddiaeth y farchnad rydd, ddilyffethair ac imperialaeth filitaraidd NATO ac wedi amddifadu trwch poblogaeth Cymru o ddwy ideoleg a fu'n cynnal eu dyheadau am gyfiawnder cymdeithasol a rhyddid cenedlaethol am genedlaethau.

Esgorodd 'argyfwng gwacter ystyr' y Gymru gyfoes ar nofelau cysyniadol ac athronyddol y mae rhai beirniaid yn mynnu eu bod yn werth i'w darllen er bod hynny'n 'waith caled'. Ymarferiad ymenyddol nid annhebyg i ddatrys pôs croesair y *Times*. Fersiwn lenyddol o'r goel fod ffisig a blas drwg arno'n bownd o'ch gwella chi. Dyna'r cyfiawnhad, debyg iawn, dros lwyfannu dramâu aflawen Beckett a Pinter a'u dynwaredwyr llai dawnus Cymraeg.

Dyma sut yr eglura Terry Eagleton atyniad gweithiau o'r fath i bobol o feddylfryd mewnblyg a phesimistaidd:

'The typical modernist work of art is still haunted by the memory of an orderly universe and so is nostalgic enough to feel the eclipse of meaning as an anguish, a scandal, an intolerable deprivation. This is why such works so often turn around a central absence, some cryptic gap of silence which makes the spot through which sense-making has leaked away.'[17]

---

17 *The Meaning of Life*, Terry Eagleton (O.U.P.).

Gan imi gyfeirio at y theatr, hoffwn ddweud gair neu ddau am gyflwr y theatr Gymraeg.

Dyma gyngor Michael Billington, beirniad theatr y *Guardian* i gwmnïau cenedlaethol Cymru a'r Alban pan sefydlwyd hwy:

'... one thing can be learned from the South Bank example: a national theatre, wherever it is based, only comes alive when it engages with the present. Obviously, it has a duty to retrieve the past and explore the global repertory, but Welsh and Scottish national theatres will only justify their existence if they examine the political conflicts and social tensions that are part of their countries' identities. A national theatre is not just a cultural hypermarket, it is a way of publicly scrutinising what nationhood means in the modern world.'[18]

Y rheswm na dderbyniodd Theatr Genedlaethol Cymru nac unrhyw gwmni Cymraeg arall gyngor Billington yw fod eu cyfarwyddwyr artistig a'u byrddau wedi eu llyffetheirio gan genedlaetholdeb sefydliadol, cul a chysurus ac yn anfodlon, felly, i herio'r *status quo* economaidd, gwleidyddol, cymdeithasol a diwylliannol. *Raison d'être* ein cwmnïau drama proffesiynol yw hyrwyddo'r Gymraeg gyda chynyrchiadau ceidwadol, saff na fyddant yn tramgwyddo'r biwrocratiaid a'r gwleidyddion sy'n rheoli cyllidebau'r cwmnïau.

Symtom frodorol o fethdaliad moesol Imperialaeth ledled y byd yw cyflwr argyfyngus yr iaith Gymraeg a'i diwylliant ac eiddilrwydd ymdrechion pobol fel ni i'w diogelu a'u gweld yn ffynnu. Ond nid yw'r sefyllfa'n anobeithiol.

Daeth teyrnasiad George W. Bush i ben yr un pryd â methdaliad diweddaraf y gyfundrefn economaidd a gwleidyddol y milwriaethai drosti. Bellach, mae'r goludogion

---

18 *The Guardian*, 05.05.04.

a fu'n datgan mor dalog mai ymyrraeth y wladwriaeth mewn materion economaidd oedd wrth wraidd problemau cymdeithas ac mai'r farchnad rydd, ddilyffethair biau'r atebion, yn cydnabod mai fel arall yn hollol y mae hi. Mae anfoesoldeb bancwyr, yr agendor rhwng y cyfoethogion a'r rhelyw ohonom, llygredigaeth gwleidyddion, diweithdra, digartrefedd, rhyfeloedd imperialaidd, diddiwedd a'r bygythiad i barhad bywyd ar y ddaear yn argyhoeddi mwy a mwy fod rhaid dyfeisio dull tecach o rannu ei hadnoddau ymhlith dynol ryw.

Dyna pam y daliaf i, yn fwy hyderus yn awr nag y buaswn ddwy flynedd yn ôl, fod Marcsiaeth yn 'athrawiaeth gydlynus wedi ei sylfaenu ar realaeth gymdeithasol' sy'n cynnig deongliadau o hanes Cymru a dibenion Celfyddyd y mae'n werth i artistiaid a beirniaid roi ystyriaeth ddifrifol iddynt; ac y gall fod o fudd i artistiaid Cymreig drwy eu galluogi i oresgyn plwyfoldeb ar y naill law a *provincialism* a Phrydeindod ar y llall.

Crynodeb byr iawn o sylfeini Marcsiaeth

- Amgylchiadau cymdeithasol sy'n llunio ymwybyddiaeth dyn ac nid fel arall.

- Y mae dynion, yn wryw a benyw, erioed wedi ymdrechu i ychwanegu at eu rhyddid; hanfod yr ymdrech honno yw'r rheidrwydd sydd arnynt i feistroli amgylchiadau materol eu bodolaeth.

- *'Ar adeg arbennig yn hanes cymdeithas fe ymrannodd yn nifer o ddosbarthiadau economaidd, a'u buddiannau yn gwrthdaro â'i gilydd. O'r sail hanesyddol a chymdeithasol hon y cyfododd y rhyfel dosbarth. O safbwynt y rhyfel hwn, prif amcan y dosbarth llywodraethol ydyw cadw'r llywodraeth yn ei ddwylo ei hun; fe wrthwyneba gyfnewidiadau cymdeithasol, fe bair i ddiwylliant a chynnyrch sefyll fwyfwy yn eu hunfan, ac fe ddibynna fwyfwy ar arfau i sicrhau ei awdurdod. Prif amcan dosbarth darostyngedig yw ei ryddhau ei hunan o'i gaethiwed i'r dosbarth llywodraethol a'i sefydlu ei hunan yn ddosbarth llywodraethol newydd.'* (W. J. Rees, yn y Rhagair i'w gyfieithiad o'r *Maniffesto Comiwnyddol* gan Karl Marx a Frederich Engels).

- Y ffactorau y mae'n rhaid eu hamgyffred os ydym am ddeall unrhyw ffenomen hanesyddol – boed chwyldro, neu'n ddiwygiad cymdeithasol, newid gwleidyddol, nofel, drama neu athrawiaeth arbennig – yw dulliau cynhyrchu'r cyfnod a nerth cymharol a chyd-berthynas y gwahanol ddosbarthiadau.

Hanes Cymru

Daeth Ffrainc yn genedl-wladwriaeth am fod angen cyfundrefn o'r fath ar y fwrgeisiaeth Ffrengig i warchod ei diwydiannau, ei marchnadoedd a'i heiddo. Digwyddodd proses debyg ym mhob un o wledydd Ewrop y sefydlwyd gwladwriaeth sofran ynddi. Nid oherwydd ein bod ni Gymry yn bobl fwy israddol neu daeog na'r rhelyw yr amddifadwyd ein gwlad o'i gwladwriaeth ei hun ond am nad oedd yma, yn y ddeunawfed ganrif a'r bedwaredd-ganrif-ar-bymtheg, ddosbarth cymdeithasol niferus, uchelgeisiol a hyderus ac arno angen un i hyrwyddo'i fuddiannau. Roedd marchnadoedd gweddill y Deyrnas Gyfunol a'r Ymerodraeth yn anhepgorol i ffyniant perchnogion pyllau glo a gweithfeydd haearn a dur y De-ddwyrain a'r Gogledd-ddwyrain a rhaid, felly, oedd i'r werin weithiol gynghreirio gyda'i chymrodyr yn Lloegr a'r Alban ac ymuno â'r un undebau llafur a phleidiau gwleidyddol â hwy i wrthsefyll gorthrymderau'r dosbarth llywodraethol Prydeinig, unedig o gyfalafwyr a thirfeddianwyr.

Mân-fwrgeisiaeth o ffermwyr, siopwyr a chrefftwyr sicrhaodd barhad y genedl Gymreig hyd at ein dyddiau ni. Sefydlasant achosion crefyddol, democrataidd ym mhob rhan o'r wlad – ond nid oeddynt â'u bryd ar wladwriaeth sofran a Senedd. Nid Cymry balch, gwladgarol mo diwygwyr Methodistaidd fel Howell Harris, Ann Griffiths a William Williams Pantycelyn ond Prydeinwyr parchus, gwasaidd a gor-grefyddol. Nid chwyldro gwleidyddol a geisient ond diwygiad crefyddol Seisnig ei ysbrydoliaeth a'i ddiwinyddiaeth. Pregethent ac ysgrifennent emynau Cymraeg; oherwydd mai hi oedd yr unig iaith a ddeellid gan y werin bobl. Eu strategaeth er hyrwyddo eu hamcanion crefyddol, cymdeithasol a gwleidyddol oedd ymgynghreirio gydag elfennau mwyaf blaengar y Sefydliad Seisnig – y Whigiaid yn gyntaf ac yna'r Rhyddfrydwyr.

Erbyn diwedd y Rhyfel Byd Cyntaf, roedd dosbarth canol Anghydffurfiol, Rhyddfrydol Cymru wedi hen sefydlu ei hun fel dosbarth llywodraethol rhanbarthol Prydeinig. Yn fuan iawn wedyn, disodlwyd ef yng nghymoedd diwydiannol y De gan y Blaid Lafur ond parhaodd ei hegemoni yn y Gogledd a'r Gorllewin am genhedlaeth arall; ac ar ôl datgysylltu a difreinio'r Eglwys Wladol yn 1922 roedd arweinwyr crefyddol, diwylliannol a gwleidyddol y Gymru Gymraeg yn bur fodlon ar eu byd, ac eithrio rhai o ddeallusion mwyaf blaengar a diwylliedig y dosbarth – yn ysgolheigion ac yn weinidogion yr Efengyl – a oedd ddigon gwrol i wynebu'r ffaith hyll fod diwydiannaeth, cyfundrefn addysg estronol a'r cyfryngau torfol modern yn bygwth einioes yr iaith Gymraeg.

Mynnai'r garfan fechan hon fod i'r iaith Gymraeg a'i diwylliant le anrhydeddus ymhlith ieithoedd a diwylliannau'r gwareiddiad Ewropeaidd a bod dyletswydd arnynt hwy a'u cydwladwyr i'w gwarchod 'fel y cadwer i'r oesoedd a ddêl y glendid a fu'. Tra'n cymeradwyo eu delfrydiaeth, dylid cydnabod mai'r iaith Gymraeg oedd ffon fara a sylfaen statws gymdeithasol y deallusion a sefydlodd Plaid Genedlaethol Cymru yn 1925. Y cwbl a geisiai Saunders Lewis, y mwyaf 'eithafol' ohonynt oedd 'gwladwriaeth wan' a fyddai'n dal yn deyrngar i Goron Lloegr. Y gwir amdani yw mai plaid 'pregethwrs a titsiars' a fu'r Blaid tan ddechrau Chwedegau'r ganrif ddiwethaf ac mai ei *raison d'être* oedd pwyso ar y wladwriaeth Brydeinig i Gymreigio'r gyfundrefn addysg a rhoi i Gymru wasanaethau radio a theledu Cymraeg a nawdd i'r wasg Gymraeg, yr Eisteddfod Genedlaethol, ac yn y blaen.

Mae'r byd a Chymru wedi newid er 1925 ond deil hanfodion cenedlaetholdeb Cymreig yn ddigyfnewid, sef gwarchod buddiannau ieithyddol, diwylliannol ac economaidd y dosbarth canol Cymraeg trwy ddylanwadu ar wleidyddion, gweision sifil ac asiantaethau'r wladwriaeth Brydeinig. Nid grŵp procio mo 'Plaid', bellach, wrth gwrs. Mae'n blaid wleidyddol go-iawn a chanddi weinidogion yn Llywodraeth y Cynulliad. Ond yr un, fwy neu lai, yw ei sylfaen gymdeithasol a'i chefnogaeth greiddiol, sef, aelodau o'r proffesiynau y mae'r Gymraeg yn ffon fara iddynt.

Un newid mawr ac arwyddocaol yng ngwareiddiad y Gorllewin yw fod y cyfryngau torfol wedi cymryd lle'r eglwysi fel yr asiantaethau yr ymddiriedir iddynt y swyddogaeth o ddihidlo ideoleg y dosbarthiadau llywodraethol ar feddyliau eu deiliaid ac o ddarparu adloniant sy'n gyffur tawelyddol.

Nid hap a damwain na chyd-ddigwyddiad yw fod i feibion a merched gweinidogion yr Efengyl le mor amlwg yn arweinyddiaeth Plaid, BBC Cymru ac S4C.

Canlyniad anorfod y ffaith fod diwylliant yng Nghymru mor ddibynnol ar nawdd sefydliadau sy'n asiantaethau Prydeinig yw ei fod, ar y cyfan, yn daleithiol, yn saff, ac yn amharod i herio'r drefn.

Cymru Heddiw

Mae gennym Gynulliad Cenedlaethol egwan ac ynddo gynrychiolwyr pedair plaid ddosbarth-canol sy'n arddel rhyw fath o genedlaetholdeb claear a Llywodraeth glymbleidiol sy'n ceisio gweithredu polisïau sosialaidd-ddemocrataidd heb dramgwyddo rheolau ac egwyddorion arianyddol Neoryddfrydiaeth, h.y. Thatcheriaeth y Ceidwadwyr a Llafur Newydd. Byth a hefyd, clywir ASau ac ACau yn gresynu fod 'pobol, yn enwedig pobol ifanc, wedi colli diddordeb mewn gwleidyddiaeth'. Ni chlywais yr un yn cydnabod mai'r rheswm am hynny yw eu bod hwy wedi difreinio'r rhan fwyaf o'u hetholwyr trwy ymwrthod yn llwyr â pholisïau a fyddai'n ymateb i'w hanghenion hanfodol: heddwch bydeang, diogelu'r amgylchedd, cyflogaeth lawn, tai cyngor o safon uchel, gwasanaethau iechyd ac addysg effeithiol yn rhad ac am ddim i bawb, trafnidiaeth integreiddiedig a diwylliant sy'n deillio o'u hanes a'u profiad hwy yn hytrach nag o ffatrïoedd adloniant y corfforaethau cyfryngol. Amod cyflawni hyn oll yw dryllio llyffetheiriau'r Farchnad Rydd; 'y peth syml sydd mor anodd i'w gyflawni', chwedl Bertolt Brecht.

Y cam pwysig cyntaf yn yr ymgyrch honno fyddai rhoi'r gorau i longyfarch ein hunain ar fod 'yma o hyd' ac o fodloni ar gynulliad egwan nad yw'n meddu hawl yr hen gynghorau plwyf i godi trethi. **Wynebwn y ffaith drist a chywilyddus mai trefedigaeth yw Cymru; trefedigaeth Seisnig; trefedigaeth gyntaf Lloegr a'r olaf.** Cyffelyb yw'n statws i eiddo cenhedloedd brodorol cyfandir De Amerig sydd yn awr, wedi canrifoedd o orthrwm, yn mynnu ymreolaeth wleidyddol ac economaidd yn eu tiriogaethau traddodiadol, ynghyd â pharch i'w diwylliannau, eu traddodiadau a'u hieithoedd. Os gosodwn ein hymdrechion celfyddydol yn y cyd-destun hwnnw mae gobaith y llwyddwn i gynhyrchu gweithiau fydd yn berthnasol i gyfran helaethach o'n cydwladwyr ac o ddiddordeb i genhedloedd eraill yn ogystal.

184

Estheteg Gymreig

Nid galw yr wyf ar artistiaid Cymru i bregethu ac i bropagandeiddio dros y raglen wleidyddol sosialaidd a chwyldroadol ond eu hannog i osod eu creadigrwydd yng ngherrynt cymdeithasol pwysicaf ac mwyaf arwyddocaol yr unfed-ganrif-ar-hugain. Nid wyf chwaith yn ceisio eu perswadio i arddel yr un daliadau gwleidyddol â mi; dim ond gofyn iddynt ystyried Marcsiaeth fel arf syniadaethol a all ddyfnhau ein dealltwriaeth o'r gymdeithas ac o'r byd yr ydym yn byw ynddynt ac o'r hyn y ceisiwn ei gyflawni fel arlunwyr, cerddorion, beirdd a llenorion.

Yn ôl beirniaid Marcsaidd fel y Gwyddel, George Thomson (gw. *Aeschylus and Athens* a *The Prehistoric Aegean)*, dechreuodd dawns, cerddoriaeth, barddoniaeth ac arlunio fel swyn-gyfaredd, sef, ymdrechion ein cyndadau cyntefig i ewyllysio trwy ddefod lwyddiant i'r helfa a hinsawdd a fyddai'n fendithiol i'w cnydau. Mewn cymdeithasau mwy cymhleth, ceisia artistiaid greu synthesis o groestyniadau goddrychol a gwrthrychol ac o brofiadau sy'n eu trallodi neu'n eu llawenhau; creu o dryblith eu profiadau ystyr y gall eraill uniaethu ag ef.

Pe gofynnid imi roi enw ar yr estheteg y ceisiaf ei disgrifio, fe'i galwn hi'n 'Realaeth Ddyneiddiol a Democrataidd'. Dyma ddwy nofel ac un ddrama ddiweddar sy'n realaidd, yn ddyneiddiol ac yn ddemocrataidd eu hanianawd ac a roddodd fwynhad mawr i mi. Fel pob creadigaeth gelfyddydol lwyddiannus, maent yn peri inni ryfeddu at ddycnwch, arwriaeth, allgaredd a mileindra dynol-ryw ac at ddawn a darfelydd yr artist.

Teulu Lord Bach gan Geraint Vaughan Jones, (Gomer). Hanes teulu mewn ardal chwarelyddol yn Sir Feirionnydd yn ceisio ymdopi ag effeithiau'r ddau Ryfel Byd, dirwasgiad dauddegau a thridegau'r ugeinfed ganrif a dirywiad ieithyddol a diwylliannol y Gymru Gymraeg yn ystod yr hanner canrif diwethaf.

Petrograd gan Wiliam Owen Roberts, (Barddas). Hanes teulu uwch-fwrgeisaidd Rwsiaidd yn ystod y Chwyldro Bolsieficaidd a'r blynyddoedd canlynol.

Mae'r ddwy nofel yn adrodd straeon gafaelgar am gymeriadau diddorol a chredadwy ac yn dyfnhau ein hadnabyddiaeth o'n byd ac o'n cyd-ddynion trwy ddodi cnawd a gwaed ar esgyrn Hanes.

Amgen:Broken gan Gary Owen (Sherman Cymru). Drama fentrus, ddwyieithog sy'n archwilio'r berthynas rhwng iaith a phersonoliaeth a'r gwerthoedd gwahanol sy'n ymhlyg yn y ddwy iaith a siaredir gan yr un person. Mae hi hefyd yn peri i'r gynulleidfa amgyffred yr ymddieithriad ingol sy'n andwyo bywydau cynifer o bobl ifainc heddiw ac weithiau'n eu difodi. Pan welais i'r ddrama hon roedd dros hanner y gynulleidfa yn ddi-Gymraeg, gan gynnwys pobl o wledydd eraill, ond a barnu ar y drafodaeth frwd rhwng y Cwmni a'r gynulleidfa ar ddiwedd y perfformiad, nid oedd hynny wedi menu ar eu gwerthfawrogiad.

At hynny, *Y Tiwniwr Piano* gan Catrin Dafydd a gweithiau nifer o awduresau ifainc.

'Dwi am weld Cymru sy'n gyfforddus gyda hi ei hun, a'i phobl yn hyderus yn eu gwerth a'u hunaniaeth eu hunain.'

Finnau hefyd, ond chawn ni mo hynny tan ar ôl y Chwyldro Sosialaidd Ewropeaidd – a ddaw hwnnw ddim am sbel. Yn y cyfamser, rydw i'n meddwl mai un o swyddogaethau pwysicaf beirdd a llenorion ac artistiaid o bob math ydi cyffroi a chynddeiriogi pobol a'u hysgogi i amau ac i herio celwyddau'r bancwyr, y gwleidyddion a'r cyfryngau torfol sy'n camlywodraethu'r byd sydd ohoni mor ddifrifol.

Cyngor i'r Cyngor

Hoffwn weld Cyngor Celfyddydau Cymru yn rhoi'r gorau

i ariannu cystadlaethau celfyddydol 'agored i'r byd' a'u gwobrwyon enfawr ac ymweliadau â'r Biennale yn Venice gan artist neu ddau a dyrnaid o swyddogion a gweinyddwyr y Cyngor. Mae'r achlysuron hynny'n swcro cenedlaetholdeb diwylliannol, arwynebol ac ymhonnus carfan ddethol heb fod o fudd i drwch y boblogaeth. Dylid cyfeirio'r arian a arbedid at hyrwyddo ymarfer a gwerthfawrogi'r celfyddydau mewn ysgolion ac ardaloedd difreintiedig. Fel awdur proffesiynol, does gen i fawr o feddwl o gyfundrefn sy'n rhoi ysgoloriaethau hael i awduron ac artistiaid heb ddisgwyl iddynt gyflawni dim byd o gwbl.

Propaganda'r Prydydd

Bardd y mae ei gerddi aeddfed yn ddyneiddiol ac yn ddemocrataidd eu naws ac yn arddangos ymwybyddiaeth o groestyniadau cymdeithasol ffyrnicaf ei oes yw R. Williams Parry (1884-1956). Ni fwriadwyd y cyntaf o'r cerddi a ddyfynnir fel atebiad i edmygedd snobyddlyd Saunders Lewis, am wn i, ond gwna hynny'n effeithiol iawn. Yn yr ail, mae'r bardd yn disgrifio swyddogaethau'r Awen yn ei oes ei hun ac heddiw.

Gorchestion Beirdd Cymru

Pob gorchest gain ac anodd
Ddarllenais, popeth ganodd
Y beirdd bob un;
Heibio i awen galed
Reolaidd Tudur Aled
Hyd Wiliam Llŷn.

Dan ambell awdl a chywydd,
Fel achlysurol drywydd
Yma a thraw,
Ymhlith yr anfarwolion
Gwelwn hynafol olion
Rhyw farwol law.

187

Ac enw a chyfeiriad
Mewn anllythrennog eiriad
Gennyf fi
Oedd fiwsig cerdd fwy iasol
Na champau'r gwŷr urddasol
Mawr eu bri.

Fel pan ar hwyr o Fedi
Y gwelir dan rifedi
Disglair sêr,
Trwy ryw bell ffenestr wledig
Oleuad diflanedig
Cannwyll wêr.

(1925)

Cymru

Cymer i fyny dy wely a rhodia, O Wynt,
    Neu'n hytrach eheda drwy'r nef yn wylofus waglaw;
Crea anniddigrwydd drwy gyrrau'r byd ar dy hynt –
    Ni'th eteil gwarchodlu teyrn na gosgorddlu rhaglaw.
Dyneiddia drachefn y cnawd a wnaethpwyd yn ddur,
    Bedyddia'r di-hiraeth â'th ddagrau, a'r doeth ailgristia;
Rho awr o wallgofrwydd i'r llugoer tu ôl i'w fur,
    Gwna ddaeargrynfeydd dan gadarn goncrit Philistia;
Neu ag erddiganau dy annhangnefeddus grwth
    Dysg i'r di-fai edifeirwch, a dysg iddo obaith;
Cyrraedd yr hunan-ddigonol drwy glustog ei lwth,
    A dyro i'r difater materol ias o anobaith:
O'r Llanfair sydd ar y Bryn neu Lanfair Mathafarn
    Chwyth ef i'r synagog neu chwyth ef i'r dafarn.

(1937)

Llyfryddiaeth: Ceir casgliad diddorol o ysgrifau ar lenyddiaeth a beirniadaeth lenyddol gan Karl Marx, Frederich Engels, Christopher Caudwell, George Thomson, Georg Lukacs, Bertolt Brecht ac eraill rhwng cloriau *Marxists On Literature: An Anthology*, Gol. David Craig, (Penguin).

Cyfeillgarwch Annisgwyl

Angharad Tomos

Yn swyddogol, doedd dim cysylltiad o unrhyw fath rhwng Cymdeithas yr Iaith a MAC (Mudiad Amddiffyn Cymru), ond diddorol yw'r ffaith fod dau o brif arweinwyr y mudiadau tra gwahanol hyn wedi dod yn ffrindiau. Doedd hyn ddim yn wybyddus i lawer, ac mae'r ffaith honno hefyd yn ddifyr.

Mewn cyfarfod o Blaid Cymru y cyfarfu Gareth Miles a John Jenkins, a chanfyddodd y ddau fod ganddynt dipyn yn gyffredin (erthygl yn *Barn* 2021). Yn Wrecsam oedd cartref cyntaf Gareth a Gina wedi iddynt briodi, a daeth John Jenkins yn ymwelydd cyson â'u cartref. Daethant yn gyfeillion agos a John yn rhannu sawl syniad a chyfrinach efo'i gyfaill.

Ym 1933 y ganed John, yng Nghaerdydd, felly roedd bum mlynedd yn hŷn na Gareth. Roedd John wedi gadael yr ysgol ramadeg yn 13 oed, gan fynd yn brentis gof. Ond yn 17 oed, ymunodd â'r Fyddin, gan ddod yn swyddog efo'r Royal Army Dental Corps a gweithio yn yr Almaen, Cyprus ac Awstria. Cafodd Tryweryn a thrychineb Aberfan argraff ddofn arno. Priododd Thelma ym 1958, pan oedd o'n 25 oed. Ganed dau fab iddynt, Vaughan a Rhodri. Daeth John yn aelod o Fudiad Amddiffyn Cymru ym 1964, ac yn fuan iawn fo oedd arweinydd y mudiad. Yr hyn a nodweddai MAC oedd eu defnydd o ffrwydron fel tacteg, ac fe'i arestiwyd yn ystod blwyddyn yr Arwisgo ym 1969. Cafodd ddedfryd lem o 10 mlynedd o garchar, a gwnaeth 7 mlynedd o'r ddedfryd honno, gan gael ei ryddhau ym 1976.

Yn gynnar yn ei garchariad, aeth Gareth a Gina i weld John ym 1971, yn Wormwood Scrubs yn Llundain, gan deithio dros nos o Wrecsam, a rhieni Gina yn gwarchod y plant. Roedd Gina yn cofio y lle fel 'rhywbeth o oes Dickens' ac roedd yr ymweliad yn brofiad ysgytwol iddi. Erbyn yr ail ymweliad ym 1975, roedd John wedi ei symud i garchar Albany ar Ynys Wyth, sef carchar dwys (*high security*).

Yn Haf 1974, daeth Vaughan a Rhodri i aros efo teulu Gareth yn Wrecsam. Erbyn hynny, doedd Thelma ddim yn gallu gofalu amdanynt yn ddigonol, a chyfeillion John oedd wedi trefnu y caent fynd i aros at gyfeillion dros yr Haf. Wedi pythefnos o aros efo nhw, daeth Raymond Edwards a Kitty a'r hogiau draw i gartref Gareth a Gina. Bryd hynny, roedd Vaughan wedi bod yn Rhydfelen am tua blwyddyn, a Rhodri yn 8-9 oed.

Wedi ei ryddhau, gwelodd Gareth a Gina John yn Eisteddfod Caerdydd 1978, a thra bu John yn byw yn Nhrelewis, daeth i gartref Gareth ym Mhontypridd yn eitha cyson, a Rhodri efo fo (oedd bellach yn Rhydfelen).

Erbyn hynny, roedd Vaughan wedi gadael cartref, a Thelma efo cymar newydd a'u merch yn Nhrelewis hefyd. Yn y man, symudodd John i fyw yn ôl yn Wrecsam, i Johnstown. Collwyd cysylltiad, a'r tro olaf i Gareth a Gina ei weld oedd yn angladd Eileen Beasley yn 2012.

John Jenkins

(cylchgrawn Barn, wedi marw John Jenkins)

Gareth Miles

Oherwydd nad efelychodd Gwynfor Evans yn Nhryweryn wrthdystiad Saunders Lewis, D. J. Williams a Lewis Valentine ym Mhenyberth yn 1936, Pleidiwr llugoer fûm i gydol y 1960au. Ond ryw noswaith ym mis Medi 1967 ildiais i berswâd cyfaill a daerai fod 'cangen Wrecsam wedi newid... Ma gynnon ni ysgrifennydd newydd effeithiol iawn. Di-Gymraeg, ond rhaid i ni gael y rheini.'

Aeth y cyfarfod rhagddo yn ddidramgwydd tan inni gyrraedd Unrhyw Fater Arall a gyflawnwyd gan yr Ysgrifennydd – dyn canol oed ifanc a Hwntw huawdl, cymedrol o ran corffolaeth a thaldra: "I'm sure that you're all appalled, as I was, by the explosion perpetrated at Llanrhaedr-ym-Mochnant a couple of nights ago, by people claiming to be acting in the interests of the people of Wales. They are however undermining Plaid Cymru's campaigns for a free, prosperous and democratic Wales, and I propose that we send a letter to the *Daily Post* and the *Western Mail* disassociating

John Jenkins, Dafydd y Dug a Gareth ddiwrnod angladd Pedr Lewis o Benybont yn 2009.

Plaid Cymru from these extremists."

"Pwy ydi hwn?" holais fy ffrind. "Be ydi o, Tori? Dyn busnes?"

"Mae o yn 'rArmi. Yng Nghaer," meddai.

"Mae Plaid Cymru wedi dirywio fwy nag y meddylis i," meddwn wrtho. 'Mi a' i am sgwrs efo'r brawd."

Cawsom sgwrs y noson honno ac un arall ymhen y mis, a dyna sut y deuthum i a John Jenkins yn ffrindiau.

"Isn't being a Branch Secretary of Plaid Cymru rather risky?" holais.

"It's the perfect cover," atebodd.

Bob hyn a hyn, byddwn yn cwrdd â John mewn archfarchnad ar gyrion tref Wrecsam i drafod cwrs y byd a'r achos cenedlaethol. Ar un achlysur wedi'r Arwisgo, awgrymais y dylai gymryd hoe cyn cael ei ddal. Atebodd, "I can't. It's like a strong addictive drug."

Gwyddai nifer o genedlaetholwyr Wrecsam am weithgareddau John – yn athrawon a phrifathrawon. Beth bynnag a ddywedir amdanom ni'r Cymry, rydym yn rhai da am gadw cyfrinachau.

Yn ystod fy nghyfnod fel cadeirydd Cymdeithas yr Iaith Gymraeg, mynnai rhai 'cenedlaetholwyr eithafol' ein bod yn cefnu ar yr egwyddor ddi-drais ac yn cyd-ymgyrchu â mudiadau fel yr FWA, y Patriotic Front a'r Anti-Sais League. Petai'r garfan honno wedi llwyddo, dyna fuasai diwedd y Gymdeithas. Pan soniais wrth John am y broblem, gorchmynnodd i'r 'eithafwyr' roi'r gorau i ymyrryd yng ngweithgareddau Cymdeithas yr Iaith. Ac felly, fe'i harbedwyd.

* * *

Y tro olaf i ni gwrdd oedd yn angladd Eileen Beasley yn 2012 yn Henllan Amgoed. Fel hithau, cadwodd John ei ffydd wlatgar tan y diwedd un, ac fel y dywed ym mywgraffiad Dr Wyn Thomas, *John Jenkins The Reluctant Revolutionary?* (Y Lolfa, 2019):

'How many people have come forward since my jail term with information about anything? None – and that is the best pat on the back that I could have got from anyone. But I'm sure of one thing: because of what we did in the Sixties, they (Whitehall) will never presuppose us again and implement something without first considering our reaction to it.'

I Gomiwnydd gwlatgar, cysyniad gwrthun yw 'arwr cenedlaethol', tra bo meddwl am John Jenkins fel Prif Weinidog neu Arlywydd Cymru ddemocrataidd yn ffantasi hyfryd. Nid yw mudandod Plaid Cymru, y wasg a'r cyfryngau Cymraeg a Chymreig ynglŷn â marwolaeth John yn fy synnu, gan mai cenedlaetholdeb y cae rygbi yw ideoleg ddominyddol y sefydliadau hynny. Roedd gan fy nghyfaill ragor o gymwysterau na'r rhan fwyaf o wleidyddion Caerdydd a San Steffan: deallusrwydd miniog, aelodaeth o werin weithiol y de, byd-olwg gwrth-imperialaidd, gwroldeb, ac yn anad dim, parodrwydd i aberthu ei les ei hun er budd i eraill. Gresyn, oherwydd y pellter rhwng ein cartrefi, na chefais gyfle i ddweud hyn oll wrtho cyn iddo ein gadael.

Siglo Sicrwydd â Geiriau: Holi Gareth Miles

(cylchgrawn Barn, 1992)

Un o sylfaenwyr Cymdeithas yr Iaith, bytheiriwr cyson yn erbyn cyfalafiaeth ac Americaniaeth, Comiwnydd o hyd ac, erbyn hyn, un sy'n meddwl amdano'i hun fel gwladgarwr yn hytrach na chenedlaetholwr. Er ei fod yn ddiweddar wedi cyfeirio ei egnïon fwyfwy i sgrifennu'n greadigol, mae ei waith, fel erioed, ynghlwm wrth ei syniadau gwleidyddol. Ac yntau newydd gyhoeddi ei gyfrol ddiweddaraf, sef addasiadau o dair drama, bu Menna Baines yn holi Gareth Miles ym Mhontypridd, lle mae'n byw ac yn gweithio fel sgrifennwr llawn-amser.

Mae'ch gwaith creadigol chi i gyd yn cynnwys elfen gref o sylwadaeth ar Gymru'r dydd, ac efallai bod y sylwadaeth honno wedi dod yn amlach wrth i chi fynd yn hŷn?

Dwi'n meddwl bod peryg i bobl yng Nghymru chwilio am neges o hyd. Tan imi ddechrau sgwennu'n llawn-amser, rhyw ddeng mlynedd yn ôl, ro'n i'n meddwl amdanaf fi fy hun fel person gwleidyddol. Ro'n i'n lladmerydd, trwy sgwennu ac ar y cyfryngau, dros wahanol fudiadau – Cymdeithas yr Iaith, ar un adeg, asgell chwith Plaid Cymru, UCAC – yn dadlau o safbwynt arbennig.

Barn

RHIF 352   MAI 1992   PRIS: £1.25

HOLI GARETH MILES

Bedwyr Lewis Jones   Siôn Eirian   Menna Richards

Marion Eames   Pyrs Gruffudd

Yn ystod y cyfnod rydw i wedi bod yn sgwennwr llawn-amser, dwi'n meddwl fod moliciwlau fy meddwl i wedi newid eu trefn; dydw i ddim yn meddwl amdanaf fy hun fel person gwleidyddol, dwi ddim yn meddwl am yr hyn dwi'n drio'i wneud fel rhywbeth gwleidyddol. Dwi'n meddwl fel sgwennwr, dwi'n meddwl, gobeithio mewn ffordd esthetig.

Ar yr un pryd, mae yna elfen wleidyddol gre' ym mhob peth dwi'n ei wneud. A bod yn onest, dwi ddim yn meddwl y gallwch chi gymryd unrhyw fath o sgwennu sy'n hepgor yr elfen wleidyddol o ddifri heddiw, achos mae gwleidyddiaeth a materion cymdeithasol yn effeithio arnom ni i gyd. Does yna'r un ohonom ni yn unigolion yn nofio'n rhydd mewn gwagle. Dwi ddim yn meddwl bod y math o sgwennu sydd ddim ond yn rhoi pwyslais ar gymeriad, y math yna o sgwennu unigolyddol, yn rhoi darlun cywir o gymeriad nac o'r byd.

Ond un feirniadaeth o'ch gwaith diweddar chi – er enghraifft, y nofel Trefaelog a'r ddrama Dyrnod Branwen – ydi bod safbwyntiau wedi troi'n bregethau o hynny, efallai, ar draul cymeriadau. Sut ydych chi'n ymateb i feirniadaeth felly?

Dwi'n gwybod fod yna un beirniad wedi gweld mai beirniadaeth ar Thatcheriaeth ydi *Trefaelog*, ond be dwi'n ei wneud yn y nofel honno ydi disgrifio cenedlaetholdeb Cymreig yn ystod y deng mlynedd ar hugain diwethaf... Mae hi wedi cael ei beirniadu oherwydd nad oes yna ddigon o bwyslais ar gymeriad, ond dwi'n meddwl bod pobl wedi cam-ddeall amcan y nofel. Mae hi'n ymwneud efo ymwybyddiaeth yn hytrach na chymeriad. Dwi ddim

yn dweud 'mod i wedi llwyddo, ond yn sicr nid amcan oedd trafod cymeriadau o'r tu mewn. Dydw i ddim yn hoffi'r math yna o sgwennu goddrychol, beth bynnag.

Sgrifennu sy'n anwybyddu amgylchiadau?

Ie – math o sgwennu teimladol, efo'r pwyslais ar sgwennu'n gain ac yn ddelweddol ac yn farddonol. Dwi'n meddwl y dylai arddull rhyddiaith fod yn glir, mi ddylai hi fod y ffenest, fel bod pobl yn gweld be sy'n cael ei ddweud. Os ydi rhywun yn edmygu arddull nofel, ar y diwedd y dylen nhw fod yn dweud hynny, nid wrth ei darllen hi...

Mae *Trefaelog* yn ymwneud â math arbennig o genedlaetholdeb y des i gysylltiad ag o pan oeddwn i'n ifanc, sef cenedlaetholdeb Catholig ceidwadol... Roedd yna grŵp o ddisgyblion Saunders Lewis – dwi'n meddwl ei bod yn deg eu galw nhw'n hynny – yn gobeithio y gellid newid Cymru i gydymffurfio â'u syniadau nhw; nid cael hunanlywodraeth, ond cael Cymru yn wlad Gatholig eto, o ran diwylliant o leia, ac mae'r freuddwyd wedi chwalu. Felly, mae'r nofel yn ymwneud â'r ymwybyddiaeth yna. Disgrifio ydw i... Dwi'n trafod y berthynas rhwng cenedlaetholdeb a sosialaeth, neu genedlaetholdeb a dosbarth... Dwi'n meddwl y buasai'r rhan fwya o bobl yn cytuno mai'r ffactorau sydd fwya dylanwadol ar ein bywydau ni heddiw ydi cenedlaetholdeb a dosbarth... Ddeng mlynedd yn ôl, mi fuasai pobl, dywedwch chi, yn Ffrainc, a Lloegr a'r Almaen ac America yn meddwl fod cenedlaetholdeb yn rhywbeth i'w wneud â'r Trydydd Byd, neu'n rhywbeth i grancs. Ond erbyn hyn, dwi'n meddwl bod cenedlaetholdeb ar ganol y llwyfan gwleidyddol ledled y byd. Felly, heddiw mae rhywun yn teimlo'n fwy hyderus ei fod o'n sgrifennu am rywbeth sydd ag arwyddocâd ehangach...

Ryden ni'n cynnal y sgwrs yma yn union ar ôl yr etholiad. Fel un fu'n weithgar gyda Phlaid Cymru, ydech chi wedi'ch calonogi gan ei llwyddiant, yn y gorllewin o leiaf?

Dwi'n meddwl bod hynny'n bwysig. Ond dwi'n amheus o allu Plaid Cymru ar hyn o bryd i ddod yn rym yn y cymoedd yma. Dydi hynny ddim yn mynd i ddigwydd nes bydd y sectyddiaeth ddifrifol iawn sy'n bodoli rhwng aelodau o Blaid Cymru ac aelodau o'r Blaid Lafur yn cael ei dileu. Dwi'n ffrindiau efo pobl o'r ddwy blaid ac mae'r bobl orau ynddyn nhw'n bobl ddigon tebyg. Mae'r ddwy blaid gyda'u ffaeleddau a'u cryfderau... mae gynnoch chi bobl yn y Blaid Lafur sy'n wrth-Gymreig ac mae gynnoch chi bobl ym Mhlaid Cymru sy'n wrth-sosialaidd. Ond, trwy bethau felly, mae nhw'n ddigon tebyg. Ac wrth gwrs, mae'r gyfundrefn etholiadol yn ffordd ragorol iawn o'u gwahanu nhw. Ond mae sectyddiaeth yn beth hollol ynfyd. Er enghraifft, adeg Streic y Glowyr, roeddech chi'n cael y bobl orau ym Mhlaid Cymru a'r Blaid Lafur yn cydweithio o blaid y glowyr. Ymhen tair wythnos, roedd yna etholiad ac roedden nhw yng ngyddfau'i gilydd. Ddown ni ddim nes at yr hyn rydan ni'i eisiau, sef hunanlywodraeth, nes mae'r ddwy garfan yma yn cymodi ac yn deall ei gilydd.

Mae'n anodd gweld hynny'n digwydd ar hyn o bryd, heb gytundeb ar yr hyn mae'r ddwy blaid yn gofyn amdano yng nghyd-destun Cymru.

Dwi'n gwybod. Dwi'n meddwl fod hon yn rôl y gallai'r Blaid Gomiwnyddol ei chwarae tase hi'n fwy. Yn y rhan yma o Gymru, 'dan ni'n dechrau cyfres o gyfarfodydd o dan nawdd y *Morning Star*, 'Senedd i Bobl Cymru', yn trafod sut fath o senedd rydan ni am ei chael...

Mae yna arwyddion yn yr Alban bod y cenedlaetholwyr a'r Blaid Lafur yn cymodi ac yn callio er budd a lles eu gwlad.

Dwi'n gobeithio bod pobl Cymru yn mynd i wneud hynny.

Beth am gyfeiriad y mudiad cenedlaethol ar hyn o bryd?

Mae Plaid Cymru dan arweinyddiaeth Dafydd Wigley yn fwy unedig, a golwg fwy gwrthrychol ar gymdeithas. Er 'mod i'n hoff iawn o Dafydd Elis Thomas fel person, pan oedd y Mudiad Gweriniaethol yn bod, roeddan ni'n dweud ei bod hi'n well gynnon ni weld Wigley'n arwain Plaid Cymru oherwydd natur Plaid Cymru ac oherwydd ei fod yn rhoi arweiniad cadarn a blaengar y tu mewn i'r cyd-destun cymdeithasol hwnnw, tra roedd Dafydd Elis Thomas yn mynd i'r chwith eithafol ac yna'n symud i'r dde eithafol. Dwi'n meddwl bod yr Aelodau Seneddol sydd gan Blaid Cymru yn ddynion abl iawn.

Pan mae unrhyw blaid yn llwyddo, yn enwedig pleidiau cenedlaethol, maen nhw'n denu atyn nhw bob mathau o bobl. Dyna pam ei bod hi'n bwysig bod yna elfen sosialaidd. Mae radicaliaeth a syniad o degwch cymdeithasol yn rhan ohonon ni yng Nghymru.

Mae'ch profiad chi fel un a chwaraeodd ran flaenllaw ym mrwydr yr iaith yn y Chwedegau wedi ymddangos dro ar ôl tro yn eich gwaith creadigol chi. Ai'r profiad hwnnw fu'r prif ysbrydoliaeth i sgrifennu?

Pan oeddwn i yn fy arddegau a'm hugeiniau, dwi ddim yn meddwl 'mod i wedi hyd yn oed breuddwydio bod yn sgwennwr llawn-amser – doedd y peth ddim yn bosib. Ar y pryd roedd o'n ymddangos, beth bynnag, fel peth hollol ynfyd i'w wneud – meddwl am fynd yn sgwennwr llawn-amser tra roedd yr iaith roeddech chi'n ei sgwennu o dan fygythiad. Felly, roedd rhywun yn bwrw iddi i frwydr yr iaith ac roedd rhywun yn sgwennu trwy'r amser – sgwennu pethau polemig ar gyfer *Tafod y Ddraig* a'r *Cymro* ac ati. Ond yn sicr, roedd rhywun yn cael lot o brofiadau, lot o hwyl – cael bod yn fandaliaid dros achos da!... Y peth mwya gwerthfawr i mi oedd canfod natur y wladwriaeth. Mae'r rhan fwya o bobl yng Nghymru, a llawer iawn o genedlaetholwyr, yn gweld y wladwriaeth fel rhywbeth niwtral, fel sefydliad niwtral. Wrth dorri'r gyfraith – mewn ffordd ddigon diniwed, a dweud y gwir – roedd rhywun yn gweld natur y wladwriaeth: yr heddlu, llysoedd barn a'r holl sefydliadau sydd gan y wladwriaeth i ddal gafael ar gymdeithas, y gwahaniaeth rhwng agwedd y gyfraith at bobl dosbarth canol a phobl o ddosbarth llai breintiedig. Ro'n i'n dysgu llawer am hynny...

Yn y cyfnod yma ddaru chi droi at sosialaeth?

Dwi'n meddwl 'mod i wedi bod â gogwydd i'r chwith cyn hynny. Roedd 'nhad yn ddoctor, ond roedd ei dad o – fy nhaid i o Bontrhydyfen – yn löwr ac yn undebwr o egwyddor ac felly, er nad oedd 'nhad yn weithredol yn wleidyddol, roedd o'n trosglwyddo rhyw werthoedd...

Yn y Chwedegau wedyn, roedd ein protest ni yn cymryd ffurf genedlaethol, ond ym Mharis ac yn Llundain ac mewn gwledydd eraill ledled Ewrop, ar yr un pryd, gogwydd sosialaidd oedd o, gogwydd Trotscïaidd a chwith eithafol; gwrthryfel asgell chwith. Felly, mi oedd y syniadau yna o gwmpas ac roedd rhywun yn cyfarfod pobl ac yn darllen. Efo Cymdeithas yr Iaith, ar ôl holl ferw'r Arwisgo, mi wnaeth pethau ddechrau mynd yn fflat. Roedd hi'n amlwg fod y wladwriaeth wedyn yn mabwysiadu polisi o ildio consesiynau. Roedd Saunders Lewis wedi sôn am ddulliau chwyldro, ond nid dyna oedden nhw; dulliau protest oedden nhw, ac er ein bod ni'n sôn gymaint am chwyldro, roedd rhywun yn gweld nad oedd yna ddim byd tebyg i chwyldro'n mynd i ddigwydd ac yn gweld bod yn rhaid mynd yn ddyfnach. Yn dilyn y blynyddoedd yna, '69, '70, '71, '72 pan oedd pethau'n dechrau tawelu, yr adeg hynny mi gafodd y mudiad Efengylaidd rhyw adfywiad, a dwi'n meddwl fod llawer o bobl wedi troi oherwydd nad oedd eu disgwyliadau gwleidyddol nhw wedi cael eu cyflawni. Roedd Emyr Llywelyn a Dafydd Iwan yn gweld sefydlu cwmnïau fel ffordd ymlaen ac ro'n i'n gweld mai sosialaeth oedd y ffordd ymlaen. Felly ymateb oedd o i'r sefyllfa yna pan oedd y chwyldro ddim yn digwydd.

Pryd ddaethoch chi'n Gomiwnydd?

Yn y Saithdegau, mi wnes i ailymuno efo Plaid Cymru a dechrau gweithio efo'r Blaid yn Wrecsam ac yna yn Sir Gaernarfon, ac wedyn yma ym Mhontypridd. Ar y pryd, roedd hi'n ymddangos fod holl ferw teimladol y Chwedegau a chynnwrf y protestiadau yn cael ei drosglwyddo, ei gyfnewid yn wleidydda. Ac mi roedd o – roedd yna lwyddiant mawr yn y rhan yma o Gymru. Wedyn, wrth gwrs, mi ddaeth slap y refferendwm. Ac wedyn mi wnaeth rhai ohonon ni sefydlu'r Mudiad Gweriniaethol Sosialaidd. Roedd rhywun yn gweld y peryg o beidio creu synthesis rhwng cenedlaetholdeb a sosialaeth; pan mae'r tymheredd yn codi mae'r cenedlaetholdeb yn disodli ac yn boddi'r sosialaeth. Ac mi roedd yna lawer o bobl yr adeg hynny, pobl iau yn y mudiad, yn gweld rhyw debygrwydd rhwng Cymru a Gogledd Iwerddon ac yn y blaen ac mi ddaeth nifer o anarchwyr i mewn i'r mudiad a dwi'n meddwl fod yna bobl oedd yn gweithio dros yr heddlu wedi dod

i mewn. Beth bynnag, mi chwalwyd y mudiad ar ôl rhyw ddwy flynedd... Ar ôl buddugoliaeth Thatcher yn '83, wnes i ymuno efo'r Blaid Gomiwnyddol.

Ydi'ch syniadau chi wedi newid o gwbl o ganlyniad i gwymp dramatig Comiwnyddiaeth yn y blynyddoedd diwethaf?

Dwi'n meddwl fod rhywun yn ail-feddwl o hyd. Fues i 'rioed yn Sofiet-addolwr. Am y rhan fwya o'r amser yr ydw i wedi bod yn meddwl yn wleidyddol, dwi wedi bod yn cyfranogi o wrth-Sofietaeth yn gyffredinol. Ond yn sicr, yn ystod y cyfnod roeddwn i yn y Blaid Gomiwnyddol fy agwedd i oedd bod yr Undeb Sofietaidd wedi cyflawni mwy o ddaioni nag o ddrygioni a'i fod yn gonglfaen ac yn fur i'r mudiad gwrth-imperialaeth. Ac yn sicr, mae bob dim sydd wedi digwydd wedyn wedi cadarnhau hynny. Yn saff, mae'r hyn sydd yn yr Undeb Sofietaidd heddiw yn waeth na'r hyn oedd yno o'r blaen. Hefyd mae'r Trydydd Byd ar ei golled yn ddybryd...

'Dan ni wedi gweld efo Rhyfel y Gwlff, ac rydan ni'n dal i weld beth sy'n digwydd drwy'r byd i gyd, lle mae America yn ymddwyn fel plismon o hyd. Dwi wedi credu erioed fod y byd yn cael ei lywodraethu gan ymerodraeth ddieflig, mai ei phrifddinas hi ydi Washington a bod ei phennaeth hi fel arfer yn bencampwr dweud celwydd y byd. Ar ôl dweud hynny, mae'r chwith yn gyffredinol wedi diodde ac mae hyn wedi bod yn ergyd i'r bobl oedd â ffydd yn yr Undeb Sofietaidd. A sôn am effeithiau negyddol yr Undeb Sofietaidd – ac yn aml iawn Sosialwyr a Chomiwnyddion sydd wedi teimlo yr effeithiau hynny fwya – yn sicr roedd pleidiau Comiwnyddol yn y gorllewin yn llunio'u polisïau i gydymffurfio efo buddiannau'r Undeb Sofietaidd; hefyd yn mabwysiadu dulliau a phatrymau Sofietaidd ar eu syniadaeth ei hunain. Mae hynny wedi mynd ac mae hynny'n beth iach... Ond dwi'n meddwl fod yna elfen gre yn yr arweinyddiaeth byth ers dyddiau Kruschev wedi bod yn ceisio newid y drefn. Roedd yna gyfle i wneud hynny ar ddechrau'r Wythdegau. Mi wnaeth Reagan, neu y bobl y tu ôl i Reagan, herio'r Undeb Sofietaidd i ras arfau ac fel y buon nhw wiriona mi wnaethon nhw ymateb i hynny, mi graciodd hynny economi'r Undeb Sofietaidd a'u rhwystro rhag cael datblygiadau democrataidd.

Rŵan, mae yna lawer o bobl, cenedlatholwyr yng Nghymru, yn croesawu'r hyn sydd wedi digwydd yn Lithuania ac yn y blaen, yn hollol anfeirniadol, fel 'taen nhw'n meddwl, 'cenedl fach – mae'n rhaid eu bod nhw'n iawn'. 'Di'r ots fod rhai elfennau cenedlaethol wedi ochri efo'r Natsïaid, a gwaeth na'r Natsïaid adeg y rhyfel.

Felly allwch chi ddim cyfranogi o gwbl o unrhyw lawenydd yn wyneb y ffaith fod yna hen genhedloedd yn ailymddangos yn ein byd ni?

Tra oedd llywodraethau Sofietaidd yn aml yn erbyn hawliau cenhedloedd bychain, rhaid cofio nad oedd degau o'r pobloedd yn ystyried eu hunain yn genhedloedd tan 1917. Yr Undeb Sofietaidd roddodd ieithoedd ysgrifenedig a llenyddiaeth i lawer o'r cenhedloedd yma.

Dwi'n wladgarwr ac nid yn genedlatholwr. Mae yna lawer o Gymry yn y gorffennol wedi cefnu ar eu cenedligrwydd eu hunain a mabwysiadu beth roedden nhw'n feddwl oedd yn genedlatholdeb, ond cenedlatholdeb Prydeinig oedd o. A chenedlatholdeb Prydeinig heddiw ydi'r elfen fwya dieflig yn yr ynysoedd hyn. Mae yna elfennau peryglus iawn mewn cenedlatholdeb; mae nhw yna, ym mhob cenedlatholdeb. Fedrwch chi ddim dweud, "A, mae gynnon ni genedlatholdeb bach glân yn y fan yma." Mae fy nrama i, *Hunllef yng Nghymru Fydd*, yn delio efo sefyllfa lle mae gynnoch chi Gymru Gymraeg rydd, annibynnol, sofran sydd yn Ffasgaidd, sydd ym mhawen America fel y mae Israel neu San Salvador heddiw... Os mai'r genedl ydi'r uned hanfodol, ac os mai'ch perthynas chi â'r genedl a pharhad y genedl honno ydi'r peth pwysica yn eich bywyd chi, mi fedrwch chi gyfiawnhau gwneud unrhyw beth. Yn y ddrama mae yna gymeriad, yn sefyll dros Ddiwinyddiaeth Rhyddhad, sydd yn cynrychioli'r ochr ddyneiddiol, radicalaidd, a'r chwith yn y traddodiad Cymreig ac wedyn y cadfridog sydd yn cynrychioli'r elfen genedlaethol galed. Roedd yn ddiddorol sut roedd rhai pobl [yn y gynulleidfa] yn ffeindio'u hunain yn dechrau ochri efo'r gweinidog ac wedyn yn cael eu hunain, er mawr ddychryn iddyn nhw eu hunain, yn ochri efo'r ffasgydd. Dyna be mae theatr yn ei wneud... taro gwahanol dannau y tu mewn ichi a'ch rhwygo chi, dros dro o leia... Mae'n siglo sicrwydd pobl, a dwi'n meddwl fod hynny'n beth iach i'w wneud... Dwi'n meddwl y dylai celfyddyd wneud i bobl deimlo yn ansicr ac yn anghyfforddus... 'Dan ni'n cael ein cyflyru i feddwl ein bod ni'n byw yn y byd gorau bosib a bod pob peth yn fater o ddewis personol ac mai'r unig destun drama ydi godineb! Ond mae yna fwy i fywyd na hynny.

Rydych chi newydd gyhoeddi addasiadau o ddramâu gan John Webster, Machiavelli a Marivaux. Mae'r tair ohonyn nhw'n hen, yn ymwneud â byd uchelwyr a'r tair bellach wedi cael eu perfformio yn Gymraeg. Rydych chi'n gweithio ar addasiad arall o ddrama gan Lope de Vega, awdur Sbaeneg o'r ail ganrif ar bymtheg. Pa fudd welwch chi i'r addasu yma?

...Mae o'n waith dwi'n ei fwynhau. Dwi'n gobeithio eu bod nhw'n ychwanegu at y *repertoire* Cymreig. Dwi'n meddwl hefyd, gan bod ein hanes cenedlaethol ni mor dlodaidd o'r Ddeddf Uno tan y ganrif ddiwetha, ei bod hi'n bwysig cael gweithiau o'r cyfnod yma i ddangos sut feddylfryd oedd yna, sut roedd pethau'n gweithio. Ochr negyddol dylanwad Saunders Lewis ydi'r parch at yr uchelwyr... Mae uchelwyr fel Amlyn ac Amig a chymeriadau eraill gan Saunders Lewis yn bobl dda iawn, iawn. Ond mewn drama fel *Serch yw'r Teyrn* [Marivaux] neu ddramâu Webster, 'dan ni'n gweld sut bobl ydyn nhw o ddifri. Mae'r Dduges yn *Duges Amalffi* [Webster] yn ddynes dda iawn; ma'i brodyr hi'n ddynion ffiaidd. Yn *Serch yw'r Teyrn*, rydych chi'n gweld pŵer a sut mae pŵer yn cael ei ddefnyddio. Mae'r ddrama gan Lope de Vega [*Y Gosb Ddiddial*], sy'n ddrama realyddol iawn, yn dangos sut bobl oedden nhw. Mae hynny'n helpu'r gynulleidfa Gymreig i fedru gweld yn eu hiaith eu hunain sut fyd oedd o; mae hynny o fudd oherwydd nad ydi'r croestyniadau ddim wedi'u datrys. A hefyd mae o'n rhoi cyfle i gwmnïau theatr ac actorion Cymraeg gael gafael mewn pethau o sylwedd. Mae o hefyd o gymorth i'r awdur sydd yn eu cyfaddasu nhw, oherwydd mae rhywfaint o waith y meistri'n mynd i gyfansoddiad rhywun.

Medi Gobeithion

Aneirin Karadog

Bu'r haf yn oer
a gwres y bysedd a fu'n parhau
â'r chwyldro wedi cilio â'r drafft olaf, mae awelon
di-hidio yn sgubo'r strydoedd a dyddiau diwyd
y wâc o Graigwen i'r swyddfa yn sibrydion
ar balmentydd Taff Street.

A bu Waunfawr ym min haf oriog
yn dal eco camau'r plentyn a redai'n rhydd
cyn dyddiau'r sylweddoliad bod rhaid gorymdeithio
i fynnu rhyddid i'n tafodau.

Ac mae awelon ym Maelor a fu'n gorwynt ym Mhonty
yn cario'r newydd fod un yn llai yn y llun, a'r llais
dylanwadol yn rhewi yn ennyd
Pont Trefechan.

Yn ddi-eiriau o Landdarog,
yn ehedydd ein dyddiau ar yr orymdaith olaf,
yn gydymaith, daeth y dorf yn ei du i ddal dy law
am un act arall…

Ond o'i dagrau
cododd baner goch dy angerdd
a chyhwfan o'i chwifio
mor fyw ag erioed, am mai arf yw geiriau o hyd
i gario'r neges a blannaist
yn gadarn yn naear dy safiad;
am nad yw llais dramodydd
byth yn trigo,
am nad yw neges nofelydd
byth yn trengi;
am dy fod, Gareth, yma'n dafod i gario
ein gobeithion yn go' bythwyrdd.

Ymddangosodd yn gyntaf yn *Bachgen Bach o Bonty* (Cyhoeddiadau Barddas)

I Gareth Miles

(ar ôl gweld llun o gario dodrefn o'i dŷ yn Y Cymro, 1968)

Gwyn Thomas

Heibio i'r fam, a heibio i'r baban
A'r tad di-drais gerllaw
Y daeth gwŷr dan awdurdod y gyfraith
A chyda bendith amryw Gymry da
I ddwyn darnau o gartref ymaith.
"Gwirion ydi o siŵr Dduw.
Pam nad ildith y dyn
Yn lle dwyn helbulon fel hyn arno'i hun?
Mae pawb yn gwybod
Ers 'dwn i ddim pryd mai
Seisnig arbennig yw'r byd,
Ac nad oes gan leiafrifoedd ddim hawlia' –
Mae hynny mor amlwg â sŵn y tancia'
Fu'n rhygnu trwy'r tywyllwch yn Czechoslofacia.
Hwsna i ormes ymhob man ydi'r calla',
Dyna ymhob oes ydi'r polisi saffa'.
Fe welwch nad oes neb erioed wedi bod yma
Ar draws fy nhŷ i yn dwyn ymaith fy metha'."

Drwy'r croen gwyrdd yr aeth brath y dur
Hyd at garreg nas malurir.
Gwelwch fel yr ydym wedi cyrraedd y creigiau,
Y wlad ddigyfaddawd a elwir yma yn 'Gymru',
Ac acw a elwir yn 'Gatalonia' neu yn 'Básg';
Gwlad mor ddigymrodedd ar arwynebedd Eryri
Gan mai dewrder enaid dyn sydd ynddi.

Gareth

Anthony Evans

Gweithiau Gareth

Ffuglen:

Pelydr LL, gydag Elwyn Ioan (1970), Y Lolfa.
Cymru ar Wasgar: Chwe Stori (1974), Y Lolfa.
Treffin (1979), Y Lolfa.
Trefaelog (1989), Annwn.
Romeo a Straeon Eraill (1999), Gwasg Carreg Gwalch.
Llafur Cariad (2001), Hughes a'i Fab.
Cwmtec (2002), Gwasg Carreg Gwalch.
Ffatri Serch (2003), Gwasg Carreg Gwalch.
Lleidr Da (2005), Gwasg Carreg Gwalch.
Y Proffwyd a'i Ddwy Jesebel (2007), Gwasg Carreg Gwalch.
Teleduwiol (2010), Gwasg Carreg Gwalch.
Cuddwas (2015), Y Lolfa.

Ffeithiol:

Cymru Rydd, Cymru Gymraeg, Cymru Sosialaidd (1972),
    Cymdeithas yr Iaith Gymraeg.
Sosialaeth i'r Cymry gyda Robert Griffiths (1979),
    Y Faner Goch.

Dramâu:

Diwedd y Saithdegau (1982), Sgwâr Un.
Unwaith eto yng Nghymru Annwyl (1984), Hwyl a Fflag.
Ffatri Serch (1984), Hwyl a Fflag/Sgwâr Un.
Lleidr Da (1986), Hwyl a Fflag.
Chwiorydd (1989), Hwyl a Fflag.
Dyrnod Branwen (1992), Hwyl a Fflag.
Hunllef yng Nghymru Fydd (1995), Dalier Sylw.
Byd y Banc (1996), Cwmni Rigoberta/Cymorth Cristnogol.
Y Madogwys (1999), Dalier Sylw.
Chwalfa (2016), Theatr Genedlaethol Cymru/Frân Wen a Pontio.

Cyfieithiadau ac Addasiadau:

Duges Amalffi/The Duchess of Malfi, John Webster (1989), Hwyl a Fflag.

La Mandragola/Cyffur Epilio, Niccolò Machiavelli (1989), Hwyl a Fflag.

Serch yw'r Teyrn/Le Triomphe de l'Amour, Pierre de Marivaux (1991), Hwyl a Fflag.

Y Bacchai/Bacchae, Ewripides (1991), Dalier Sylw.

Y Gosb Ddiddial/El Castigo sin Venganza, Lope de Vega (1992), Cwmni Theatr Gwynedd.

Duges, Tywysoges, a Chyffur Epilio, John Webster, Niccolò Machiavelli a Pierre de Marivaux (1992), Gwasg Taf

Coch, Du ac Anwybodus/Red, Black and Ignorant, Edward Bond (1993), Theatr Powys.

Calon Ci/Sobachye serdtse, Mikhail Bulgakov (1994), Dalier Sylw.

Wbw Frenin/Ubu Roi, Alfred Jarry (1997), Theatr Genedlaethol Ieuenctid Cymru/Theatr Sherman.

Lludw'r Garreg/Cendres de cailloux, Daniel Danis (1997), Theatr y Byd.

Oleanna, David Mamet (1999), Cwmni Theatr Gwynedd.

Y Gaucho o'r Ffos Halen/El Riflero de Ffos Halen, Carlos Dante Ferrari (2004), Gwasg Carreg Gwalch.

Hamlet, William Shakespeare (2005), Gwasg UWIC.

Llanast!/Le Dieu de Carnage, Yasmina Reza (2007), Theatr Bara Caws.

Cariad Mr Bustl/Le Misanthrope, Molière (2007), Theatr Genedlaethol Cymru.

Y Pair/The Crucible, Arthur Miller (2008), Theatr Genedlaethol Cymru.

Ffilm:

Branwen (1995), Teliesyn Cyf./Tŷ Helwick

Teledu:

Trotsci/Y Gwrthwynebwr (1975), HTV Cymru.
Cyfyng Gyngor (1985), HTV Cymru.
Llafur Cariad (2000), Teliesyn Cyf./S4C
Coleg, HTV Cymru.
Dinas, HTV Cymru.
Pobol y Cwm, BBC Cymru.

Cyfranwyr

Annes Glynn

Nofelydd, cyfieithydd a golygydd Cymreig ydy Annes Glynn. Fe'i ganed ym Mrynsiencyn, Ynys Môn, ac mae'n byw bellach yn Rhiwlas, ger Bangor. Cafodd ei llyfr *Symudliw* ei restru ar restr hir Llyfr y Flwyddyn yn 2005. Enillodd yr un llyfr y Fedal Ryddiaith iddi yn Eisteddfod Genedlaethol Cymru Casnewydd 2004.

Gina Miles

Gweddw Gareth Miles. Fe'i magwyd yn Rhydyclafdy, Llŷn cyn mynd i'r coleg hyfforddi athrawon yn Wrecsam. Yno y cyfarfu â Gareth. Bu'r ddau'n briod am 56 mlynedd a chawsant dair o ferched, a fagwyd yn bennaf ym Mhontypridd. Bu Gina'n gweithio fel athrawes gynradd mewn ysgolion Cymraeg yn ardaloedd Merthyr a Phontypridd. Ers ymddeol, mae Gina'n mwynhau arlunio, darllen a chwrdd â ffrindiau.

Elen Miles

Merch hynaf Gareth Miles. Wedi cyfnod ym Mrwsel a Llundain mae nawr yn byw efo'i phartner Ceri yng Nghaerdydd. Mae'n ymddiddori yn yr amgylchedd ac yn mwynhau diwylliant a ffilmiau Ffrainc. Mae'n gweithio i'r gwasanaeth sifil ac yn treulio ei hamser hamdden yn garddio, teithio a cherdded.

Branwen Miles

Merch ganol Gareth Miles. Mae hi'n byw yng Nghaerdydd gyda'i gŵr, Owen, ac mae ganddynt ddau o blant – Osian ac Esyllt. Ar ôl blynyddoedd yn gweithio fel athrawes Saesneg a Chymdeithaseg, mae hi bellach yn gweithio fel Swyddog Addysg gyda Senedd Cymru. Mae hi'n mwynhau darllen, cymdeithasu a mynd ar wyliau yn ei fan.

Eiry Miles

Merch ifancaf Gareth Miles. Mae'n byw yn Sir Gaerfyrddin ac yn gweithio fel tiwtor Cymraeg a golygydd. Mae ganddi hi a'i gŵr ddau o blant, Gwyn ac Angharad. Yn ei hamser hamdden, mae hi'n mwynhau darllen, mynd i gigs, mynd am dro a chymdeithasu.

Gill Wyn

Fe'i ganed yn y Waunfawr ger Caernarfon, lle mynychodd, fel Gareth a Lisabeth o'i blaen, Ysgol Gynradd Waunfawr. Ar ôl cyfnod yn Ysgol Syr Hugh Owen, Caernarfon, aeth i hyfforddi fel athrawes yng Ngholeg y Drindod, Caerfyrddin. Fel sawl un o'i ffrindiau yn y coleg, gwnaeth gais am swydd yn Sir Forgannwg a chael swydd yn Ysgol Craig-yr-Hesg, Glyn Coch ger Pontypridd. Treuliodd sawl blwyddyn ddifyr yn byw ym Mhontypridd yn y Chwedegau pan oedd Cymdeithas yr Iaith yn cael ei sefydlu. Yn union wedi iddi brynu car, dechreuodd ymgyrch y Gymdeithas i gael ffurflenni dwyieithog, ac fe ddewiswyd y ffurflen dreth car fel modd o dynnu sylw at y diffyg parch tuag at y Gymraeg. Bu achosion llys yn ei herbyn ym Mhontypridd a Llanfair-ym-Muallt. Tra roedd yn byw ym Mhontypridd, cyfarfu a phriodi Eurig Wyn o Hermon, Sir Benfro, cyn symud yn ôl i'r Waunfawr i fagu eu plant, Euros a Bethan. Bu'n gweithio yn Antur Waunfawr, ac wedyn yng Ngholeg Pencraig, lle sefydlodd gyrsiau i bobl ag anghenion dysgu ychwanegol dan adain Strategaeth Cymru Gyfan y Swyddfa Gymreig a arweiniodd at sefydlu cyrsiau tebyg drwy Wynedd.

Cynog Dafis

Yn fab i bregethwr roedd Cynog Dafis yn blentyn y 50[au] a fu'n ymgyrchu'n gyson dros Gymru a'r Gymraeg. Bu'n weithgar gydag Adfer, Cymdeithas yr Iaith, yr ymgyrch dros addysg Gymraeg a Phlaid Cymru, ac enillodd fuddugoliaeth hanesyddol yng Ngheredigion yn etholiad 1992 a bu'n aelod Cynulliad Cymru.

Robert Griffiths
Brodor o Gaerdydd, bu Robert Griffiths yn Ysgrifennydd Cyffredinol y Blaid Gomiwnyddol ym Mhrydain ers 1998 ac yn ysgrifennydd Mudiad Gweriniaethol Sosialaidd a swyddog ymchwil Plaid Cymru cyn hynny. Yn gyn-ddarlithydd mewn economeg a hanes, mae ei waith llenyddol yn cynnwys llyfrau a phamffledi am S. O. Davies AS, T. E. Nicholas ('Niclas y Glais'), David Ivon Jones, Phil Piratin AS, Marcsiaeth, Tsieina, yr Undeb Ewropeaidd a'r mudiad llafur yng Nghymru a Phrydain.

Rhodri Glyn Thomas
Mae Rhodri Glyn Thomas yn weinidog yng nghapel Bethlehem Newydd, Pwlltrap yn Sir Gaerfyrddin. Bu'n Aelod Cynulliad Plaid Cymru dros Ddwyrain Caerfyrddin a Dinefwr rhwng 1999 a 2016. Ef hefyd oedd Llywydd cyntaf Undeb Myfyrwyr Cymraeg Aberystwyth ym 1974 a Chadeirydd cyntaf CND Cymru ym 1986.

Harri Lloyd
Magwyd Harri Lloyd ar fferm yn Chwilog, Eifionydd. Hyfforddodd fel athro yng Ngholeg Normal Bangor, ac enillodd raddau uwch drwy'r Brifysgol Agored a Phrifysgol Bangor. Bu'n dysgu yn ardal Wrecsam am ddeugain mlynedd, gan ddod yn bennaeth ar Ysgol Gynradd Hanmer yn hanner olaf ei yrfa. Bu'n weithgar yng Nghlwb Rygbi Wrecsam, yn llywodraethwr yn Ysgol Morgan Llwyd ac yn athro ysgol Sul. Bu Gareth ac yntau'n helpu Plaid Cymru Wrecsam, a buont yn rhannu fflat am gyfnod: profiad bythgofiadwy!

Mae Harri'n briod â Bron, ac mae ganddynt ddwy o ferched, Heledd a Siwan. Erbyn hyn, mae'r teulu i gyd yn byw yn Aberystwyth, ac mae Harri'n daid balch i Megan a Huw.

Rhiannon Parry

Yn wreiddiol o blwyf Llanddyfnan, Môn. Derbyniodd ei haddysg yn Ysgol Gyfun Llangefni a Choleg y Brifysgol Bangor. Bu'n athrawes yn Ysgol Sir Tregaron, Ysgol Glan Clwyd ac Ysgol Dyffryn Conwy. Bu'n byw am ddeugain mlynedd yn Llansannan, a hi oedd un o sefydlwyr *Y Gadlas*.

Bellach mae'n byw ym Mhenygroes, ac yn cyfrannu'n fisol i *Lleu*. Bu'n olygydd *Y Wawr*, ac yn gyfrannwr i *Barn*. Cyhoeddodd a chynhyrchodd nifer o ddramâu ysgafn. Bu'n gyfrifol am gynhyrchu murluniau ar gyfer Llys Llywelyn, Sain Ffagan; Amgueddfa Llanberis; Castell Caernarfon; a Phanel i Ddathlu'r Dirwedd Llechi gyda 30 o ferched sy'n cyfarfod yn fisol yn Age Cymru, Y Cartref, Bontnewydd.

Angharad Tomos

Cyn-gadeirydd Cymdeithas yr Iaith a golygydd *Tafod y Ddraig*. Awdur ac ymgyrchydd.

Siân Howys

Gweithiodd Siân Howys yn y sector gofal cymdeithasol yng Nghymru am dros ddeng mlynedd ar hugain, a hi oedd Cyfarwyddwr Gwasanaethau Cymdeithasol Ceredigion. Mae gan Siân ddiddordeb gydol oes mewn materion cyfiawnder cymdeithasol, heddwch a chydraddoldeb ac mae hi'n aelod gweithgar o Gymdeithas yr Iaith. Mae Siân yn byw yn Aberystwyth ac mae ganddi wreiddiau cryf yng Nghwm Tawe lle cafodd ei magu. Cwblhaodd MA ym Mhrifysgol Bangor ar fywyd a gwaith T. E. Nicholas ('Niclas y Glais'). Yn ddiweddar bu'n weithgar iawn gyda phrosiect Deiseb Heddwch Merched Cymru.

Hywel Griffiths

Mae Hywel Griffiths yn fardd, awdur a darlithydd mewn daearyddiaeth ym Mhrifysgol Aberystwyth. Mae wedi cyhoeddi pedair cyfrol o farddoniaeth a thair nofel i blant, a golygodd *Byw Brwydr*, blodeugerdd o gerddi gwleidyddol.

Aled Jones Williams
Dramodydd a bardd. Ei gyfrolau diweddaraf yw *Colin yn y Bys Sdop* a *Reit Rownd*.

Wiliam Owen Roberts
Mae yn byw yng Nghaerdydd ac yn sgwennu ar ei liwt ei hun.

Jane Aaron
Athro Emerita yn Ysgol y Dyniaethau ym Mhrifysgol De Cymru yw Jane Aaron ac awdur *Pur fel y Dur: Y Gymraes yn Llên Menywod y Bedwaredd Ganrif ar Bymtheg* (1998) a enillodd Wobr Goffa Ellis Griffith ym 1999, *Nineteenth-Century Women's Writing in Wales* (2007) a enillodd Wobr Roland Mathias yn 2009, y gyfrol *Welsh Gothic* (2013), a'r cofiant *Cranogwen* (2023) a enillodd wobr Llyfr y Flwyddyn yn y categori Ffeithiol Creadigol yn 2024. Hi hefyd yw golygydd y gyfres *Welsh Women's Classics* a gyhoeddir gan Wasg Honno.

Ffred Ffransis
Ymgyrchydd blaenllaw dros yr iaith Gymraeg yw Ffred Ffransis. Cafodd ei fagu yn Y Rhyl cyn mynd i astudio ym Mhrifysgol Cymru Aberystwyth, lle daeth yn rhugl yn yr iaith Gymraeg. Fe ddaeth yn ymglymedig gyda'r sîn Gymraeg yn gyflym iawn, ac fe arweiniodd hyn at ei waith gyda Chymdeithas yr Iaith Gymraeg sydd wedi para am dros ddeugain mlynedd hyd heddiw.

Angharad Price
Mae Angharad Price yn awdur nofelau ac ysgrifau, yn ogystal â chyfrolau academaidd ar lenyddiaeth Gymraeg. Bu'n cydweithio â Gareth Miles pan oedd yn ddarlithydd yn y Gymraeg ym Mhrifysgol Caerdydd 1999-2006. Erbyn hyn mae'n Athro'r Gymraeg ym Mhrifysgol Bangor ac yn byw yng Nghaernarfon gyda'i theulu.

Dafydd Iwan

Cyn-gadeirydd Cymdeithas yr Iaith. Ymgyrchydd, canwr, pensaer a bardd.

Robat Gruffudd

Ymgyrchydd cynnar Cymdeithas yr Iaith, sylfaenydd Gwasg y Lolfa.

Sel Williams

Un a gyfrannodd yn helaeth at weledigaeth Cymdeithas yr Iaith. Darlithydd yn y Coleg Normal. Ei gyfraniad mawr diweddar oedd sefydlu Cymunedoli Cyf. – rhwydwaith o fentrau cymunedol.

Catrin Ashton

Mae Catrin Ashton yn byw yn y Cymoedd. Mae hi'n aelod o'r Blaid Gomiwnyddol.

Meic Birtwistle

Mae Meic Birtwistle yn newyddiadurwr ac yn gynhyrchydd teledu profiadol. Bu'n gweithio gyda'r BBC am flynyddoedd cyn mynd yn gynhyrchydd annibynnol. Aeth i golegau prifysgol Abertawe ac Aberystwyth i astudio Hanes a Hanes Cymru (BA wedyn MA). Bu'n swyddog gydag undeb yr NUJ ac mae'n sosialydd ac yn undebwr cryf. Fe oedd trefnydd Cymreig ymgyrch arweinyddiaeth Jeremy Corbyn. Cyhoeddodd y gyfrol *Rhyfelgan – Casgliad o ganeuon Cymraeg o'r Rhyfel Byd Cyntaf*, o blaid ac yn erbyn y brwydro; rhai yn gweld golau dydd am y tro cyntaf erioed. Mae'n byw ar y Mynydd Bach yng Ngheredigion, ac mae wrth ei fodd yn gweithio, gwleidydda a rhwyfo.

Arwel Vittle

Mae Arwel Vittle yn awdur amryw o nofelau a llyfrau ar hanes diweddar Cymru, gan gynnwys *Valentine: Cofiant i Lewis Valentine*, *Cythral o Dân* am losgi'r Ysgol Fomio, *Dim Croeso 69: Gwrthsefyll yr Arwisgo,* ac mae'n gyd-awdur *Dros Gymru'n Gwlad* ar hanes sefydlu Plaid Cymru. Mae hefyd wedi cyhoeddi nifer o nofelau poblogaidd dychanol, gan gynnwys *Dial yr Hanner Brawd* a *Hunllef Nadolig Eben Parri*.

Betsan Llwyd

Mae wedi gweithio ym myd y ddrama ers dros 40 mlynedd ac yn adnabyddus fel actor a chyfarwyddwr. Ar hyn o bryd hi yw Cyfarwyddwr Artistig Theatr Bara Caws. Yn ystod y cyfnod yma mae wedi bod yn fraint troedio'r un llwybrau â rhai o'n dramodwyr amlycaf; dramodwyr gwybodus, angerddol sydd wedi agor cymaint o ddrysau iddi gan gynnig golwg newydd ar sut mae gweld y byd a'i bethau – amhrisiadwy.

Emyr 'Llew' Llywelyn

Cyn-gadeirydd Cymdeithas yr Iaith, ymgyrchydd, athro, sylfaenydd mudiad Adfer, golygydd *Y Faner Newydd*.

Ceri Williams

Mae Ceri Williams yn swyddog polisi i TUC Cymru. Mae'n bartner i Elen, merch hynaf Gareth Miles.

Elwyn Ioan

Cartwnydd, artist ac awdur. Dyfeisydd cyfres *Cadwgan* a sawl cyfres arall i blant. Ar ôl cyfnod hir yng ngwasg Y Lolfa mae bellach yn gweithio ar liwt ei hun.

217

Aneirin Karadog
Symudodd teulu Aneirin i Bontypridd ag yntau'n wyth mlwydd oed. Aeth ymlaen i ysgol gyfun Rhydfelen ac yna i astudio yn Rhydychen. Mae ei fam yn Llydawes a'i dad yn Gymro ac mae Aneirin bellach yn medru chwe iaith, gan gynnwys un o'i famieithoedd, Llydaweg. Bu'n Fardd Plant Cymru rhwng 2013 a 2015 ac enillodd Gadair yr Eisteddfod Genedlaethol yn 2016. Mae wedi cyhoeddi chwe chyfrol o gerddi ac wedi addasu nifer o lyfrau i blant.

Gwyn Thomas
Brodor o Danygrisiau, Blaenau Ffestiniog, oedd yn un o feirdd ac awduron mwyaf toreithiog yr G20^{ed}. Bu'n ddarlithydd ym Mhrifysgol Bangor yn yr Adran Gymraeg ac yna yn Athro'r Gymraeg. Roedd yn fardd ac academydd poblogaidd iawn, a rhwng 2006 a 2008, ef oedd Bardd Cenedlaethol Cymru.

Anthony Evans
Yn wreiddiol o Crosshands, mae'r artist Anthony Evans wedi ymgartrefu yng Nghaerdydd. Mae'n gyn bennaeth celf Ysgol Glantaf, darlunydd llyfrau plant, ac yn arlunydd gwleidyddol a gefnogodd ymgyrch streic y glowyr a'r mudiad gwrth-apartheid. Buodd yn weithgar dros Glwb y Bont, yn ysgrifennydd sir i UCAC, un o sylfaenwyr Cwmni Artistiaid yr Hen Lyfrgell, Oriel Canfas ac Elusen Awen. Mae'n artist proffesiynol ers 30 o flynyddoedd. Wedi perfformio gyda Cwmni Drama Y Fuwch Goch, Clwb Ifor Bach, a Cwmni Drama Capel y Crwys. Hefyd, dau bantomeim yn yr Eglwys Newydd i godi arian i'r Eisteddfod Genedlaethol.

Llun pastel gan Gareth wedi'i wneud fel rhan o ymgyrch i godi arian er budd Oriel Plas Glyn y Weddw.

Plaid Cymru

Dafydd Wigley, A.S.
21 Penllyn
Caernarfon

Tel. Caernarfon 2076

Annwyl Gyfaill,

Fe gofiwch, o bosibl, yn ein cyfarfod yng Nghaernarfon Nos Lun diwethaf i ni grybwyll cynlluniau ar y cyd i helpu ymgeiswyr. Anfonaf atoch yn awr i ofyn i chwi ysgrifennu at Mrs. Eleri Higgins, Bryn Beddau, Bontnewydd, dros y Sul yma os oes modd, gyda manylion ynglyn a'ch cefndir a'ch gyrfa, y math wybodaeth a fydd o les i chwi mewn ymgyrch etholiad. Hefyd a fuasech yn dewis un neu ddau o bynciau yr ydych yn bwriadu eu pwysleisio yn yr ymgyrch er mwyn i Eleri roi sylw iddynt mewn rhifyn arbennig o 'Herald Ni'.

Y mae Mr. Geraint Elis, Sycharth, Bethel, yn gwneud y gwaith o ddarparu sticeri ceir ar gyfer pob ymgeisydd. Cymeraf y byddwoh eisiau 100 o'r rhain, - os nad ydych angen y nifer yna neu os ydych eisiau mwy, tybed a fuasech yn gadael i Mr. Geraint Elis wybod. Hefyd a fuasech garediced a gadael iddo wybod enw a chyfeiriad eich cynrychiolydd, - os ydych yn gweithredu fel cynrychiolydd eich hun tybed a fuasech yn gadael iddo wybod hynny hefyd. Da fyddai cael y wybodaeth yma iddo o fewn yr ychydig ddyddiau nesaf fel y bydd yn gallu gyrru ymlaen a'r gwaith.

Os oes yna unrhyw wybodaeth yr ydych eisiau gennyf neu yn awyddus i gael sgwrs a mi ynglyn a'r ymgyrch, dowch i gysylltiad ac fe wnaf fy ngorau i helpu.

Pob hwyl yn y gwaith pwysig yma.

Yn gywir iawn,

Dafydd Wigley
Aelod Seneddol Arfon.

House of Commons,

London, S.W.1
11 Ebrill, 1967

Annwyl Gareth Miles,

Diolch yn fawr am eich llythyr a'i wahoddiad
i annerch cyfarfod cyhoeddus yng Nghaerdydd
dan nawdd Cymdeithas yr Iaith. Credaf fod cynnal
y fath gyfarfod yn syniad rhagorol a byddwn wrth
fy modd yn dod i'w annerch. Yn anffodus nid wyf
yn rhydd i ddod. Y Sadwrn cyntaf sydd gennyf
yn rhydd yw Mehefin 17 ac y mae'n siwr fod
hynny'n rhy bell ymlaen i'ch pwrpas. Ond pe
dymunech imi helpu ar y diwrnod hwnnw mewn unrhyw
ffordd debyg byddwn yn falch iawn o wneud.

Yr eiddoch yn gywir,

Gwynfor Evans.

Gareth Miles, Ysw.

221

158, Westbourne Rd.
Penarth, Morganwg.
27.X.'70.

Annwyl Gareth Miles,

Rhaid fod rheolau Wormwood
Scrubs wedi newid. Un llythyr
yr wythnos a ganiateid i neb
ei dderbyn ac un i'w anfon
yn 1937. Ac felly ei wraig yn
unig a petrai anfon at ŵr
priod. Diolch fyth fod gan
John Jenkins wraig socawn;
y mae'n ymwahanu yn waeth
yn y pen draw iddi hi na iddo
fo. Mae hi'n weddw ac yn
rhydd – mae'n gofyn cryfder
cymeriad i wynebu saith
mlynedd o hynny. Mi ysgrifennaf
ato yn ôl eich awgrym.

A gaf i ddweud un peth wrth
Gymdeithas yr Iaith. Y ffaith
mai Saesneg o hyd yw iaith y
cynghorau sir a'r Awdurdodau
Lleol yn y siroedd Cymraeg
yn eu cyfarfodydd a'u pwyllgorau,
– dyna'r cywilydd mwyaf, ac
ar hynny y dylid canolbwyntio
yn bytrach nag ar fynegfyst
ac arwyddion ffyrdd.
Cymreigio gweinyddiad
Llywodraeth Leol y'nt angen
mawr. Dylid dechrau trwy
gasglu'r ffeithiau – ym Môn,
Arfon, Meirionnydd, Ceredigion.

Pob dymuniad da

Saunders Lewis

Holwch am bris argraffu!
www.ylolfa.com